国家社科基金项目"基于数据库的汉语外来词研究百年史"（17BYY133）阶段性成果

　　中央财政支持地方高校发展专项"语言科技应用实验室"建设项目系列成果

汉语**字母词语**研究

原新梅 ◎ 著

中国社会科学出版社

图书在版编目(CIP)数据

汉语字母词语研究 / 原新梅著 . —北京:中国社会科学出版社,2017.7
ISBN 978 - 7 - 5203 - 0962 - 2

Ⅰ.①汉⋯   Ⅱ.①原⋯   Ⅲ.①汉语 – 字母 – 词语 – 研究   Ⅳ.①H136

中国版本图书馆 CIP 数据核字(2017)第 220188 号

出 版 人	赵剑英
责任编辑	任 明
责任校对	郝阳洋
责任印制	李寡寡

出 版	中国社会科学出版社
社 址	北京鼓楼西大街甲 158 号
邮 编	100720
网 址	http://www.csspw.cn
发 行 部	010 - 84083685
门 市 部	010 - 84029450
经 销	新华书店及其他书店

印刷装订	北京市兴怀印刷厂
版 次	2017 年 7 月第 1 版
印 次	2017 年 7 月第 1 次印刷

开 本	710 × 1000 1/16
印 张	19.75
插 页	2
字 数	288 千字
定 价	85.00 元

序

    汉语的字母词语是东西方语言文字接触的产物，其出现至少已有一百多年的历史，已成为汉语词语不可缺少的组成部分。改革开放后，伴随着外来文化和网络传播，字母词语的数量不断增多，对它的研究越来越显得重要。字母词语研究，自20世纪90年代以来，已取得较为丰硕的成果，对认识汉语的特点和演变规律以及处理好汉语的规范化、信息化都起到重要的作用。

    新梅教授是字母词语研究很有影响的学者之一。从2002年开始发表第一篇字母词语论文以来，她一直围绕字母词语笔耕不辍。先后主持完成国家社科基金项目、教育部人文社科项目和省社科基金重点项目等近10项，在大陆和海外有影响的学术期刊发表论文数十篇，多次在国际或全国学术会议上作了汉语字母词语的报告。

    这部《汉语字母词语研究》是她多年字母词语研究的结晶。作者凭借自己多年的研究功底和敏锐的观察力，对字母词语进行了较为全面系统的深入研究，很有新意。我阅读全书，受益匪浅。我认为该书有以下特点值得介绍：

    一是有高度，视野开阔。作者站在世界语言文字特点和规律的高度，结合世界不同语言的接触与融合、全球拉丁化浪潮，来分析汉语的字母词语性质和特点。如绪论部分通过对语言接触、竞争与语言融合史上全球范围拉丁化浪潮的分析，认为全球拉丁化浪潮对汉语汉字有重要的影响。最突出的表现，一是以拉丁字母为注音符号的《汉语拼音方案》的孕育和诞生，二是以拉丁字母为主的汉语字母词语的萌芽和发展。书中还结合周有光关于世界文字到近代形成的五大流通圈和全球拉丁化浪潮中的第六波圈的观点，阐述了字母词语在汉语中的萌芽。又如第九章对字母词语汉化的理论思考，认为字母词语的汉化是一个历史性的问题，需要结合汉语史，结合外来词、阿拉伯数字、标点符号等的引入进行分析。并认为字母词语的本土化是一个世界性的问题，需要结合日语、韩语对字母词语的本土化，对字母词语的汉化进行探究。并分别从静态和动态、历时和共时结合的视角，指出字母词语的汉化应区分汉化的程度，哪些可以完全汉化、哪些可以部分汉化，哪些不能汉化；字母词语的汉化程度还要考察哪些已经完成汉化、哪些正在经历汉化的过程，哪些还完全没有汉化的迹象。还认为全球拉丁化浪潮得以形成的原因在于：早期拉丁字母的传播主要依赖于战争和宗教；近代拉丁字母的传播主要得益于西方的航海、工业革命和自然科学的发展；当代拉丁化浪潮高潮的到来离不开计算机、网络和高科技发展的推波助澜。

二是有创新，开辟新的研究领域，形成系列纵深研究。在阐明字母词语的名称与界说、构成和分类基础上，作者重点将研究触角深入多个方面，有诸多创新点。突出表现在研究领域的拓展。如第四章关于字母词语与语体分布的研究，第五章关于字母词语与现当代文学的研究，既进行了不同语体的比较，又避免了与普遍关注的网络、报刊字母词语研究雷同。第六章关于大陆和台湾字母词语的区域比较研究，第七章关于字母词语与对外汉语教学研究，第八章字母词语与词典编纂研究等，也都是于国内较早开展的研究领域。在若干研究领域中进行的纵深系列研究，体现了作者持续深入的探索过程。如字母词语与语体分布研究，发现字母词语在不同语体中的不均衡性，并选取文学作品中的单字母词语进行重点研究，发现单字母词语的描摹功能后，对描摹单字母词语再进行重点研究。又如字母词语与现当代文学研究，先进行百年现当代文学作家作品的历时考察，发现字母词语在文学语体中的历时演变规律，再以巴金为例进行个案分析，在共性规律中发现个性特征。纵深研究在字母词语与对外汉语教学研究、字母词语与词典编纂研究等领域也十分突出。

三是有价值，为理论研究和规范使用提供有价值的借鉴。作者深入挖掘字母词语研究的普通语言学价值和类型学价值，在当代语言接触模式的变化和不公平竞争中，分析强势语言的影响；联系数次引进外来词语的高潮印证语言与社会的共变规律；认为字母词语的使用突破了几千年来汉语用汉字作为单一载体的历史，突破了文化类型和文字类型的单一匹配，进而认为字母词语研究有助于进一步认识语言、文字、文化之间的复杂关系。研究价值还表现在，能为教学实践和教材编写、工具书编纂提供科学的依据。如提出将字母词语引入对外汉语教学的必要性和可能性；通过对留学生字母词语知晓度的总体和分群测量，为字母词语引入对外汉语教学提供可靠依据；通过对近30年对外汉语教材的共时静态考察和动态历时考察，归纳对外汉语教材吸收字母词语的特点和问题，并提出吸收原则和建议；通过对《现代汉语词典》等20余部词典的考察，分析字母词语的收录数量、语义类别、释义模式和注音方式等，提出字母词语注音应遵循的原则和修订建议；通过阐述字母词语的注音原则和标准，提出外向型字母词语学习词典的编纂原则与编纂构想。作者还认为，有关语体分布、词形、读音、使用规范及汉化研究可以为制定字母词语的使用规范标准、外来词的汉译等提供决策依据，也有利于认识汉语中外来词引进方式的演变，对预测网络多语言文字时代汉语汉字的发展变化趋势、规范新词语都具有借鉴价值。

四是有依据，观点结论建立在科学的方法和丰富的语料上。如以大陆出版的两本字母词语专门词典和台湾国语会网站提供的"新词语料汇编1""新词语料汇编2"和"新词释义汇编1"为语料，进行计量统计、对比研究，发现同根同源的汉语在吸收异质因素时存在的显著差异，探讨字母词语的区域变异。又如通过来自13个国家和地区的227名留学生对146个字母词语知晓度的总体和分群测量，发现留学生字母词语的知晓度与中国人存在较大差异。通过对近30年160本对外汉语教材中的共时静态考察和动态历时考察，归纳对外汉语教材吸收字母词语的特点和问题，提出吸收原则和建议。再如依托中国现当代文学史，选取从"五四"到当代近百年间的67位代表作家作品进行字母词语提取，考察字母词语在现当代文学作品中的历时演变，发现总结字母词语在文学语体中的特征和演变规律。改革开放后字母词语的数量激增，引起了社会各界的热议。虽然各界对字母词语的认识逐渐趋于理性，但惶恐、忧虑仍然存在。作者通过对真实文本的考察，在问卷调查、计量统计、比较分析基础上建立的客观可信的创新性观点，能为各界消除忧虑、正确认识字母词语、规范使用字母词语提供依据。

我与新梅教授有多年的学术交往，都知道彼此在做什么，在学术的追求上和研究方法上有共同的语言，这些年一直关注着她的研究。她求学专业是汉语史，又多年从教于语言学理论、现代汉语、词汇学和对外汉语，使她具有多面的、扎实的汉语基础，以及古今结合、汉语和外语对比的学术视野。接连问世的研究成果见证了她谦虚好学、聪敏勤奋的学术精神和学术底蕴。

认识字母词语的性质和使用是有相当难度的。由于它是个相对的新生事物，人们对其重要性的认识还不一致，包括怎样认识其性质，要不要用，用多少，怎么分层对待，都还存在不同的认识。所以，字母词语是个重要的问题，但又是一个敏感的问题，不易认识到位的问题。

当前，字母词语的研究方兴未艾，希望新梅教授发挥已有优势，再接再厉，不断取得新成果，为汉语、汉字的理论研究和应用研究多做贡献。

是为序。

戴庆厦

2016 年 12 月 1 日于北京

目　录

Contents

第一章

绪　　论

　　在语言的接触、竞争与融合历史上，全球范围的拉丁化浪潮延续持久并日益强烈。从罗马时代的欧洲开始掀起到第二次世界大战后，拉丁化浪潮席卷了南北美洲、大洋洲、非洲、西亚和东南亚。随着1946 年世界上第一台计算机的诞生，尤其是近年来网络作为新兴的传播与交流工具，带来了信息革命，也迎来了全球"网络多语言文字时代"（Multilingual Epoch in Internet）背景下的新一轮拉丁化浪潮。此次浪潮有别于历史上战争、宗教等的影响，以拉丁字母为文字符号的英语已成为事实上的国际共同语，成为网络时代国际通用语言：据统计，目前网上的英语信息占整个信息的 90% 以上。英语的强大影响加之网络的快速传播使其对世界语言的渗透日益广泛：非汉字文化圈的语言大量借用英语词语；汉字文化圈的日语、韩语等也越来越多地直接借用英语原形词或字母缩略语，形成不同程度的语言文字符号的混用；汉语也不例外。这一问题引起了语言学家的高度重视，预言语言文字载体的巨大变化必将引起语言学理论和方法的巨大变革，字母形式外来词的激增可能对固有语言的语音系统、构词模式等产生一定影响。

　　拉丁化浪潮对汉语的影响最早可追溯至明末清初。到 19 世纪末20 世纪初，随着较大规模的自然科学和社会科学著作的翻译，以拉丁字母为主的字母词语进入汉语书面系统，如阿 Q、X 光等。20 世纪 20年代至 70 年代末，由于社会、时代等多种因素的影响，字母词语在汉语中经历了发展、停滞、再发展等不同的阶段。80 年代末，随着改革开放、国际交流、科技信息产业的发展，字母词语在汉语中的数量激增，B 超、CT、卡拉 OK、DVD 等为大众熟知，IT、CEO、BBS、

QICQ 等成为行业或时尚用语。汉语中的字母词语犹如一把双刃剑，一方面以其简明醒目、时尚新潮吸引越来越多的人在越来越多的领域使用它；另一方面又因其意义的隐晦性和与汉字迥异的符号形式引起人们的讨论和忧虑。

在世界三大古典文字中，汉字是唯一沿用至今的古老文字。汉字和汉文化的关系是水乳交融、密不可分。汉字既是汉文化的传承者，千百年来一直用汉字记录汉语汉文化；同时汉字又是汉文化不可或缺的部分，其自身蕴藏着丰富的文化内涵。在旷日持久的全球拉丁化浪潮的冲击下，汉语汉字该如何发挥固有的功能，同时又该怎样适应国际化、网络化的交际需要适当接纳异质因素呢？

字母词语在改革开放后的数量激增，引起了社会各界的热议，担忧汉语汉字的发展走向，汉字会不会被拉丁字母取代？汉语会不会变得不伦不类？字母词语是应该完全摒弃不用，还是任其在汉语中存在发展？这些问题都需要研究思考。

第一节　世界文字背景下的字母词语

一　世界文字背景下的汉字和字母文字

世界文字的历史可以分为三个时期：原始文字时期、古典文字时期、字母文字时期。[①] 在以刻符、岩画、文字画和图画字为表现形式的原始文字基础上，形成了两河流域的丁头字、埃及的圣书字和中国的汉字三大古典文字。其后丁头字和圣书字等被由西亚的北方闪米特人创造的字母文字取代，而汉字独存至今。汉字和字母文字成为世界文字格局中影响最大的两种文字形式。

汉字在本土经历了甲骨文、金文、小篆、隶书、草书、楷书的形体演变，形成了笔画化、意音化的基本体制。汉字在不同时代和不同

---

① 周有光：《世界文字发展史》，上海教育出版社 2003 年版，第 4 页。

地域的传播中衍生出汉字式词符文字和汉字式字母文字。汉字式词符文字主要有南方的壮字、越南的喃字，西南的苗字、瑶字、布依字、侗字、白文、哈尼字，北方的契丹字、女真字、西夏字；汉字式字母文字主要有日语的假名、朝鲜语的谚文、汉语的注音字母、江永女书以及傈僳音节字。①

　　字母文字由原始闪米特字母逐步分化为四个主要的字母系统：迦南字母系统、阿拉马字母系统、南方闪米特（撒巴）字母系统、希腊字母系统。在四大字母系统的不断发展演化中，形成了斯拉夫字母、希腊字母、拉丁字母、希伯来字母、印度字母、阿拉伯字母、藏文字母等支脉。

　　字母文字的历史发展可以概括为四个时期：第一个时期为"音节·辅音字母"时期（始于 BC11），第二个时期为"音素字母"时期（始于 BC9），第三个时期为"拉丁字母"时期（始于 BC7），第四个时期为拉丁字母国际流通时期（始于 AD15）。拉丁字母伴随着罗马帝国的征战和天主教传播，成为西欧和中欧各国的文字；发现美洲（1492）和海上新航路之后，拉丁字母伴随着西欧的移民传播到美洲、大洋洲和其他地方，成为大半个地球的文字。②

　　到近代，世界文字在各自的传播中形成了五大流通圈：即以东亚为主的汉字流通圈（汉字文化圈），以南亚和东南亚为主的印度字母流通圈，以中东、北非、西亚为主的阿拉伯字母流通圈，以苏联为核心的斯拉夫字母流通圈，以西欧为基地扩大到大半个地球的拉丁字母流通圈。③

二　拉丁字母和全球范围的拉丁化浪潮

　　由原始闪米特字母分化出的四大字母系统之一的希腊字母，在经历了埃特鲁斯坎字母阶段后于公元前 7 世纪形成了拉丁字母。拉丁字母和斯拉夫字母成为希腊字母的两个重要后裔。拉丁字母是书写拉丁

---

① 周有光：《世界文字发展史》，上海教育出版社 2003 年版，第 98—155 页。

② 同上书，第 11 页。

③ 同上书，第 401—402 页。

文的字母，拉丁文是古罗马的文字，故称罗马字母。

　　全球拉丁化浪潮的形成经历了漫长的时期。周有光（2003）将拉丁字母的传播形象地比作水中波圈的扩散，一圈大于一圈。罗马帝国时代，拉丁字母随着拉丁文而传播，这是第一波圈。文艺复兴时期，欧洲各民族采用拉丁字母创造自己的民族文字，这是第二波圈。发现新大陆和新航线以后，西欧拉丁字母传播到拉丁美洲、非洲、亚洲各殖民地成为外来的官方文字，这是第三波圈。殖民地的语言和文字由此发生变化。有的地方的语言同化于宗主国，使外来的拉丁字母文字成为本土文字（例如拉丁美洲）。有的地方保留本土语言，采用拉丁字母创造本土文字，在独立以后成为本国正式文字（例如印度尼西亚、越南），这是第四波圈。有的国家，掀起政治革命和宗教改革，摆脱传统文字，迎接现代生活，实行拉丁化的文字改革（例如土耳其），这是第五波圈。不用拉丁化文字的国家，为了国际交往和信息交流，利用拉丁化字母拼写自己的语言，作为辅助的文字工具（例如中国、日本），这是第六波圈。① 我们把这六个波圈中的第一、第二圈看作是全球拉丁化浪潮的孕育成长期；第三波圈则正式拉开全球拉丁化浪潮的帷幕，逐步形成高潮。

　　推动全球拉丁化浪潮的因素在各个时期不尽相同：早期拉丁字母的传播主要依赖于战争和宗教；近代拉丁字母的传播主要得益于西方的航海技术、工业革命和自然科学的发展；当代拉丁化浪潮高潮的到来离不开计算机、网络和高科技发展的推波助澜。

三　全球拉丁化浪潮对汉字汉语的影响

　　在世界语言接触与融合的背景下，由于全球拉丁化浪潮的高涨，印度字母流通圈、阿拉伯字母流通圈、斯拉夫字母流通圈、汉字流通圈都受到不同程度的挤压。由于历史、文化、宗教、科技等力量的抗衡，不同时期不同区域拉丁化浪潮的影响程度和范围不同。其中由于汉字流通圈的巨大抗压性，亚洲成为拉丁化最晚和最少的大洲。以土

---

① 周有光：《世界文字发展史》，上海教育出版社 2003 年版，第 400—401 页。

耳其文为代表的西亚文字开辟了亚洲国家主动采用拉丁字母作为正式文字的先河，印度尼西亚、马来西亚、菲律宾、越南等东南亚国家的文字逐步完成了拉丁化，还有我国的壮文以及其他 13 种少数民族文字在新中国成立后也逐步完成了拉丁化。

全球拉丁化浪潮对汉语汉字的影响，最突出的结果有二：

一是以拉丁字母为注音符号的《汉语拼音方案》的孕育和诞生。众所周知，汉字的注音方式从早期的读若法、直音法，到后来的反切法，沿用的一直是用汉字为汉字注音的方式。虽然反切法有了进步，但仍然没有离开汉字，没有细化到音素。明清以来，西方传教士为学习汉语的需要尝试用拉丁字母为汉字注音，形成了多种方案；国内也在汉语拼音运动中产生了诸多方案。其中有多个拉丁字母形式的方案对《汉语拼音方案》有直接的贡献：声母来自利玛窦、卫匡国、刘孟扬、黄虚白、刘继善、拉丁化新文字 6 个方案；韵母来自利玛窦、金尼阁、卫匡国、马礼逊、艾约瑟、威妥玛、S. Couvreur、马提尔、朱文熊、黄虚白、国语罗马字 11 个方案。韵母自成音节形式来自利玛窦、马礼逊、威妥玛、刘继善、国语罗马字 5 个方案。汉语拼音是中外十几代人智慧的结晶，是集大成的最佳方案。① 中国文字改革委员会吴玉章在《汉语拼音方案》公布之时开诚布公地说："它是三百多年来拼音字母运动的结晶，也是六十年来中国人民创造拼音方案的经验总结。"② 1958 年公布的《汉语拼音方案》取代了注音字母，用拉丁字母为汉字注音，适应了国际化的需要。

二是以拉丁字母为主的汉语字母词语的萌芽和发展。汉字与字母文字开始接触的确切时间有待考证。但汉唐以降中国主动的陆路和海路出访交流以及宗教传播，诸如丝绸之路、唐僧取经、郑和下西洋等，都必须依赖于语言文字的接触。15 世纪新航路开辟，西方

① 马庆株：《〈汉语拼音方案〉的来源和进一步完善》，《语言文字应用》2008 年第 3 期。
② 王理嘉：《汉语拼音运动的回顾兼及通用拼音问题》，《中国语文》2002 年第 2 期。

殖民扩张的触角延伸到中国的东南沿海并逐步深入内地。16 世纪至 19 世纪中期的中西方语言接触是字母词语的孕育期；19 世纪末伴随着西方自然科学的新发现，字母词语在汉语中有了萌芽。据考证，从 1895 年年底"X 射线"发现后不久便传入中国，1898 年出版的《光学揭要》第二版最后光学附录部分出现了该词，1899 年 10 月 1 日《知新报》出现了"X 光"，《新尔雅》（1903）成为最早收录字母词语的工具书。① 从此，以拉丁字母为主的西文字母成为汉语词语的构词成分，在五四时期形成了第一次高潮，于改革开放后形成了第二次高潮。

"不同的文化传统，创造不同的文字形式。"② 不同的文化接触离不开语言文字的接触。字母词语的产生是中西方文化接触过程中语言文字接触与融合的结果。两种形式迥异的文字符号在词汇层面融合在一起，以拉丁字母为主的字母词语嵌入了汉语的句法结构。

第二节　字母词语的研究概况

伴随着世界和中国社会的历史进程，字母词语经历了不同的发展阶段。改革开放后，字母词语与日俱增，在汉语新词语大潮中十分醒目。字母词语研究始于 20 世纪 80 年代，三十余年来字母词语研究取得了许多开创性工作："字母词"和"字母词语"概念从提出到被接受；字母词语正式被收入权威工具书，字母词语词典和研究专著问世；现代汉语教材增添了字母词语内容；《中国语文》等语言学核心期刊发表了有关论文，《语言文字应用》开办了研究专栏；研究内容不断拓宽和深入，研究手段和方法逐步现代化。本节主要介绍 1982 年至 2015 年字母词语的基本情况，总结研究的三个阶段和特点，以利于促进字母词语研究的拓展和深入。

---

① 张铁文：《词源研究与术语规范——X 射线词族的词源研究》，《术语标准化与信息技术》2005 年第 1 期。

② 周有光：《世界文字发展史》，上海教育出版社 2003 年版，第 2 页。

一 字母词语研究的基本情况

(一) 总体数量

字母词语研究是伴随着改革开放字母词语在汉语中的激增而进行的。为了了解字母词语研究的整体状况，我们以"字母词"为"主题"在中国知网进行文献搜索（以"字母词"为主题可以搜索到包括"字母词语"及"新外来词""借形词"等相关研究成果），时间截至2015年12月31日，共搜索到2308篇文献。这些文献包括期刊论文、重要会议论文、学位论文、报纸、年鉴等。以"篇名"为"字母词"检索到491篇，以"篇名"为"字母词语"检索到85篇。

(二) 年度分布

从1982年到2015年，以"字母词"为"主题"年度发表各类成果的数量如表1-2-1所示。

表1-2-1　　1982—2015年以"字母词"为"主题"的年度检索

年度	1982	1983	1984	1985	1986	1987	1988	1989	1990	1991
数量	2	0	0	3	1	1	1	3	1	1
年度	1992	1993	1994	1995	1996	1997	1998	1999	2000	2001
数量	1	0	4	4	4	10	6	11	13	30
年度	2002	2003	2004	2005	2006	2007	2008	2009	2010	2011
数量	72	92	117	118	180	174	193	157	189	163
年度	2012	2013	2014	2015						
数量	264	237	150	105						

以"字母词"为"篇名"检索到491篇，年度分布如表1-2-2所示。

表1-2-2　　1982—2015年以"字母词"为"篇名"的年度检索

年度	1982	1983	1984	1985	1986	1987	1988	1989	1990	1991
数量	1	0	0	1	0	0	0	1	1	0
年度	1992	1993	1994	1995	1996	1997	1998	1999	2000	2001
数量	0	0	0	1	0	2	1	2	4	4

续表

年度	2002	2003	2004	2005	2006	2007	2008	2009	2010	2011
数量	12	17	24	18	37	35	30	23	41	27

年度	2012	2013	2014	2015						
数量	91	57	36	25						

以"字母词语"为"篇名"检索到85篇,年度分布如表1-2-3:

表1-2-3　　1982—2015年以"字母词语"为"篇名"的年度检索

年度	1982	1983	1984	1985	1986	1987	1988	1989	1990	1991
数量	0	0	0	0	0	0	0	0	0	0

年度	1992	1993	1994	1995	1996	1997	1998	1999	2000	2001
数量	0	0	0	0	0	0	0	2	1	4

年度	2002	2003	2004	2005	2006	2007	2008	2009	2010	2011
数量	5	0	3	12	8	10	8	4	8	4

年度	2012	2013	2014	2015						
数量	10	1	3	2						

以"字母词"进行全文检索,总体研究趋势如图1-2-1所示。

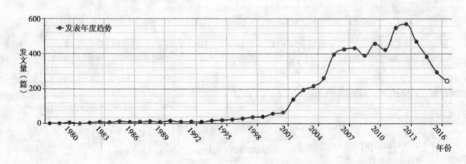

图1-2-1　总体趋势分析

(三)基金项目

研究成果由15类基金项目支持,包括:国家社会科学基金、国家自然科学基金、全国教育科学规划、国家高技术研究发展计划(863)、教育部人文社科项目、跨世纪优秀人才培养计划、中国博士后科学基金、省社科基金、省科委基金、省教育厅项目等。其中国家级包括社会科学、自然科学类；省部级社会科学比较集中，数量多。

（四）作者机构

研究成果的作者所属 40 个高校和研究机构，从国家研究机构、重点大学到地方高校，高校从综合性到师范类、外语类均有，说明对字母词语研究感兴趣的作者的覆盖面较广。作者机构依据发表成果的数量排序如下：

辽宁师范大学（62）；中国传媒大学（37）；山东大学（37）；华中师范大学（36）；河北大学（33）；北京师范大学（29）；四川大学（26）；南京师范大学（25）；鲁东大学（23）；北京语言大学（23）；吉林大学（23）；安徽大学（21）；华东师范大学（20）；黑龙江大学（18）；中国社会科学院语言文字应用研究所（18）；厦门大学（18）；沈阳师范大学（18）；北京大学（17）；暨南大学（17）；南京大学（17）；武汉大学（15）；陕西师范大学（13）；渤海大学（13）；教育部语言文字应用研究所（13）；新疆师范大学（13）；复旦大学（13）；上海交通大学（13）；上海师范大学（13）；天津师范大学（13）；河北师范大学（13）；扬州大学（12）；烟台师范学院（11）；苏州大学（11）；河南师范大学（11）；曲阜师范大学（11）；吉林师范大学（11）；四川师范大学（11）；西安外国语大学（11）；广州大学（10）；江西师范大学（10）。

（五）来源数据库

研究成果的来源数据库有：中国学术期刊网络出版总库（1443）；特色期刊（423）；中国博士学位论文全文数据库（16）；中国优秀硕士学位论文全文数据库（207）；中国重要会议论文全文数据库（87）；国际会议论文全文数据库（11）；中国重要报纸全文数据库（132）；中国学术辑刊全文数据库（24）。

（六）学科分布

研究成果覆盖 14 个学科，其中中国语言文字高居首位：中国语言文字（1969）；外国语言文字（222）；中等教育（58）；新闻与传媒（58）；出版（34）；计算机软件及计算机应用（10）；中国文学

（8）；中国政治与国际政治（8）；文化（7）；医学教育与医学边缘学科（6）；社会学及统计学（6）；图书情报与数字图书馆（5）；初等教育（5）；科学研究管理（4）；贸易经济（4）。

（七）研究层次

成果研究分属 15 个层次，其中以基础研究（社科）为最：基础研究（社科）（1467）；基础教育与中等职业教育（306）；行业指导（社科）（131）；大众文化（124）；高等教育（58）；文艺作品（51）；职业指导（社科）（38）；工程技术（自科）（36）；政策研究（社科）（35）；基础与应用基础研究（自科）（25）；大众科普（2）；政报、公报、公告、文告（2）；高级科普（社科）（2）；党的建设与党员教育（1）；经济信息（1）。

二　字母词语研究的三个阶段

下面对按照以"篇名"为"字母词"检索到的 491 篇、以"篇名"为"字母词语"检索到的 85 篇文献和出版的著作、词典进行阶段分析。

（一）字母词语研究的第一个阶段：萌芽（1982—1993）

字母词语研究最早可以追溯到 1982 年，贾德霖在《现代外语》第 4 期发表了《妙趣横生的"字母词"》，他把由单个字母或由几个字母组合而成的、仍保留原来字母的读音的词，叫作"字母词"，并按照形成方式归纳了 8 种。他于国内首次提出了"字母词"概念，但他阐述的是英语中充当词的功能的字母词。文军、唐林在《南外学报》1985 年第 2 期《As Easy As ABC？——英语字母词小议》；杨茂林在《中国俄语教学》1988 年第 5 期发表了《俄语复合缩写词浅谈》，阐述的是以斯拉夫字母构成的俄语缩写词；毛荣贵在《大学英语》1989 年第 5 期发表了《英语字母词拾趣》；戚九皋、曹振铎、王凤仙在《上海科技翻译》1990 年第 3 期介绍了世界上享有盛誉的西文（包括英、法、德等文种）缩略词词典《首字母缩合词、首字母词和缩写词词典》（第 9 版）。

郭熙在《语言文字应用》1992 年第 3 期发表了《汉语、汉字和汉语现行记录系统运用中的一些问题及其对策》，明确将拉丁字母进入汉字序列，拉丁字母词、含拉丁字母词归为非汉字成分的异质。

（二）汉语字母词语研究的第二个阶段：发展（1994—2003）

刘涌泉在《语文建设》1994 年第 10 期上发表的《谈谈字母词》是国内第一篇研究汉语中的字母词语的论文。这十年的字母词语研究涉及了以下方面：

1. 关于字母词语的综合阐述。如：慧生在《语文建设》1995 年第 7 期发表了《也谈字母词》，王崇的《字母词问题综述》[《黑龙江省语言学会·语言学论文选集》（2001）]，刘涌泉的《关于汉语字母词的问题》，李明的《也谈字母词语问题》，王艺玲的《汉语字母词概说》，付义荣的《略论汉语中的字母词》。

2. 关于汉语字母词语性质与范围。如：王吉辉的《字母词语的外来词语性质分析》，曹学林的《字母词语也是汉语词语》，张德鑫的《字母词语是汉语词汇吗？》，周玉琨的《"GB""HSK"是"字母词"吗？》，胡明扬的《关于外文字母词和原装外文缩略语问题》。南京大学组织了一次专题讨论会，具体见丁存越在《术语标准化与信息技术》2002 年第 4 期发表的《非汉字词语的性质和规范原则——非汉字词语问题讨论会纪要》。

3. 关于对待字母词语的态度。如：刘云汉的《正确对待汉语中的字母词》；张洁的《汉语中夹用外文字母会导致语言的洋化吗？——关于语言态度问题的研究》。媒体也开始参与讨论，如《北京日报》2001 年 5 月 14 日 15 版刊登的《我们的语言出了什么问题？》，《光明日报》2001 年 6 月 14 日 B01 版发表了《汉语应与时俱进》。

4. 关于汉语字母词语的使用与规范。如：王彪的《略说字母词的规范问题》，冯志伟的《字母词的使用要看对象》，陈正瑜的《也谈字母词的使用》，周健的《当前使用字母词语的几个问题》，苏金智的《论当前汉语外来词规范的原则》，周其焕的《略论字母词语的使用现状和正确对待》，周晓林的《外文字母词应规范使用》，周殿龙的《语文规范中的冷静思考——关于汉语中的字母词使用问题》。

5. 关于字母词语词典编纂问题。如：郭伏良的《字母词与词典二题》，沈孟璎的《浅议字母词的入典问题》，何宛屏的《含有西文字母的词语在词典中的位置》。刘涌泉、沈孟璎先后出版了《字母词词典》（2001）、《实用字母词词典》（2002）。刁晏斌在《中国图书评论》2002 年第 4 期发表了对刘涌泉《字母词词典》的评价《一部独特的词语工具书——评〈字母词词典〉》。

6. 关于字母词语的注音问题。如：沈孟璎的《字母词的称名与音读问题》，贾宝书的《关于给字母词注音问题的一点思考与尝试》，李小华的《现代汉语字母词及其形音规范的探讨》以及《再谈字母词的读音问题》，周骍在《光明日报》2003 年 12 月 13 日向读者说明《字母词的读音暂无国家标准》。

7. 关于字母词语的领域研究。如：原新梅的《字母词语与对外汉语教学》，顾志芹的《浅议中文报刊中的字母词》，武丽梅的《网络语言中的字母词构词特点分析》，陈佳璇的《我国新闻语言中字母词的易读性研究》，陈佳璇、胡范铸的《我国大众传媒中字母词使用状况的调查与分析》，吴登堂的《关于字母词的思考——兼谈中文信息处理对字母词自动切分的构想》。

8. 关于字母词语的表达功效。如：沈孟璎的《解读字母词的表达功用》，原新梅的《字母词语的表达功效》，侯友兰的《拉丁字母在汉语中的新功用》。

9. 个别字母词语的来源考证。如：亓华的《"AA 制"的"AA"源自何方》，王海清的《说"VS"》，汪惠迪《阿 Q 不再孤独》。

10. 关于字母词语的翻译与比较。如：鲁金华的《汉语"含字母词"及其译成方式刍议》，杨金菊、凌如珊的《英语字母词及其翻译》，文美振的《略谈韩语中的字母词》。

（三）字母词语研究的第三个阶段：拓展与深入（2004—2015）

1. 词典收录字母词语惹争议

本阶段关于字母词语的争论一直不绝于耳，伴随着《现代汉语词典》2002 年第 4 版、2005 年第 5 版、2012 年第 6 版的出版，渐次形成高潮。

《科技术语研究》2004 年第 3 期集中发表了周其焕的《字母词在

汉语中的地位及相关问题的探讨》，马大猷的《对"外文字母词"的看法》，周洪波的《字母词的使用要区别对待，"疏"而不"堵"》。此后持续有于虹的《关注字母词在中文中的渗透》，苏培成的《在争论中前行的字母词》，杜永道的《怎样正确看待外来"字母词"的"入侵"》，李明洁的《语言事实：正常现象抑或病态现象——从社会语言学的立场看字母词、网络语言及相关现象》等发表看法。

　　针对百名学者联名状告《现代汉语词典》收录字母词违法，多位学者发表意见、发表研究论文，《中国语文》《科技术语》《中国社会语言学》《当代修辞学》《北华大学学报》《咬文嚼字》等期刊组织笔谈，设专栏进行讨论。

　　《中国语文》2012 年第 6 期、2013 年第 1 期刊登了苏培成《谈汉语文里字母词的使用和规范》，李宇明的《形译与字母词》，刘涌泉的《汉语拼音 字母词 全球化》，汪惠迪的《欢迎字母词时代的来临》。

　　《中国社会语言学》2012 年第 2 期开设"字母词论坛"，李宇明、苏培成、侯敏、郭熙、刘丹青、周明鉴、王宁、汪惠迪、孙茂松、厉兵、周洪波、江蓝生、陈章太等多位专家畅谈了自己的观点。

　　陆俭明、邢福义、江蓝生、苏培成、郑张尚芳等专家学者也在《人民日报》《光明日报》《文汇报》《中国社会科学报》《中国新闻出版报》等各类报纸发声表明态度。

　　2. 关于性质名称分类读音等研究。关于字母词语的性质分类研究如：李君的《字母词的界定及其构成类型》，张普的《字母词语的考察与研究问题》，原新梅的《字母词语的名称与界说》，潘雪莲的《略论字母词的定义与定位》，陈佳璇的《字母词概念的重新界定》，王崇的《字母词的定义及归属》，李增顺、张秀荣的《动态地看待字母词的性质》，邹玉华的《外文原词能否成为汉语借形词——兼谈原词性质的字母词》，王秋萍的《属性、隶属度与字母词典型性》，李小华的《论大众媒介中字母词的分级界定与使用》，孙翠兰、石华卫的《字母词分类探析》。徐来娣的《也谈汉语"字母词"的读音问题——由外语"字母词"相关情况得到的启发》，王立的《论汉语拼音字母词读音的民族性与国际化》，顾晓微的《常用字母词的语音特点》。

3. 关于词典收录和编纂。刘涌泉在《字母词词典》的基础上修订出版《汉语字母词词典》（外语教学与研究出版社 2009 年版），收录字母词 2600 余条，注明来源，详细诠解，分类编排，查检方便，面向大众，附录丰富。侯敏主编出版了《实用字母词词典》（商务印书馆 2014 年版），基于国家语言资源监测语料库编纂而成，收录常用字母词约 5000 条，主要是英文缩略词，也有汉语拼音和其他语言的缩略词以及汉字加字母构成的词语等。相关研究成果有周其焕的《两本字母词词典的简析》，谭学纯的《简评〈实用字母词词典〉》，原新梅的《字母词的收入与注音问题》和《外向型字母词语学习词典的编纂》，余桂林的《关于字母词的几个问题——兼评两本字母词词典》，张铁文的《〈现汉〉"西文字母开头的词语"部分的修订》，连晓霞的《字母词的收录与规范——以〈现代汉语词典〉和〈辞海〉为例》，朱俊玄的《字母词词典收条探析》，黄海英的《〈现代汉语词典〉第 6 版字母词释义问题》等。

4. 关于翻译与汉化研究。2010 年广电总局和新闻出版总署先后下发了在央视电视节目和汉语出版物中屏蔽、限制使用字母词语的通知。结合国务院办公厅秘书局《关于加强对行政机关公文中涉及字母词审核把关的通知》，教育部、国家语委要求加强对字母词语使用的管理。针对 2012 年《现代汉语词典》第 6 版修订出版后一些学者对收录字母词语的激烈反应，江蓝生（2012）认为，要想减少西文字母词语的使用，除了国家相关部门加强科学管理之外，最必要、最有效的措施是如国务院秘书局《国办秘函〔2010〕14 号》文件第三条所指出的"切实加强字母词的翻译审定工作"，"对新出现的字母词及时翻译，尤其要加强对汉语译名简称的创制工作，定期向社会推荐字母词的规范译名及其汉语简称"。如果这项工作不及时跟上来，简单地限制字母词语的使用是很难奏效的。

2013 年 9 月 13 日，外语中文译写规范部际联席会议专家委员会审议通过了《第一批推荐使用外语词中文译名表》，此后又相继通过了第二批、第三批、第四批外语词及其中文译名表，总计 72 组，对推进外语词中文译写发挥了示范作用。

此间，关于字母词语的翻译研究，如：戴卫平、高丽佳的《现代汉语英文字母词刍议》，卢丹怀的《汉语中的字母词、音译词和混合语码》；关于汉化问题的研究，如：高剑华的《谈外来字母词的汉化及影响》，《光明日报》2010年7月6日刊登了《科技术语字母词汉化之路——专家学者大家谈》，邀请新闻出版总署副署长、全国科技名词审定委员会副主任孙寿山、全国科技名词委专职副主任刘青、全国科技名词委术语研究所副所长温昌斌、中国人民大学教授胡明扬、中国民航学院教授周其焕、商务印书馆副总编辑周洪波发表意见。一些学者也就汉化问题提出观点，如：楼咪莉、马玲女、魏静的《广电总局限用字母词的后效研究》，祝吉芳的《字母词的汉语化问题》，化长河的《汉化是英文字母词的必然归宿》，原新梅的《论字母词语的汉化》（第六届全国社会语言学研讨会论文），汤玫英的《字母词汉化面临的五大障碍》，张怡春的《字母词本土化的可行性分析》。

5. 关于使用规范的研究。如：杨建国、郑泽之的《汉语文本中字母词语的使用与规范探讨》，郭熙的《字母词规范设想》，连真然的《字母词的使用必须规范化》，钟志平的《关于来自汉语词语的字母词的规范问题》，王秋萍的《字母词使用和词形整理中的一词多形问题》，丁立福的《辑录字母词入"典"规范四题》，魏晖的《从字母词使用视角再议汉语的规范》，胡凤国的《字母词的全/半角形式对中文分词的影响及对策初探》。

6. 关于字母词语的领域考察。如：周其焕的《字母词在科技术语中的借用及其有关问题》，郑泽之、张普的《汉语真实文本字母词语考察》，关润芝、杨建国的《字母词语块中"标点"的使用状况考察》，皇甫素飞的《从〈文汇报〉看汉语字母词的历史演变》，黄琼英的《基于语料库的鲁迅作品字母词的历时调查与分析》，邹玉华、马广斌、马叔骏、刘哲、马宇菁的《字母词知晓度的调查报告》，邹玉华、瞿国忠的《术语字母词在当代汉语中的使用状况考察》，邹玉华、马广斌、刘红、韩志湘的《关于汉语中使用字母词的语言态度的调查》，周建民的《网络语言中的汉语拼音字母词》，陈佳璇、聂桂兰的《试论我国新闻语言中字母词的易读性测量》，郑泽芝的《字母词语跟踪研究》、曹钦明的《字母词的社会流通度考察》、肖宁的《体育新闻中字母词的使用与规范》、廖礼平的《谈当代我国新闻传媒中字母词的使用与规范》、刘丽梅的《论汉语字母词在媒体的应用》、原新梅、梁盟的《留学生字母词语的知晓度》、原新梅、杨媛媛的《近30年对外汉语教材中的字母词语》、段业辉、刘树晟的《权威媒体字母词使用状况的调查与分析》、王秋萍的《汉语书面语中字母词使用的稳态与动态跟踪》。此外还有关于楼盘广告、服饰期刊、军事术语等诸多领域字母词语的考察。

7. 字母词语的对比研究。主要有海峡两岸和香港、澳门对比研究。如：原新梅的《台湾的字母词语及其与大陆的差异》，林美宇的《大陆与台湾报刊字母词使用情况考察——以〈北京青年报〉与〈中国时报〉为例》，袁伟的《中国澳门特区中文平面媒体中字母词的规范研究》；少数民族语言对比研究，如：朱学佳的《媒介接触对维吾尔语知晓字母词的影响》，张慧、朱学佳的《维吾尔族对高频字母词的知晓状况研究》；汉字圈外语对比研究，如：李雯的《谈中日字母词和外来语》，刘娟、马晓阳的《汉韩字母词对比研究》；书面语与口语对比研究，如：黄学玲谈口语体中字母词的构成与使用优势、李甜的有声媒体语言中字母词的使用情况调查报告——《新闻联播》与地方电视台新闻节目字母词使用对比分析等。

8. 关于个案与综述研究。如廖礼平对当代我国新闻传媒中"E"字母词的使用、李敏从"N"看汉语里的另一种字母词，张译方对字母词 N 的认知语义分析，安胜昔从"SARS"看汉语中的字母词，以及诸多学者对 CEO、MP4、HSK、PK、PM2.5、VS 等的研究。此外，还有一些综述论文发表。如：周琳娜的《近十年字母词研究述评》，薛笑丛的《现代汉语中字母词研究综述》，郝红艳的《汉语字母词研究概况及述评》，王秋萍的《现代汉语字母词应用研究综述》等。

三　各个阶段的特点和研究变化

（一）第一个阶段

本阶段的字母词语研究始于对英语字母词的观察分析，多是就英语、俄语中的字母词的简要阐述，以及对国外西文缩略语词典的介绍，仅有郭熙的研究是汉语汉字系统的。研究成果数量少，每年的相关研究1—3篇不等。

（二）第二个阶段

通过与第一阶段比较，第二个阶段的研究有以下变化：

1. 研究对象的变化：由外语中使用的字母词语转变为汉语中使用的字母词语。

2. 研究范围的变化：由外语中字母词语的简要介绍转变为汉语中关于字母词语的10个方面，从总体认识到具体问题的探究，从问题的提出到思考。

3. 研究者的变化：研究引起多位学者的关注，研究者主体从外语界学者转变为汉语界的专家学者。

4. 成果数量的变化：从1994年到2000年，研究成果数量一直在4—13篇徘徊，2001年达到30篇，2002年伴随着《现代汉语词典》第4版（即增补本）的发行，形成了字母词语研究的第一个小高潮，达到72篇，2003年增加到92篇。

5. 研究成果的相关性变化：研究成果既有专门针对"字母词""字母词语"的独立研究，也有关于新词语、流行语、网络语言、新外来词等的相关研究。

6. 专门字母词语词典问世：刘涌泉出版了《字母词词典》（上海辞书出版社2001年版）；沈孟璎出版了《实用字母词词典》（汉语大词典出版社2002年版）。

7. 学位论文的出现：陈佳璇的《我国新闻语言中字母词的易读性研究》（硕士学位论文，华东师范大学，2003年）、常霞的《字母词研究》（硕士学位论文，天津师范大学，2003年）成为最早的专门研究汉语字母词语的学位论文。

（三）第三个阶段

通过与第一、第二阶段比较，第三阶段的研究在广度和深度上发生了变化，具有明显的特点：

1. 成果数量的增加：从2004年到2015年，研究成果数量成倍增加。以"字母词"为"主题"年度发表各类成果的数量均逾百篇，伴随着 2012 年《现代汉语词典》第 6 版的出版，2012 年、2013 年的相关研究成果超过 200 篇；2012 年以"字母词""字母词语"为"篇名"的达到 101 篇，形成第二个研究高潮。

2. 词典收录的热议：针对 2012 年《现代汉语词典》第 6 版收录字母词语的联名状告，语言学及社会各界在《中国语文》《当代修辞学》《中国社会语言学》等多种期刊，以及《人民日报》《光明日报》《文汇报》《中国社会科学报》等多种报刊发表意见，反响强烈。

3. 有关部门出台规定。针对字母词语的滥用，国家有关部门出台有关政策，引起争议。如 2010 年 4 月 7 日国务院办公厅秘书局国办秘函〔2010〕14 号《关于加强对行政机关公文中涉及字母词审核关的通知》；新闻出版署、央视有关禁用、屏蔽惹争议。

4. 外语中文译写规范部际联席会议制度于 2012 年 1 月建立，本着积极规范、审慎推进、尊重语言规律、重视社会应用的原则，2013 年 9 月 13 日，专家委员会审议通过《第一批推荐使用外语词中文译名表》，此后又相继通过了第二批、第三批、第四批外语词及其中文译名表，总计共推荐了 72 组外语词的中文译名，以推进外语词中文译写。

5. 研究范围重心的变化：研究专题有的是前一个时期的延续，有的是新专题的开拓。研究成果由侧重字母词语的总体阐释、读音标准向词典编纂、释义、使用规范等转移，基于语料库、真实文本的专题研究领域进一步拓展。

6. 新理论新方法的介入。语料库语言学、社会语言学、生态语言学、认知心理学等理论方法的应用；模因论、混沌学、符号学等的引入，使字母词语研究有了更为科学可信的研究方法和结论。

7. 研究著作的出版。郑泽芝的《大规模真实文本汉语字母词语考察研究》（厦门大学出版社 2010 年版）选取 DCC 动态流通语料库对字母词进行共时动态研究；邹玉华的《现代汉语字母词研究》（语文出版社 2012 年版）在国家语委历时平衡语料库的基础上重新构建字母词概念的理论框架和体系。

8. 新字母词语词典问世：刘涌泉在《字母词词典》基础上修订出版《汉语字母词词典》（2009）；余富林出版《中国媒体常用字母词词典》（2012）；侯敏出版《实用字母词词典》（2014）。

9. 学位论文的增多：第二个阶段仅有两篇硕士学位论文，到第三阶段增加到 50 篇，其中包括两篇博士学位论文。

综上所述，字母词语研究总体上具有以下特点和规律：

1. 从研究时间看，从 1982 年到 2015 年的 33 年间，字母词的研究一直绵延相续，不管是主题检索还是篇名检索，此间除了早期有个别年份没有成果外，进入 2000 年后基本上一直持续不断。

2. 从"字母词"作为主题检索到篇名"字母词""字母词语"检索的数量差别，可以看出字母词语的专门研究成果相对较少，而相关问题研究涉及字母词语的成果数量很多，使字母词语研究既具有一定的独立性，又具有很强的伴随性。

3. 研究高潮和《现代汉语词典》的修订出版有密切联系；研究成果在多个方面取得创新性成果，但也存在重复性研究，成果质量需要提升。

4. 语言学领域的专家学者对字母词语的态度逐步趋于理性，研究方法和手段更为科学。

综观 30 余年的字母词语研究，研究成果从无到有、从少到多，研究视域不断拓宽，研究问题不断深化，取得诸多突破。伴随着研究手段的现代化、研究语料的丰富化、新媒体传播的多样化，跨学科的研究成果将增多，世界语言文字背景下的比较研究、字母词语的历时发展演变研究、基于大型语料库的字母词语监测与规范研究等已经成为或持续成为研究重点。

第三节　研究意义和研究方法

一　研究意义

研究汉语中的字母词语，其理论意义和实践意义主要在于：

1. 有利于进一步探讨不同类型语言间的接触融合问题。语言文字载体的巨大变化将引起语言学理论和方法的变革。字母词语进入汉语，突破了几千年来汉语用汉字作为单一载体的历史，突破了文化类型和文字类型的单一匹配。通过深入细致的考察可以揭示字母词语在汉语汉文化背景下的产生机制、基本模式和发展演变规律，揭示汉字文化圈语言在吸收字母词语为代表的异质因素的共性特征，为比较研究提供参考，从而丰富和检验借词理论。

2. 有助于汉语词汇及外来词的发展演变研究。字母词语是汉语词汇的一种特殊类型，在词形、结构、构词、造词、语义、语法、语用等方面都具有个性特征，为汉语词汇研究提供了一个新课题，对其进行深入系统的考察，揭示字母词语的引入机制、特点和演变规律，对汉字、语音、词汇、语法等方面的影响，有助于汉语词汇和外来词史的研究。

3. 有助于促进字母词语的使用规范、预测发展走向。改革开放以来，字母词语的激增和使用混乱问题凸显。2010 年央视屏蔽字母词、汉语出版物禁止随意夹带使用英文单词或字母缩写等通知一经下达立刻引起热议。面对外来词词形的巨变、外来字母词语的激增该如何科学引导、合理规范，急需在深入系统的研究基础上提供科学引导、合理规范的依据。该研究对预测汉语中的字母词语的发展走向、规范使用字母词语具有借鉴价值。

4. 有助于词汇教学、辞书编纂和语文生活的科学引导。由于字母词语来源的复杂性和发展的阶段性，在对内母语教学和对外汉语教学的教材编写、课堂教学和语言测试中都需要注意字母词语，需要采取相应的教学策略；字母词语的大量产生和使用中的不规范问题，使字母词语工具书的编纂具有必要性和迫切性，分析已有字母词语工具书的优长与不足，对字母词语词典编纂和修订具有参考价值；同时可以引导各类媒体及相关部门、各个年龄层次的社会群体正确认识和使用字母词语。

二　研究思路和方法

在接触语言学、词汇学、词典学等理论的指导下，将汉语字母词语研究置于世界语言文字背景下，结合全球拉丁化浪潮和世界网络多语言文字时代，在明确字母词语的基本问题基础上，重点对字母词语进行语体分布、历时演变、区域差异的描写、归纳和分析，总结字母词语的共时和历时特征，发现共性规律和个性特征；结合实际进行词汇教学、词典编纂等专题探讨，为词汇教学、教材编写和词典编纂提供参考；基于共时和历时的思考，对字母词语的规范和汉化进行理论探讨，为预测字母词语的发展趋势和规范提供依据。

采纳的研究方法主要有：

1. 宏观和微观并重。在全球拉丁化浪潮、世界网络多语言文字时代背景下进行宏观考察的同时，对某类字母词语的分布和特点规律进行微观分析。

2. 共时和历时交织。对大陆和台湾进行区域比较，找出共性特征和个性差异；结合现当代文学作品分析字母词语的历时演变规律。

3. 定性和定量互补。以丰富而广泛的实际语料为基础，运用语料库语言学和社会语言学的理论方法，借助计算机进行定量和定性描写与分析。

三 语料说明

本书使用的语料主要来自以下几个方面。

工具书类：

1. 刘涌泉编著：《字母词词典》，上海辞书出版社 2001 年版，共收录各类字母词语 2054 条（含同一词条的同形词）。

2. 刘涌泉编著：《汉语字母词词典》，外语教学与研究出版社 2009 年版，收录字母词 2600 余条。

3. 沈孟璎主编：《实用字母词词典》，汉语大词典出版社 2002 年版，共收录各类字母词语 1351 条（含同一词条的同形词）。

4. 中国社会科学院语言研究所词典编辑室编：《现代汉语词典》，商务印书馆 1978 年、1983 年、1996 年、2002 年、2005 年、2012 年版。各版收录数量从 2 条到 239 条不等（包括正文和附录）。

5. 侯敏主编：《实用字母词词典》，商务印书馆 2014 年版，收录常用字母词语约 5000 字。

6. 商务印书馆辞书研究中心编写：《新华新词语词典》，商务印书馆 2003 年版，收录"常用字母词"132 条。

此外，还包括 20 余部工具书，如：曲伟、韩明安主编：《当代汉语新词词典》，中国大百科全书出版社 2004 年版，收录字母词语 168 条；钱乃荣主编：《酷语 2000》，上海教育出版社 2001 年版，共收录各类字母词语 253 条（未计入符号流行语）。

论文类：

主要源自博士、硕士学位论文附录，引自期刊的论文语料。

语料库及电子文献类：

1. 北京大学中国语言文字中心的汉语语料库，主要使用其中的 1680 万字的现代汉语语料数据库。

2. 中国语言文字网提供的免费查询现代汉语语料库。

3. 国家数字图书馆的民国期刊（1887—1959）、民国著作。上海图书馆《报刊资料索引》（1833—1949）。

4. 台湾"教育部国语推行委员会"组织专家收集整理的《新词语料汇编 1》《新词语料汇编 2》和《新词释义汇编（1）》。

字母词语的切分和提取等问题还在探索阶段，又出于研究中样本分布的多样性需要，我们还积累了一些字母词语研究语料，作为对以上语料的补充。主要包括当代报刊、文学作品、网络语言语料。涉及源自其他方面的语料，采用随文见释的方法加以说明。

考虑到以上几类语料中的字母词语一部分是以静态的词语形式呈现的，故补充语料提取的都是含有字母词语的语句，便于考察字母词语在使用中的真实状态和功能。

为使用方便，对工具书类语料，采用扫描校对的方式，将工具书中的词条和释义从各种工具书中提取出来；对第二种语料通过下载校对选用；第三种语料，我们一方面采用研究专题集中分离，另一方面进行分散提取；补充的语料主要是从网上下载而来，下载分全文下载和对含有字母词语的句子的下载。

第四节　研究内容和创新之处

一　主要内容、重要观点和结构安排

（一）主要内容

在阐明研究目的和意义的基础上，主要研究如下问题：

1. 字母词语的名称与界说研究。20 世纪 90 年代以来的成果中，各家对字母词语的名称众说纷纭（多达 20 余种），内涵和外延的界定宽窄有别，相互间纠葛抵牾颇多，直接影响到对字母词语的性质确定、特点分析、类别区分、功能范围、词典编纂、语料择取等诸多方面问题的探讨。在各家观点基础上，阐明字母词语的名称、内涵、范围；针对翻译混乱问题，提出翻译及规范建议。

2. 字母词语的分类与功效研究。对字母词语进行内部和外部分析。归纳字母词语的三类构成成分：必要成分（字母）、次要成分（汉字和数字）和辅助成分（标点符号及其他）；字母词语的组合类型（纯字母词语、汉字型字母词语、数字型字母词语、其他符号型字母词语、综合型字母词语）；归纳了字母词语的主要构词法和造词法；阐述了字母词语的各种分类：字母数量和位置分类、来源和语义分类、语法和语境分类、功能和动态分类。

3. 字母词语的语体分布研究。从语体角度入手，运用计量词汇学的方法，具体从数量频度、词形结构、词性、语义类别、语用特征考察共时状态下的字母词语在政论语体、文学语体、公文语体、日常谈话语体中的分布规律、语用特点等，认为语体对字母词语的出现有一定的选择制约作用；提出对字母词语的规范需要考虑针对不同语体确立规范的内容和标准，寻求规范的层次和重点，应力求宽严适度、刚柔有别。以在现当代文学作品中出现数量和频度都高居首位的单字母词语为例，以近百年的现当代文学作品为对象，对单字母词语的使用情况、结构形式、分布规律等进行量化分析，并总结归纳文学语体中单字母词语的特点和修辞功效以及摹形单字母词语的功能和成因。

4. 字母词语的区域比较研究。在共时研究平面上，以大陆和台湾为例，探讨字母词语的区域变异。以大陆出版的两本字母词语专门词典和台湾国语会网站提供的"新词语料汇编1""新词语料汇编2"和"新词释义汇编1"为语料，进行对比研究，发现同根同源的汉语在吸收异质因素时存在的显著差异；发现台湾的字母词语研究具有实录式描写、全景式收录等显著特点。

5. 字母词语和对外汉语教学研究。在分析将字母词语引入对外汉语教学中的必要性基础上，阐明字母词语的教学特点和教学原则，呼唤字母词语研究的不断深入；通过来自 13 个国家和地区的 227 名留学生对 146 个字母词语知晓度的总体和分群测量，发现留学生字母词语的知晓度与中国人存在较大差异，为字母词语的对外汉语教学提供直接依据。通过对近 30 年 160 本对外汉语教材中的共时静态考察和动态历时考察，归纳对外汉语教材吸收字母词语的特点和问题，提出吸收原则和建议。

6. 字母词语和词典编纂研究。在回顾学术界对字母词语读音所持的各种读音标准基础上，通过对 20 余部词典的考察，分析字母词语的收录和注音方式，针对存在问题阐述字母词语的注音原则和标准。从字母词语来源的复杂性，考察工具书中的字母词语标注和释义问题，提出相关对策；在以往研究基础上，考察内向型和外向型词典字母词语的收录等情况，探讨分析外向型字母词语学习词典编纂的必要性，提出外向型字母词语学习词典的编纂原则与编纂构想；分析总结了《现代汉语词典》（第 1—6 版）对字母词语在收录数量、语义类别、释义模式等方面发生的变化，提出修订建议。

7. 字母词语和现当代文学研究。主要依托中国现当代文学史，以百余年来的现当代文学作品为语料，选取不同时期的代表作家和作品进行字母词语提取，考察字母词语在现当代文学作品中的历时演变，并以巴金作品为例进行个案考察分析；通过与新闻语体等的比较，总结字母词语在文学语体中的特征和演变规律，发现字母词语的历时演变在不同语体中的不平衡性。

8. 字母词语的规范与汉化研究。基于真实文本的调查，发现字母词语在应用中存在读音、词形、滥用、误用、缺注、错注等不规范问题；以异形字母词语为例，重点考察异形字母词语的使用现状、变体类型，分析生成动因，提出规范原则。针对字母词语的汉化问题，指出影响字母词语汉化的因素，分析汉化的层面和方式；从历时角度结合汉语史，结合外来词、阿拉伯数字、标点符号等的引入，从共时角度结合日语、韩语对字母词语的吸收，对字母词语的汉化进行理论思考。

（二）重要观点

自笔者 2002 年发表第一篇字母词语的研究论文以来，十余年来一直关注字母词语在汉语中的使用状况，关注学界的研究动向，专注于字母词语研究，取得了一系列成果。在《语言文字应用》《辞书研究》《修辞学习》《广西社会科学》《河南社会科学》等学术期刊发表论文 20 余篇，在国际和全国学术会议大会报告、分组讨论 14 篇。重要观点如下。

1. 关于字母词语的名称与界说

（1）在诸多名称中，"字母词"和"字母词语"最为通行，相比较而言，"字母词"比"字母词语"使用起来更简明；"字母词语"比"字母词"称说起来更严谨。为统一起见本书一律使用"字母词语"。

（2）字母词语是出现在汉语书面语和口语中的一类特殊词语，它以汉语汉字系统为使用背景（涉及汉字文化圈其他语言文字的同类情况时，再另加限定语加以区别，如日语中的字母词语、韩语中的字母词语）。拉丁字母或希腊字母是字母词语的必要构词成分，汉字和数字为次要构词成分，其他特殊符号为辅助构词成分。

（3）对字母词语的认定不能单从来源上考虑，词形应该是字母词语区别于汉字词语的最重要的区别性特征；外文原形词语是字母词语中的特殊一类。原因是虽然排除英语原词甚至汉语拼音字母词语可以使研究对象单纯化，讨论更集中，但不利于在比较大的范围内分析各类字母词语的特点、使用规律，彼此间形成研究参照。我们依照吕叔湘（1984）对新词新义"与其失之于严，无宁失之于宽"的主张，把由汉语拼音缩略而成的词语也视为字母词语，虽然这一类都是汉语自创的字母词语，但在词形上还是拉丁字母。

2. 关于字母词语的语体分布

（1）通过计量统计，发现语体对字母词语的出现有一定的选择制约作用。不同语体中的字母词语在词数、词次和频度、语义类别、结构形式、语用功效等方面，呈现出不同程度的差异；造成差异的因素很复杂，不同的语体有不同的影响制约因素。从总体上看，政论语体、文学语体、公文语体和日常谈话语体中的字母词语数量有限，与新闻语体、科技语体相比悬殊较大，且涉及领域较窄。由此可推知，并不是在任何语体中字母词语都多到时尚报刊、专业著作、网络通信的严重程度。

（2）不同语体对字母词语的词性选择影响很弱，即不管是哪种语体，名词的词频、词数、最高词次都高居首位，具有很强的一致性。不同语体中字母词语的使用都存在一定问题，对字母词语的使用规范需要考虑针对不同语体确立规范的内容和标准，寻求规范的层次和重点，应力求宽严适度、刚柔有别。

（3）发现不同结构形式的字母词语在不同语体中具有不同的使用和分布规律，如单字母词语在现当代文学作品中的出现数量和频度都高居首位，具有描摹、指称、分类等功能，尤其是描摹功能十分突出。

3. 关于字母词语的区域比较

（1）比较台湾与大陆的字母词语，可以在较广阔的背景下探讨汉语受到的外来影响，分析同根同源而又长期分离的汉语在吸收异质因素方面的共同规律和特点差异，为在世界语言拉丁化浪潮的冲击下，在网络多语言文字时代的竞争中，两岸汉语如何接纳、规范字母词语提供参考。

（2）台湾的字母词语是传统色彩和时尚潮流的融合，是国际化与本土化的交汇，与大陆相比，呈现出更强的多元化、复杂性特征，面临的问题更多。

（3）与大陆比较，台湾字母词语有着比较突出的特点：构词成分来源广（日语成分转写、方言成分的引入、台湾少数民族语言的吸收）；构成符号形式独特（繁体字、汉字数字、注音字母、其他符号）；异形词语形式多样；专业术语词形偏长；拥有特殊的台湾社区词；语义类别和语素化程度、词义有差异。

（4）与大陆比较，台湾学者对字母词语的研究特点：认识视角不同，独立性弱；实录式描写，全景式收录；收集范围广，分类较具体；重视语料库，方法现代化；偏重例句出示，解释不够。

4. 关于词典的编纂和修订

（1）学术界对字母词语读音标准的看法分歧较大，各种词典的注音方式不一，主要原因在于：字母词语来源复杂，规范主要考虑词形，接触和使用字母词语"目视""手书"多于"耳听"和"口说"。注音标准的讨论、词典注音的方式和人们的实际读法，都说明制定字母词语规范读音标准的必要性和迫切性。我们认为，收入字母词语的词典应为字母词语注音，方式可分集中说明和逐条标注。集中说明应以条例形式详细解说，涵盖各类字母词语。字母词语的注音方式和读音标准应遵循前瞻性原则、普遍性原则、规范性原则、开放性原则。

（2）字母词语的来源对字母词语的释义有着直接的影响：指明正确的来源是正确释义的基础，来源考证错误则会导致释义的偏离。通过对字母词语的来源及多部工具书的考察，指出字母词语来源的复杂性、工具书来源标注及释义存在的问题，提出重视字母词语来源的考证和标注、规范辞书编写体例、注意吸收学术界字母词语的考证成果等建议，以增强释义的正确性和科学性。

（3）由于阅读对象、词典性质等原因，现有工具书不能满足留学生学习字母词语的需要；提出了外向型字母词语学习词典的针对性、规范性、科学性、国际性编纂原则；通过与内向型词典的分析比较，我们认为外向型字母词语词典在收词数量与范围、编纂内容与体例、释义方法与模式等方面应该具有适合留学生群体的特点和规律。

（4）在《现代汉语词典》（以下简称《现汉》）半个世纪的不断修订过程中，字母词语的收录经历了从无到有、从少到多，编排体例、释义体系等都逐步科学完善。通过对第 1—6 版《现汉》的比较，发现《现汉》对字母词语的收录数量、语义类别、词语释义都有不同程度的变化。在释义上具有开放化（增加新义位、语域的扩展、语域的限定）、系统化（释义模式和元语言的统一、注重前后相关词条的联系）、准确化（重视基义解释和原语种词语的对应、外语对应词语的出示更准确、标注语域陪义、对语源的考证）。认为修订时需要注意词语的筛选、收录条目体系的调整、语源扩注等问题。

5. 关于字母词语和对外汉语教学

无论是字母词语自身的复杂性还是留学生日常生活、课程学习的需要，将字母词语引入对外汉语教学都具有必要性。我们以对中国人的字母词语知晓度调查结果为基础，利用社会语言学的理论和方法，对留学生的字母词语知晓度进行总体和分群测量，发现留学生对汉语汉字背景下出现的字母词语的知晓度比中国人低。高知晓度字母词语和低知晓度字母词语的折合得分与中国人有别，语义类别存在一定差异。一些与中国人日常生活密切相关的为中国人熟知的字母词语，留学生的知晓度却比较低；而国际化、现代化程度高的字母词语，知晓度较高。对留学生而言，字母词语的不同结构（含不含汉语词或语素成分）并不是理解字母词语词义的关键。留学生通过 HSK 的等级高低对字母词语知晓度的影响不大，可能是与试题中涉及字母词语数量十分有限有关。留学生的年龄、母语、国籍、第二语言、HSK 等对其字母词语知晓度都没有显著影响。影响最大的是留学生的英语水平，体现了字母词语的英语来源特征，其次是性别上的差异。根据对留学生字母词语知晓度的调查和留学生对字母词语学习的认识，我们认为在对外汉语教学中，尤其是报刊阅读、词汇教学等课程中应该及时引入字母词语教学内容。区分基本字母词语、一般字母词语和专业术语，在工具书编纂、教材和教学大纲的编写中应考虑适量引入字母词语。在字母词语教学中应该考虑各种变量对留学生字母词语知晓度的不同影响，有针对性地进行教学。

6. 关于字母词语的汉化问题

（1）针对字母词语的增多和随意使用，规范前提下的汉化很有必要，但不能简单对待，并不是所有字母词语都能够汉化。字母词语的汉化要受到语言内和语言外多种因素的影响和制约，既需要借鉴外来词汉化的历程和方式，又需要结合字母词语的特点和应用实际进行不同层面、不同范围、不同方式的汉化。

（2）根据字母词语在文字、词形上的特殊性，我们认为字母词语汉化的主要层面有文字的汉化，词形的汉化；次要层面是读音的汉化、语法的汉化、语义的汉化。字母词语的汉化应区分汉化的程度，从静态看，哪些可以完全汉化、哪些可以部分汉化，哪些不能汉化；从动态看，字母词语的汉化程度还要通过词频计量统计分析哪些已经完成汉化、哪些正在经历汉化的过程，哪些还完全没有汉化的迹象。此外，字母词语的汉化程度还具有时代差异和区域差异。

（3）字母词语是社会发展、语言接触、科学进步的产物。字母词语的汉化是一个世界性问题，也是一个历史性问题，需要我们站在宏观的高度审视，结合日语、韩语等汉字圈语言吸收字母词语的本土化应对策略，结合非汉字符号如标点符号、阿拉伯数字进入汉语的历程，进行共时和历时的深入探讨。

7. 对字母词语的认识问题

字母词语会对包括汉语在内的汉字圈语言文字产生不同程度的影响。客观辩证地看待其正负面效应是研究字母词语最重要的思想观点，任何偏颇都会带来错误的、不切实际的结论。我们的初步研究认为，根据目前的数量、范围和出现频率，字母词语不会从根本上改变汉语汉字系统的性质，因此不必夸大事实，杞人忧天。但由于使用中出现的种种不规范问题，影响了大众正常的阅读理解，使字母词语的规范工作变得十分迫切。我们在研究过程中愈发坚信，字母词语在汉语汉字系统中的数量有限，并不能从根本上取代汉字、改变汉语的性质，字母只能作为辅助成分为汉语服务。字母词语作为形式结构特殊的新词语，既具有一般新词语的共性，又具有其自身的个性。要探讨其变化规律、预测发展走向必须二者兼之，不能顾此失彼。在一定时期的世界范围内会形成相对稳定的"世界通用词语"，这些词语应具有国际性和通用性，数量和使用范围有限，且具有明确的使用规范标准。

（三）结构安排

本书共分九章。第一章为绪论，主要介绍研究背景，研究现状，研究意义和方法，阐明研究的主要内容和观点以及创新之处，说明语料来源和结构框架。第二章、第三章为字母词语的本体研究，分别探讨字母词语的名称、界定、翻译、构成及各种分类。第四章、第五章主要考察字母词语的语体分布和在百年现当代文学作品中的历时演变，总结文学语体中字母词语的使用规律和演变特征。第六章、第七章、第八章主要从应用角度拓展研究领域，通过对大陆和台湾的比较，分析字母词语的区域差异；通过对留学生字母词语知晓度的调查和近 30 年对外汉语教材的分析为对外汉语教学提供依据；通过对各类词典字母词语的收录、注音、释义和编排体例的考察，为词典编纂和修订提出针对性建议。第九章为理论思考，通过对字母词语使用中存在的诸多不规范问题的分析，提出规范策略；通过共时和历时的思考，提出字母词语汉化的层面与方式。

二 创新之处和应用价值

（一）创新之处

从 1994 年刘涌泉发表第一篇针对汉语中字母词语的论文以来，字母词语研究取得了一系列成果，发表相关论文数百篇、出版专门词典四部（刘涌泉、沈孟璎、余富林、侯敏），研究专著两部（邹玉华、郑泽芝），还有数十篇相关硕士、博士学位论文。其中不少成果为我们的研究奠定了基础，且有诸多启迪。

与相关成果比较，本成果的创新之处主要表现在：

1. 研究视野的拓展。将汉语字母词语研究置于世界文字发展史、网络多语言文字时代、全球经济一体化、多元文化交融的宏观背景下进行考察，探讨非汉字圈语言文字与汉字圈语言文字的接触与融合，使研究视野不拘泥现代，不拘泥于汉语，探索思考覆盖了从罗马时代到当今的全球拉丁化浪潮，从海峡两岸到日韩等汉字文化圈国家的语言文字，研究具有开放性特征。

2. 研究专题的开掘。以字母词语的名称界说、成分结构、类别功效研究为基础，共时与历时兼顾，结合语文生活实际，借助丰富真实的语料，凭借敏锐的观察和思考分析完成系统研究。在学界普遍关注网络、报刊字母词语研究的背景下，避免研究领域的雷同，于国内较早开展了字母词语与语体分布研究、字母词语与现当代文学研究、字母词语与对外汉语教学研究、字母词语的区域比较研究、字母词语与词典编纂研究、字母词语的规范与汉化研究等新领域。注重共时和历时的分析、动态和静态语料的对比。

3. 纵深研究的推进。对主要研究专题进行纵深系列研究，如字母词语与语体分布研究，发现字母词语在政论语体、文学语体、公文语体和日常谈话语体中的不均衡性，在此基础上选取文学作品中的单字母词语进行重点研究，研究发现单字母词语的描摹功能突出后，继而对描摹单字母词语再进行重点研究。又如字母词语与现当代文学研究，先通过对百年现当代文学作家作品的历时考察，发现字母词语在文学语体中的历时演变规律，再以巴金为例进行个案分析，在得出共性规律的基础上发现个性特征，并加以解释。

4. 考察分析的新发现。通过考察真实文本发现字母词语在语体分布的不均衡特征，同时也发现字母词语的使用数量有限，为消除恐慌提供依据；通过大陆和台湾字母词语的应用与研究的区域比较发现海峡两岸同根同源的汉语在吸收字母词语这一异质因素的差异；结合教学实践提出将字母词语引入对外汉语教学的必要性和可能性，通过对留学生字母词语知晓度的调查为字母词语引入对外汉语教学提供可靠依据；通过对多部工具书的考察分析，发现字母词语的引入、注音、释义等问题，提出外向型字母词语词典编纂的设想。

5. 理论价值的挖掘。字母词语研究蕴含的深刻理论意义和价值：（1）普通语言学价值和类型学价值。字母词语的激增对汉语的语音系统、构词模式等各个语言层面产生了一定影响。进行跨语言、跨地区的字母词语比较研究，有助于考察人类语言文字发展变化的规律；在当代语言接触模式的变化和不公平竞争中，分析强式语言对弱式语言施加的影响。（2）社会语言学价值。语言与社会共变，不同的社会条件会引起语言变化的不同形态和规律。汉语史上有数次引进外来词语的高潮，社会因素起了重要作用，字母词语在当代汉语中的激增，其社会影响不容忽视。（3）社会文化学价值。字母词语的使用，突破了几千年来汉语用汉字作为单一载体的历史，突破了文化类型和文字类型的单一匹配，从文化角度研究字母词语帮助我们进一步认识语言、文字、文化三者间的复杂关系。

（二）应用价值

1. 为字母词语规范、汉化提供政策依据。关于语体分布、词形、读音、使用规范，汉化层面的研究可以为有关部门制定字母词语的使用规范标准、外来词的汉译、字母词语的汉化提供决策参考。也有利于认识汉语中外来词引进方式的变化规律，对预测网络多语言文字时代汉语汉字的发展变化趋势、规范新词语、保持汉语的健康发展都具有指导作用。

2. 为对外汉语词汇教学、教材编写、外向型辞书编纂提供借鉴。在分析将字母词语引入对外汉语教学中的必要性基础上，阐明字母词语的教学特点和教学原则；通过对留学生的总体和分群测量，发现留学生字母词语的知晓度与中国人存在较大差异；通过对近 30 年对外汉语教材中的共时静态考察和动态历时考察，归纳对外汉语教材吸收字母词语的特点和问题，提出吸收原则和建议。

3. 对词典编纂、修订具有参考价值。通过对 20 余部词典的考察，分析字母词语的收录和注音方式，提出的字母词语的注音原则和标准；从字母词语来源的复杂性，考察工具书中的字母词语标注和释义问题，提出的相关对策；结合对外汉语教学，提出编纂外向型字母词语学习词典的必要性和编纂构想；基于《现代汉语词典》（第 1—6版）对字母词语的收释变化研究提出的修订建议，可为字母词语词典、外向型字母词语词典的编纂提供借鉴，为《现代汉语词典》修订西文字母开头的词语提供参考。

此外，为社会各界客观认识字母词语、规范使用字母词语提供依据。

第二章

术语正名：字母词语的界定与功效

第一节 字母词语的名称与界说

20 世纪 90 年代以来，伴随着字母词语在汉语汉字系统中的激增，字母词语研究取得了许多开创性的成果。在这些成果中，各家对字母词语的名称众说不一，内涵和外延的界定宽窄有别，相互间纠葛抵牾颇多，显示了研究者对字母词语认识上的差异，也直接影响到对字母词语的性质确定、特点分析、类别区分、范围限定、词典编纂、语料择取等诸多方面问题的探讨。故认为有必要对已有的名称、说法进行罗列爬梳，分析讨论焦点所在，提出拙见。

一 各家的名称和界说

迄今为止，就我们所见，字母词语的名称已多达 20 余种；各自的定义界说有别，即使相同的名称内涵也不尽相同。现择其要，罗列如下：

（一）字母词

"字母词"是最通行的名称，最早提出"字母词"的是刘涌泉（1994）。慧生（1995）、郭伏良（1997、2001）、冯志伟（1998）、沈孟璎（1999、2001、2002）、贾宝书（2000）、刘云汉（2001）、陈章太（2002）、苏金智（2002）、王敏东（2002）、杨华（2002）、陈佳璇、胡范铸（2003）、郭熙（2004）、周其焕（2004）、邹玉华（2006）等也使用这一名称。但各家的界说不一。如：

刘涌泉（1994）："字母词是指汉语中带外文字母（主要是拉丁

字母）或完全用外文字母表达的词，前者如 B 超，卡拉 OK；后者如 CD、UFO。它是一种新形式的外来语。"并指出"以前，虽然也有少量的字母词，如 WC、TB，但未构成借用外来语的一种方式"。

郭伏良（1997）："字母词是指汉语中以外文字母为书写形式或以外文字母与汉字组合为书写形式的外来词语，如 CT、BP 机等。"

沈孟璎（2001）："我们把采用字母或字母同汉语语素组合的单位统称为字母词（lettered – word），并把出现于口语和书面语的字母词编成一部词典。"

贾宝书（2000）："字母词指的是书写形式全部或部分是用字母来书写的一类词，如 VCD、B 超、MTV 等。"认为"字母词并不一定都是外来词，如 HSK（汉语水平考试）就是汉语内部自生的字母词"。

杨华（2002）："所谓字母词，是指全部或部分使用外语字母构成的外来词。"

（二）汉语字母词/中文字母词

刘涌泉（2002）对 1994 年的定义又进行了补充，认为"现在看来，叫汉语字母词或中文字母词（Chinese lettered words）更好些。原因很简单：英、法、德、俄等语言中都是由字母构成的词，因而不会有字母词这个术语；而汉语不同，绝大部分的词是由汉字构成，只有很少一部分是由字母构成的纯字母词，或带字母的词。因此，字母词只是中文中特有的术语。如果将来有一天出现另一种中文变体——拼音化中文（即一语双文），也就无所谓字母词了"。并重申汉语字母词指的就是"由拉丁字母（包括汉语拼音字母）或希腊字母构成的或由它们分别与符号，数字或汉字混合构成的词"。

（三）外文字母词/西文字母词

胡明扬（2002）认为：像"X 光"（"爱克斯光"/"爱克斯射线"）、"γ 射线"（"伽马射线"）那样包含外文字母的词可以称为"外文字母词"或"西文字母词"，而像 WTO（World Trade Organization "世界贸易组织"），DNA（Deoxyribonucleic acid 脱氧核糖核酸）、CD（compact disc "光盘"/"光碟"）那样的外文缩略语根本不是"词"，只能说是原装外文缩略语，说"原装"是因为从文字书写到读音完全是外文外语的原来的形式，既不是意译，也不是音译，也不是音译加意译，这里的字母的读音和意义完全是外文外语，更不能说是"汉语字母"。只有像 GB（Guo Biao"国标"）和 HSK（Hanyu Shuiping Kaoshi"汉语水平考试"）那样才能说是"汉语字母词/语"。原因是它们是汉语拼音字母，而更主要的是意思完全是汉语的意思。他主张要区别对待"外文字母词"和原装的"外文缩略语"。

周晓林（2003）："本文所言外文字母词主要指表达引进外来的新概念新术语时纯粹由外文字母组成的出现在汉语文出版物中的字母词。""外文字母词大多为外文词语的缩略语，其中以英文缩略语为多，也包括部分由法文、俄文等外文转写成英文的字母词。外文字母词不包含出现在汉语文出版物中的日文字母词。"

（四）字母词语

"字母词语"是仅次于"字母词"的通行名称。采用"字母词语"的学者主要有王吉辉（1999、2003），汪惠迪（2000），张德鑫（2000），周健、张述娟、刘丽宁（2001），原新梅（2002、2005、2007），李明（2002），刁晏斌（2004）等。

王吉辉（1999）："书面形式上直接表现为字母的词语诸如'MTV（音乐电视）''CD（压缩光盘）''CT（计算机横断扫描仪）'等，或书面形式上部分地表现为字母的词语像'T恤''阿Q''Z字路'等是一类——为字母词语。"在注释中特别说明，作者把以阿拉伯数字或字母等形式来记录词语的情况统称为"非汉字词语"，这里改称字母词语主要是就字母记录词语的情况而言的。

张德鑫（2001）："何谓'字母词语'？顾名思义，主要是由拉丁字母组成的词语。"

周健、张述娟、刘丽宁（2001）："所谓字母词语，包括纯外文字母词（如'WTO''VCD'）和汉外组合词（如'卡拉OK''A股'）。其中绝大多数是外来缩略词语，但也有少量是我们自制的，用以表示中国事物的字母词，如 GB（国标）、CCTV（中央电视台）、HSK（汉语水平考试）、RMB（人民币）、CBA（中国篮球联赛）等。这类词多用于书写，交际时一般说汉字名称。"

　　王吉辉、焦妮娜（2003）："书面上直接写成字母或夹有字母的词语叫字母词语。"

（五）字母词语（串）

　　郑泽芝、张普（2005）提出了字母词语的工程定义：根据对字母词语大规模真实文本的考察，认为"字母词语指在汉语文本中出现的由字母符号和标记符号，或由字母符号、标记符号同汉语语素组合成的含字母符号串，且该字符串有确切的语义和指代，在文本中的作用相当于汉字词语"。"在和汉字结合构成词语时，非汉字符（主要是字母）可以出现在汉字的左、中、右等不同位置，我们分别称之为左串字母词语、中串字母词语、右串字母词语。"

（六）字母外来词

　　黄伯荣、廖序东《现代汉语》增订三版（2002）在外来词的类型中列出"字母外来词"："即直接用外文字母（简称）或与汉字组合而成的词。"

（七）非汉字词语

　　王吉辉（1996）："非汉字词语是指写成的含有非汉字性成分或者全部为非汉字性成分的词语。前者如'X 射线''Y 理论'等。后者如'CT（电子计算机图像诊断仪）'、'TNT（黄色炸药）'、'TOEFL（一种为外国人举行的英语考试）'等。""'非汉字词语'的命名着眼点在记录词语的书写形式，这些词语的记录形式如非汉字性成分的分布等，自然要研究。非汉字词语中的非汉字性成分无非包括两类：字母和数字。"并指出"字母中以拉丁字母为常见，希腊式字母也可以见到，数字多写成阿拉伯式，罗马式数字的写法也有"。

（八）现代汉字系统中外来字母

　　刘建梅（2002）："外来字母是指现代汉字系统中和汉字一起使用的字母表文字。"举例有：VCD、WTO、cool、ATM 机、APS 产品、CD-MA 网、CIH 病毒等。

（九）现代汉语新借形词

　　罗聿言（2000）："指现代汉语词语中把除日文之外的外语词按其原来形状借入，用以指称外来事物并进入日常交际词汇的词。"

（十）　中英文混合词语/英文首字母词语

汤志祥（2001）把"台湾普通话"中的英语借词分为6类，其中A片、BO族、H签证等含有汉字的为"中英文混合词语"，KTV、OP、EQ等由英语首字母缩略而成的叫作"英文首字母词语"。

（十一）　西文字母开头的词语

《现代汉语词典》（增补本2002）在附录中收录的142条字母词语，以"西文字母开头的词语"为题。正文收录的以汉字开头的"阿Q、三K党、卡拉OK"未包括在内。

此外，还有"新缩略语"（徐丽华，1994）、"混血儿词语"（朱永锴，1994）、"新外来词"（杨华、蒋可心，1995）、"直用原文"（杨挺，1999）、"汉语含字母词"（鲁金华，2000）、"含有西文字母的词语"（何宛屏，2001）、"中文—字母词"（姜玉星，2001）等。

二　分析和讨论

由于各家的着眼点不同、对字母词语的性质、来源、种类等方面的认识差异形成了以上见仁见智、内涵外延宽窄不一的观点。归纳以上诸多名称和界说，涉及的焦点问题有：

（一）　外语原形词语（以英语原词为主）能否归入字母词语

有两种不同意见：一认为外语原词不是字母词语。如沈孟璎（2001）："有的研究者所用的字母词语的称名扩大到直接在汉语中夹用外语词的部分（如baby，part，in）。我们认为把不同性质的词语混用同一个称名，作为正式称名的话，不甚妥当。"王吉辉、焦妮娜（2003）把有些文章中直接搬入外族语中的单词如glad、my、thank等看作是外语词，在汉语中出现是字母词语的滥用。二认为外语原词应属于字母词语。如王吉晖（1999）指出把外语词语整体移入汉语社会的这一类，同"CT""MTV"等之间不存在什么本质的差别，没有理由不把它们也当作汉语社会中的字母词语。王吉辉（1996）在谈字母词语的来源时指出，有"直以现成外语词组成"的一类，承认少量外语原词为字母词语，并指出这个范围很难划定。王敏东（2002）："本文对其中'由英语字母单独组成'之部分不单指缩略语（如：No

Good 缩略为 NG），亦包含'英语原字直接置于华语中来使用'（如：请 copy 一下这份文件）的情形。"刘建梅（2002）文中举例均为拉丁字母词语，且包括 cool、Oracle、Oracle Sun 等原词形式。邹玉华（2009）认为"判定外文原词性质的标准是语音。外文原词的读音不能纳入汉语的语音系统，汉语不能像英语那样用借形的方式吸收法语原词，保持其词形不变，改变其拼读方式。汉语不能通过借形的方式吸收外文原词，外文原词不能成为汉语借形词；外文原词是外语词，不是外来词。汉语吸收外文原词的主要方式是使其汉字化。带有原词性质的字母词，如外文原词和汉语语素构成的词、拼读的字母词、截短词、半缩略语、人名缩略语等很难真正成为汉语的词语，只能是难以融入汉语的外文语码"。

由此可知，认可不认可外语原形词语为字母词语，不同的学者观点不一，即使同一位学者观点也前后有别。

究竟应不应该认可出现在汉语汉字背景中的外语原形词语为字母词语呢？帕普拉克（Poplack，1993）提出的基于变异理论的语言接触理论给我们以启发。她将语言接触现象分为语码转换、词汇借用、不完全的第二语言习得、干扰、语法融合等 7 种。其中针对"词汇借用"确定了两种类型：一种是已经成为（单语）语言中词汇一部分的"历史上借入"的"借词"（loanwords），另一种是个人临时借用的"一次性借词"（nonce borrowing）。关于后者她特别指出要把它与语码转换区别开来。语码转换中的不同语言的词语都按照各自不同的语法规则组合在一起，而"一次性借词"现象是，虽然采用了两种语言的词汇，却只启用了一种语言的语法。① 一次性借词这种语言接触现象可以是一种个人现象，也可以是一种社团范围的常规交际方式。既可能只是偶尔出现，也可能频繁出现。显然，按照帕普拉克的理论，出现在汉语汉字背景中的外语原形词语应该属于"一次性借词"，因为它们嵌入的是遵循汉语语法造出的句子，不管是个人的临时借用还是

---

① Poplack, S., "Variation Theory and Language Contact", Ln Dennis R. Preston (ed), *American Dialect Research*, Amsterdam/Philadelphia: John Benjamins, pp. 251 – 286. 转引自徐大明、陶红印、谢天蔚《当代社会语言学》，中国社会科学出版社 1997 年版，第 188 页。

社团范围的常规交际。

（二）汉语拼音字母词语问题

有学者认为由外语借来的字母词语才是字母词语，不包括汉语拼音缩略成的词语。如郭伏良（2001）把来自汉语拼音的字母词语称为"汉语拼音简缩词"；周玉琨（2002）撰写专文否认 GB、HSK 等用汉语拼音缩略成的词语是字母词语。周晓林（2003）认为"外文字母词也不包括由汉语拼音字母表示的汉语缩略语，如 GB（国标）、HSK（汉语水平考试）"。胡明扬（2002）则认为，像"X 光""γ 射线"那样包含外文字母的词可以称为"外文字母词"或"西文字母词"，而像 WTO、DNA、CD 那样的外文缩略语根本不是"词"，只能说是原装外文缩略语，这里的字母的读音和意义完全是外文外语，更不能说是"汉语字母"。只有像 GB、HSK 那样才能说是"汉语字母词/语"。

（三）字母词语是仅指书面语还是包括口语

从上文诸多界说看，不少学者的着眼点是汉语的书面语和汉语的书写系统。如：王吉辉（1996、1999、2000、2003）在界说中数次提到"记录词语的书写形式""书面上直接写成"等；贾宝书（2000）也认为是"书写形式"；刘建梅（2002）"现代汉字系统中外来字母"把字母词语放在了现代汉字系统中进行讨论，没有进入词汇范畴；周晓林（2003）强调了"出现在汉语文出版物中"。其实在汉语口语和有声媒体中也使用字母词语。如"PB 机""VC 含片""B超""CT""卡拉 OK""E - mail"等都是口语中常用的，一些学者在讨论字母词语、编写字母词语工具书时也注意到引用口语材料，如沈孟璎（2001）。只不过相对而言，口语中的字母词语在使用频次、数量上都要低于书面语，在语料收集等方面影响因素多、复杂。但即便如此，我们认为也不应忽视了口语。

（四）"词"和"词语"之别

其中就称"词"还是称"词语"的问题，有学者主张宽泛对待，有学者认为需要严格区分。如沈孟璎（2002）认为"字母词或字母词语是较理想的称名。一则它有别于全汉字式，显示出特点；二则涵盖面广，只要含有字母的词语，不论字母的数量、字母的来源、字母在词语中所处的位置，也不论字母同什么成分组合，都能包含；三则凡不含字母者一律排除；四则字母必须是原型的缩略，有别于直接起用外语词。总之，采用字母词或字母词语的称名，界定清楚，涵盖明确，特征显著"。至于是叫字母词好还是叫字母词语好，"这种语言单位在语文生活里，一般人把它作为一个整体对待，宽泛称之为词，未尝不可。要严密的话，说是字母词语，当然没问题"。王吉辉（1999）则认为"字母词并不能完全概括所指的所有类似现象，诸如'三 S 研究会''SOS 儿童村'等分明都是词组。因此采用'字母词语'这一提法"。但后来没有沿用，也有改用"字母词"来称说的（2000、2001）。总之，我们认为"字母词"比"字母词语"使用起来更简明、更通行；"字母词语"比"字母词"称说起来更严谨。

三　我们的名称和界说

以上各家名称，各有优长、各具特点。其中有一些名称也值得斟酌。如"非汉字词语"，按照一般理解还应包括"211 工程""★★语"等由数字和其他符号组成的词语，范围较宽；"现代汉语新借形词"强调了排除日文、按原来形状借入和指称外来事物且进入日常交际词汇三个要点。但如果按此定义，VCD 就不能算，因为第一台 VCD 诞生在中国。周健等（2001）认为："既称之为'借形词'，就是指字形是外来的。现在在形式的标准之上又加上语义的标准，两个标准却不在同一个平面，使得'新借形词'的确认变得难以操作（每个字母词都要先考虑是指称中国事物还是外国事物）又没有多大的意义。""含有西文字母的词语""中英文混合词语""西文字母开头的词语"都存在着内涵较窄、形体偏长不便称说的特点。"新缩略语""新外来词"没有突出词语的本质特征；"混血儿词语"使用比喻的说法，不便正式称说。本着凸显词形特征、从严简明的原则，我们选择"汉语中的字母词语"的名称，简称作"字母词语"。

在字母词语的界说上，我们认为，不妨把视野放宽一些，范围放大一些，这样便于分析字母词语内部不同类别的差异和联系，确定字母词语的本质属性与特征。吕叔湘（1984）对新词新义主张"与其失之于严，无宁失之于宽"，[①] 这种远见卓识同样适用于字母词语。研究过窄，可能会限制视野，影响研究的全面性和系统性。

我们对"字母词语"的认识主要包括以下几点：

第一，字母词语是出现在现代汉语书面语和口语中的一类特殊词语，它以现代汉语汉字系统为使用背景（涉及汉字文化圈其他语言文字的同类情况时，再另加限定语加以区别，如日语中的字母词语、韩语中的字母词语）。

第二，拉丁字母或希腊字母是字母词语的必要构词成分，汉字和数字为次要成分，其他特殊符号为辅助构词成分。

第三，外文原形词语是字母词语中的特殊一类。原因是虽然排除英语原词甚至汉语拼音字母词语可以使研究对象单纯化，讨论更集中，但不利于在比较大的范围内分析各类字母词语的特点、使用规律，彼此间形成研究参照。可以考察在汉语中英语原词和缩略字母词语的关系、在不同时期使用消长情况，相互间的比例分布等，避免视野过于狭窄。如果将外围的现象剥离掉，可能会影响对字母词语核心部分的认识。基于此，我们认为可以区分出"典型字母词语"和"非典型字母词语"。

第四，由汉语拼音缩略而成的词语也视为字母词语。这一类都是汉语自创的字母词语，来源和性质独特，但在词形上是拉丁字母。

第五，对字母词语的认定不能单从来源上考虑，词形应该是字母词语区别于汉字词语的最重要的区别性特征。

第二节　字母词语的翻译及规范

学界不仅对字母词语的名称和界定不一，而且对字母词语的翻译也不尽相同，有必要提出来进行分析，以促进学界达成共识。为了了

---

① 吕叔湘：《大家来关心新词新义》，《辞书研究》1984 年第 1 期。

解字母词语的翻译情况，我们采用两种方式进行调查：一是选择使用频率最高的"字母词"和"字母词语"为代表，利用 CNKI 翻译助手对"字母词""字母词语"的术语翻译情况进行检索；二是对中国知网收录的有关研究文献进行直接筛查（主要包括英文标题、关键词、正文括注）。调查结果如下：

一　CNKI 翻译助手的查检结果①

（一）"字母词"的翻译

letter words（33）

lettered – words（25）

lettered words（23）

alphabetic words（4）

letter – words（3）

the letter word（3）

letters words（2）

alphabetic characters（2）

alphabetic word（1）

lettered word（1）

alphabet words（1）

alphabetic acronyms（1）

letter – word（0）

（二）"字母词语"的翻译

lettered words（12）

lettered – words（3）

lettered – word（3）

lettered words and phrases（3）

letter words（3）

letter – formed words（2）

---

① 括号内的数字表示使用次数。

letter – word phrase（1）

letter word（0）

alphabet words（0）

letter terms（0）

二　研究文献的筛查①

通过对 1994 年以来近 200 篇学术论文的筛查，发现有以下翻译类别。

（一）letter 类

采用这一类的译名最多，区别在于单复数，所属范围性质，词和词语，字母类别等。

1. 词形有别。具体表现为单复数、大小写、时态等词形变化，还有连字符的使用与否等。如：

the lettered words

Lettered words

letter words

Letter – words

lettered – words

Letter – formed words

2. 明确字母词语的范围或性质。如：

Lettered Words in Chinese

lettered words（in Chinese）

Chinese lettered chunks

lettered words and phrase（in Chinese）

letter – words inChinese

Chinese Letters Words

3. 显示字母类别。如：

words composed of Latin letters

---

① 包括英文标题、关键词、正文括注。

Character with Roman Letters

Character mixed with Roman Letters

（二）alphabetic 类

Alphabetic characters

alphabetic words

（三）abbreviation 类

the lettered word form（Abbreviation）

abbreviation

（四）严格区分类

胡明扬（2002）在论文中严格区分了汉语字母词、外文字母、英语缩略语和外文字母词：Chinese lettered words；foreign letters；English abbreviations；words with foreign letters。

（五）其他类

borrowed words（or letters）in Chinese

三 翻译特点和问题

（一）翻译特点

1. 多样随意。从以上翻译看，不管是"字母词"还是"字母词语"都形式多样，具有一定的随意性。利用 CNKI 翻译助手发现"字母词"的翻译多达 12 种，"字母词语"的翻译也多达 7 种。在第二种调查中发现了五大系列的不同翻译。在抽样分析时还发现，同一作者在其系列研究论文中，采用的翻译术语也有前后不统一现象。

2. 相对集中。在诸多翻译形式中，不管是"字母词"还是"字母词语"都有一些相同的形式，具体表现为 letter words 、lettered – words、lettered words、lettered – word 都是高频翻译形式，为多数学者采用。

（二）存在问题

关于字母词语翻译的分歧点主要集中在以下七个方面：

1. letter 和 lettered

2. letter 和 alphabet

3. lettered words 和 acronyms

4. lettered words 和 abbreviation

5. word、words、phrase 和 terms

6. 是否加连字符（连接号）

7. 是否大写

四　问题成因和观点

（一）成因

形成以上诸多翻译形式的原因较多：其一是反映了在对字母词语的研究中，对字母词语性质的认识不一，对其内涵和外延的理解有别；其二是显示了字母词语自身的复杂性，汉语中的字母词语和 abbreviation、acronyms 等具有交叉关系；其三是个别翻译混淆了字母词语中的"字母"和字母表中的"字母"；其四是利用翻译软件翻译对专门术语造成的误解；其五是翻译术语词形引起的多样性。

（二）观点

以上诸多翻译，从一个侧面反映了学术界对字母词语的不同认识；也显示了字母词语自身的复杂性。在中文名称和内涵外延尚不统一的前提下，要统一英文译名也不是一个简单的问题。正如汉语对字母词语的称说需要规范一样，众多的英语翻译形式也亟须统一，尽快结束目前的状态。基于对各种翻译的分析和比较，本着简明、准确、常用的原则，认为 lettered words 系列不失为可选的翻译形式，其中 letter words、lettered words 为最佳翻译方式。在对字母词语的界定讨论基础上，我们倾向于使用 Lettered Words in Chinese，用大写表示这种特殊形式的词语，如果研究成果不涉及其他语言中的字母词语研究，in Chinese 则可以省去。

第三节　字母词语的功效和影响

一　字母词语的表达功效

伴随着改革开放的深入、中外科技与文化交流的频繁、信息经济产业的突飞猛进、外语教育的普及和生活节奏的加快，E 时代、CPU、IT 业、BBS 版、WTO、APEC、IELTS、HSK、X 型人才、CT、γ 刀、α 粒子、T180 之类的词语涌入了中国当代社会生活的方方面面。这些用拉丁字母（包括汉语拼音）或希腊字母构成的或由它们分别与汉字、符号、数字组成的词语构成了现代汉语词汇系统一道独特的风景。字母词语的大量出现标志着几千年来以汉字为单一负载形式的汉语词汇系统开始走向开放的多元化。

促成字母词语大量出现的原因除了大的社会时代背景和当今人们的语用心理之外，我们认为，字母词语在现代汉语系统中所显示出的不可替代的表达效果是一个十分重要的内在因素。

（一）简洁醒目　形象直观

字母词语大都是由各种各样的缩略形式而构成的缩略语，无论是较之字母原形词语还是较之相应的汉字词语，词形都要简短得多，如：

①CT：Computeried Tomography（电子计算机断层扫描）。

②EMS：Woldwide Express Mail Sevice（全球邮政特快专递＼特快专递）。

③APEC：Asian – Pacific Economic Cooperation（亚洲太平洋经济合作组织＼亚太经合组织）。

④PSC：Putonghua Shuiping Ceshi（普通话水平测试）。

⑤KAP 调查：为了解人们对某种事物的知识（Knowledge）、态度（Attitude）和实践（Practice）而进行的一种社会调查。

⑥三 C 革命：实现通信网络化（Communication）、电脑化（Computer）、自动控制化（Control）的过程。

虽然②③都有各自常用的汉语缩略语，但仍不如字母词语简洁。⑤⑥的概括性更强，通过与汉字词语、数字的组合达到极为简便、明晰的效果。

字母词语的简洁使其在与别的汉语词语组合时更为灵活。处在汉字背景下的字母词语由于文字符号系统造成的背景差异使其在阅读过程中，尤其是在速视扫描中，极易成为视觉焦点，显得十分醒目。字母词语的简洁醒目适应了信息时代社会生活的快节奏，适应了信息爆炸与网络报刊版面的有限性对语言的特殊要求，从而备受青睐。据周健等对《羊城晚报》（2000 年 12 月 15 日—2001 年 1 月 14 日）的检索统计，字母词语的出现次数达 5016 次，平均每天 161.8 次。据我们对 2001 年 10 月 1 日至 31 日《文汇报》的统计，APEC 一词出现的最高次数达 223 次（10 月 22 日第 1—8 版），其中第 3 版竟达 76 次，当天所涉及的还有 ABAC、WCO、IQ、EQ、NEC、IBM、IP 网络、GPS 等 23 个字母词语，涵盖了政治、经济、文化、教育、医学、信息、体育等多个领域。2014 年 12 月我们对 APEC 进行 360 搜索，找到相关结果约 10500000 个；对"亚太经合组织"进行搜索，找到相关结果约 2840000 个，二者数量之比约为 5∶1。

此外，A 字裙、V 字领、U 形管、T 型台、OO 眼保仪、S 钩、Z 字弯道等字母词语，不仅简洁醒目，还具有直接摹形作用，十分直观形象。W 底形态、V 字形形态、M 头形态（即双顶形态）则描摹的是三种不同的股市形态。T 型人才则表示横向上有广博知识，纵向上对某一专业有深入研究的新型人才。X 型人才特指掌握两门专业知识的人，而且这两门知识有明显的交叉点和结合部。这两种人才在知识结构上的明显优势以字母的形式显示，非常简洁形象。《咬文嚼字》2003 年第 5 期引述当代楹联专家杨世光曾为某休闲场所撰写过一副对联。这副被誉为"前无古人"的对联，将 8 个英语字母嵌入其中，栩栩如生、惟妙惟肖地描绘出联文表述的意思：

骑 M 马，挥 L 鞭，跨 V 谷，放开 O 口唱春色；

过 H 桥，走 S 路，攀 A 峰，登上 T 台观曙光。

（二）轻松俏皮　含蓄幽默

人们所具有的异乎寻常的创造力使字母词语在不同的语境中产生了不同的表达效果。如在网络聊天室经常使用谐音、重叠等方式传达出轻松俏皮：不仅仅有 MM、GG、JJ、DD 之类的称呼语，还有 3X（thanks）、BB（bye-bye）、B_4（before）、ASA（As Soon As）的超常形式。同时还采用借代、大词小用、缩略等方式造成诙谐幽默的效果。如把外国顾客经常出入、OK 声不断的商业街叫作 OK 街，把 Old

Papa 叫作 O. P. ，把为学生复习功课开设的读书场所命名为 K 书中心（啃书中心，台湾用语），把在家服务的丈夫尊为家庭 CEO（Chief Executive Officer，首席执行官）等，都具有不可替代的轻松幽默。

一些期刊也为了适应读者的阅读心理，将字母词语引入新辟的栏目中。如《我们爱科学》有"交友 QQ 贴"和"动手 DIY"（Do it yourself）；《儿童漫画》有"纸上 PRG"（PRG：角色扮演游戏）。有的字母词语还成为文学作品的题目，如《儿童文学》有《e 班 e 女孩》。

处在现代汉语系统中的字母词语在表意上还具有含蓄委婉的功能，在不便直说或不宜粗俗化的场景中适应了人们崇尚含蓄的民族文化心理。如网语对粗俗语言的字母化：TMD（他妈的）、NND（奶奶的）、PMP（你跟在后面拍马屁）成为在网络笔战中的表达方式，避免了直接使用汉字词语所造成的视觉冲撞。又如把在大饭店等处从事公共区域卫生工作的妇女称作 PA 阿姨（PA = Public Area），把不合格的大夫叫作 APC 大夫，都由于运用了字母词语而避免了直露。把 boy friend 称为 bf，比直用外语原文词愈加能显示女孩儿的委婉与羞涩。而国外汉语教学界流行使用"PTT"表示"怕太太"更是典型。

（三）时尚新潮　国际化

字母词语在东西文化的冲撞、古典与时尚的交流、传统与现代的融汇中矗立于时尚的潮头。人们不仅仅欣赏其简明特征，更欣赏字母词语所具有的洋化意味，从而使之成为时尚、国际化的标记符号。

在日常生活中字母词语常常体现出时尚与新潮：如随意翻阅一期《上海服饰》就收集到近 10 种字母词语中外服饰品牌：MA（上海罗洁瑞服饰有限公司），KG（上海踏石服饰有限公司），e - element（上海元素服饰有限公司），D&F（上海达尔莫制衣有限公司），LH（上海韩俪服饰有限公司），ZLM（上海紫澜门服饰有限公司），INID（益侨服饰有限公司），A. V. V（上海伊都锦服饰有限公司），还有 S. N 系列（意大利）、CK 等品牌。而徜徉在城市的商业区，大量的字母词语会让人时时感到大都市时尚潮流的涌动。

在学术研究专业领域字母词语又常常体现出其超越国界、超越民族的国际性。如第六届全国高能物理研讨会，其议题就有"BES 物理""QCD 动力学的微扰和非微扰""B 物理和 CP 破坏""LHC 物理"。随着经济全球化，信息领域、文化教育等领域国际通用的东西越来越多，相应的字母词语出现频率也日益增加，其中不乏系列性的字母词语，如 XQ 系列：IQ（Intelligence Quotient，智商）、EQ（Emotion Quotient，情商）、CQ（Creation Quotient，创商）、LQ（Love Quotient，爱商）、SQ（Smile Quotient，笑商）。

事物总是具有两面性，字母词语的简洁醒目，也带来了其意义的隐晦性；其时尚新潮带来了对本民族语言文化的冲击；其数量的不断增加也使人们为汉语的前途而担忧。但是应该相信语言作为交际工具自身的调节功能。我们一方面需要正视它，另一方面又要注意规范使用，这样才能充分发挥其独特的表达功效，同时又能促进汉语的健康发展。

二 字母词语对现代汉语的影响

字母词语的出现和使用对现代汉语尤其是当代汉语产生了广泛而深刻的影响。这种影响贯穿在各个层面、各种要素当中。

（一）对语音和语音系统的影响

字母词语在进入现代汉语系统的过程中，历经了不同程度的汉化读音过程，但随着字母词语数量的增多、全民英语水平的提高和对拉丁字母的读音习惯，字母词语的标准英语读音逐步确立，对现代汉语的语音和语音系统的渗透和影响日益显化，主要表现在以下四个方面。

1. 组合能力的变化。在现代汉语普通话语音系统中，音节有固定的声韵配合规律；英语也有自身的音素组合和音节结构特点。字母词语把英语的读音规则和英语字母的读音带进了汉语。如：舌根音 g、k、h 本来不能与齐齿呼韵母相拼，但"阿 Q"《现代汉语词典》的注音为："ĀQiū，又 ĀKiū"。VCD 一词的读音虽然引发了字母词语读音标准的讨论，但其中 V 和 C 的英语读音越来越为更多的人所认可，有可能会影响汉语音节某些固有的组合规则和能力。

2. 音节数量的增加。字母词语还带来了现代汉语音节数量的增加。如：《现代汉语词典》虽然列有音节 kēi，但只有一个"剋"字。《现代汉语词典》"三"字条中的"三 K 党"，注音是：Sānkèidǎng；"卡拉 OK"的注音为：kǎlā' ōu kèi，这两个词语中的 kèi 就是一个新音节。又如，现代汉语普通话语音系统中，ei 只是叹词"诶"的异读形式，在《现代汉语词典》没有作为音节列出，但随着"AA 制、A 钱、A 级、A 等舱、A 股"等字母词语的出现，使得 ei 的音节资格越来越强。

3. 某些音变的强化。主要表现有两点，其一是：现代汉语语音系统中零声母的合口呼韵母音节，圆唇化变弱，唇齿化变强，字母词语有可能促进这种音变。现代汉语语音系统中［v］不是独立的音位，在连续的语流中，圆唇的［u］常常会发生唇齿化，使 | u | 有了两个音位变体［u］［v］。在英语中［v］是独立的音位。来自英语缩略语的含有 V 的字母词语如 TV、VIP、VOD 等，在读音上的唇齿化特点会强化汉语音节的唇齿化。其二是：伴随着组合能力的变化，使汉语语流中的唇齿音色彩可能会增强，范围会扩大。因为英语音节中，舌根音、舌尖前音、舌叶音都经常与高前不圆唇元音［i］［i：］组合。

4. 声调功能的扩大。一些工具书或著作在为字母词语注音时，为拉丁字母构成的音节标注音高变化。如上文提到的《现代汉语词典》对收入正文的 3 个字母词语的注音。此外，如葛本仪在《现代汉语词汇学》① 中为字母词语标出的语音形式带有声调：

CT——汉化后的语音形式为 *sēití*

CD——汉化后的语音形式为 *sēidí*

MTV——汉化后的语音形式为 *āi · mu tívì*

VCD——汉化后的语音形式为 *weīsēi dí*

DVD——汉化后的语音形式为 *díwēi dí*

---

① 葛本仪：《现代汉语词汇学》，山东人民出版社 2001 年版，第 11 页。

尽管字母词语中的字母部分是否有标调的必要目前尚无定论，但作为一种尝试毕竟已经出现了。

（二）对词汇和词汇系统的影响

字母词语对现代汉语词汇的影响最大最广。其中既有对固有词汇系统产生的总体影响，又有对某一局部问题的影响。具体表现在：

1. 现代汉语词汇数量的增加

现代汉语词汇系统由于字母词语在近年的大量使用而膨胀，从近三十年出版的收录有字母词语的工具书和字母词语词典不难看出这个变化。

2. 构词成分的字母化及字母语素的增多

如以 X 为基础语素、X（射）线、X 型等基础组合词的系列词语：X 射线、X 射线管、X 射线激光器、X 射线晶体学、X 射线探伤、X 射线天文学、X 射线衍射术、X 线计算机体层摄影、X 线检查、X 线静电摄影、X 线摄片、X 线体层扫描、X 线透视、X 线显微镜、X 线造影 X 刀、X 光。还有 X – 阶标理论、X 理论、X 连锁显性、X 连锁遗传、X 连锁隐性、X 连锁智力障碍、X 模式、X 染色体、X 检查、X 形腿、X 型活性染料、X 型企业家、X 型人才、X 型翼飞机、X 一代。以 E 为基础语素的系列词语：E 城市（电子化城市）、E 号码（欧盟国家生产的食品标签号码）、e 化（网络化或信息化）、e 警察系统（电子防范报警系统）、e 卡（电子贺卡）、e 时代（网络时代）、e 时尚（网络时尚）、e 书（电子图书）、e 文（英文）、e 学校（网络学校）等。

一些学者注意到了字母词语对词汇系统的最底层单位语素的影响——现代汉语词语构成成分的字母化现象。如刘晓梅（2003）依据提取多音节外来语素的 4 条标准：音义结合的确定性、独立性、复现率和该音义结合体不同意义之间的联系性，从《新词语库》（该语库收集了 12 本出版于当代的新词语词典，排除重复项和不符合新词语定义的成分，共计 11669 条。这些新词语产生于 1978—2000 年）中提取出 7 个外来语素，其中包括 5 个字母语素，即 e、IT、CD、TV、IP，指出这 5 个字母语素是已经完成了语素化过程的外来语素，并预测它们很有可能走入汉语语素系统的稳定部分。同时还认为如果把语素的概念放宽,不限定在构词层面,而是定位在"最小的音义结合体"这个层面,外来语素的数量就会大大增加,那么也就意味着字母语素的数量不会仅仅是 5 个①。从目前看,预测是准确的,这 5 个字母语素的活力有增无减,完成语素化的字母词语也不局限于这 5 个。

字母语素的数量虽然有限,但标志着字母形式已经深入词汇系统的最底层。在发展变化趋势上应是逐步递增的、逐步稳定的。

3. 形成了新的异形词语

(1) 纯字母词语/字母与汉字的组合:PC/PC 机、GIF/GIF 图像。

(2) 字母与汉字的组合中汉字部分不同:UL 制/UL 制式、SOHO 族/ SOHO 一族。

(3) 字母部分大小写不同:n 型半导体/ N 型半导体、bf/ BF、pH 值/ PH 值、SOHO/Soho。

(4) 字母词语和汉字词语全称、缩略语构成不同形式:WTO/世界经济贸易组织/世贸组织、APEC/亚洲和环太平洋地区经济合作组织/亚太经合组织、VC/ 维生素 C/维他命 C/维 C、HSK/汉语水平考试。

(5) 音译意译汉字形式与字母形式:α 粒子/阿尔法粒子、IC 分析法/直接成分分析法、TV/电视机、X 光/爱克斯光。

(6) 不同来源的字母形式:CNY(英语人民币的缩写)/ RMB(汉语拼音人民币的缩写)。

(7) 不同造词方式形成的字母词语:BP 机/BB 机,前者是 beeper 的缩写,后者是谐音造词,同指无线寻呼机。BtoB/B2B,前者是缩略语,后者中的 2 是 to 的谐音。

(8) 不同地域形成的异形字母词语:F－16 战机/ F16 战机/ F 十六战机/ F 十六,这四种是台湾地区的异形字母词语,大陆一般只使用前两种形式。

4. 产生了新的同形异义词语

如:

---

① 刘晓梅:《当代汉语新词语研究》,博士学位论文,厦门大学,2003 年。

CEO，首席执行官，由英语 Chief Executive Officer 缩略而成；

CEO，顶级生蚝，由英语 Chief Executive Oyster 缩略而成。

GB，汉语拼音 Guó Jiā Biāo Zhǔn（国家标准）的简称；

GB，指乔姆斯基的管辖与约束理论或支配与约束理论，是英语 Government and Binding 的缩写；

GB，game boy 的缩略，即一种掌上游戏机。

5. 对构词和造词的影响

（1）偏正式复合词语的膨胀。汉字与字母组合构成的字母词语，如 ABCI 基因、BtoC 模式、CAT 扫描、螺旋 CT、DX 胶卷、ES 细胞、G 蛋白、MP3 手机、PU 人工跑道、UHT 牛奶、5W 新闻、α 粒子、β 纤维素等偏正式复合词语所占比例高居首位，其他如联合式等数量有限。

（2）缩略法的发展。占据首位词语简缩形式"数括词语"的变化字母词语的引入使汉语词语的简缩形式出现了新变化。含有数字的缩略词语在原来的数字和汉字组合形式上如"四书""八音""五官"增加了字母和数字组合的新形式，如：3C 联盟、2D、4H 俱乐部、三 K 党、三 S 研究会、三 C 四 A、三 A 革命、5W 新闻、Y2K 问题、SQ3R 学习法、5I 战略、3D 电影、3G 手机、3S 系统、3P。

（3）在网络中还出现了句法构词，即将祈使句或插入语式的短语紧缩为字母词语。如：CU（see you）、DIY（Do it yourself）、AFAIK（as far as I know）、AKA（Also Know As）、OBTW（Oh, by the way）。

（4）摹形法的发展。虽然汉语中也有丁字尺、工字楼等利用汉字形态的摹形法造词，但数量有限。字母词语的 26 个字母多数可以作为摹形成分。如：A 字裙、A 形架、B 型瓶、B 字瓶（B 瓶）、C 形玉雕龙、C 形垫圈、C 形夹、D 形盒、H 形梁、M 形屋顶、OO 眼保仪、S 形连接、S 形曲线、S 形弯道、S 形下水管存水弯、T 形尺、T 形测平板、T 形梁、T 形衫、T 型人才、T 型台、T 型性格、T 恤（衫）、T 字布、T 字灯、U 形钢、U 形管、U 形螺栓、U 形曲线、U 转、X 形腿、Y 形楼、V 领衫、V 形、V 字领、V 形槽、V 形齿轮、V 形皮带、

V 形固结法、V 字形绶带、V 字形形态等。

此外，字母词语的使用扩大了同义义场，在一定程度上影响到了汉语词汇义位的组合关系和义位的民族性。

（三）对语法、语用、汉字的影响

1. 对语法的影响。主要表现在语篇中词语的句法功能、组合能力的变化，即字母词语与汉字词语的组合搭配，尤其是一些超常组合、词语的活用与兼类。字母词语的灵活使用主要集中在口语和文学作品中，如："今天你 O 了吗？（O 是 CEO、CFO、CGO、CIO、CMO、CPO 等的统称，这里用为动词）""把我的 E－mail 给你，有事 e 我。"

2. 对语用表达风格的影响。字母词语的使用扩大了同义手段的选择空间。正如前文所述由于字母词语具有特殊的表达功效，所以在一定的语境、合适的交际对象和表达内容制约下恰当选用字母词语可以丰富语言风格，收到使用相应汉字词语不能收到的特殊语用效果。

3. 对汉字汉文化与认知、阅读书写习惯的影响。

（1）对汉字的影响。如焦应奇①提出"让汉字与时代生活同步""偏旁当随时代"的观点，认为汉字构字部件是一个开放系统，应该随着生活经验的变化而不断创新，并尝试创造出电脑、网络、非典等数十个偏旁，并以它们构造出成系列的新汉字。其中互联网旁就是英语字母"E"的变形。尽管这种探索尚属于艺术家的个人行为，但我们可以感受到字母词语对汉字构字部件、造字法的初步影响。

（2）对文字与文化匹配的影响。汉字是记录汉语的书写符号系统，是汉民族文化的载体，汉字与汉文化匹配一直延续了几千年。字母词语在汉字汉语系统中的大量使用，是改革开放后以英语为代表的西方语言和西方文化与汉语汉文化交融的结果，使汉语的书写符号趋于多样，汉字与汉文化匹配的高度一致性受到影响。

此外，伴随着字母词语的使用，固有的汉字符号的认知、阅读和书写习惯也受到一定影响。这种影响可以借助认知心理学理论与实验

---

① 参见周雪松《焦应奇：在怀疑中阅读，然后创造》，《东方艺术》2012 年 11 期。

心理学方法进行深入调查研究。刁晏斌（2011）提出《字母能不能成为汉字》①是一种建立在研讨基础上的分析，字母能否纳入汉字系统有待于观察检验。

本章小结

　　20 世纪 90 年代以来的成果中，各家对字母词语的名称众说纷纭（多达 20 余种），内涵和外延的界定宽窄有别，相互间纠葛抵牾颇多，直接影响到对字母词语的性质确定、特点分析、类别区分、功能范围、词典编纂、语料择取等诸多方面问题的探讨。本章在各家观点基础上，阐明字母词语的名称、内涵、范围；针对翻译混乱问题，提出翻译及规范建议；并指出字母词语的表达功效和对汉语的影响。

---

　① 刁晏斌：《字母能不能成为汉字》，《汉语言文学研究》2011 年第 2 期。

第三章

特征分析：字母词语的构成和分类

第一节　字母词语的构成成分

据我们所见，汉语文本中的字母词语，其构成成分基本上可以分为三大类，一是必要成分，指各种字母；二是次要成分，包括汉字、数字；三是辅助成分，主要指标点符号等其他各种符号。

一　字母：必要成分

字母是字母词语的核心。字母词语可以没有汉字、阿拉伯数字和其他符号在内的成分，但不能没有字母，没有字母也就构不成字母词语。因此，我们把字母看成是字母词语的必要成分。构成字母词语的字母主要是拉丁字母和希腊字母，其中拉丁字母是构成字母词语的核心材料。

（一）拉丁字母

下列字母词语中的字母都是拉丁字母：

L、HI、DMI、ACCA、维生素 K 、ACCESS 软件、五 A 智能化写字楼。

（二）希腊字母

下列字母词语中的字母都是希腊字母：

α 谱仪、β 纤维素、γ 辐射、δ 时钟、θ - 理论、λ 演算、π 形天线、μ、Ω。

沈孟璎主编的《实用汉语字母词词典》共收录了包括 "@" 在内的 20 个希腊字母开头的词语；刘涌泉的《字母词词典》收录了 48 个

"希腊字母字母词"。

二 汉字与数字：次要成分

汉字、阿拉伯数字是构成字母词语的次要成分。

（一） 汉字

汉字是一部分字母词语的构成成分。如：

A 超、AB 效应、SBS 原则、PDCA 管理法、O 型经济战略、DNA 分子链、BNC 连接器、甲 N 联赛、三 T 公司、网络 BIOS、超级 VCD、绿色 GNP、三 C 四 A。

（二） 数字

数字包括阿拉伯数字和罗马数字。

含有阿拉伯数字的字母词语：3C、3、3G、F－1、6C、H5N1。

含有罗马数字的字母词语：SK Ⅱ。

三 各类符号：辅助成分

据关润芝、杨建国（2005）对《人民日报》2002 年网络版的考察，"在字母词语块出现的 11748 次中就有 2447 次含标点字母词语块（不包括序号字母串），占总次数的 20.83％。在 4069 种字母词语块中含标点字母词语块 1810 种，比率是 44.48％"。由此可见标点符号是字母词语中不容忽视的构词成分。[①]

第二节 字母词语的造词分析

造词法是研究新词产生、形成的方法，它对一个词产生过程中所使用的语言材料和手段做分析，说明该词所形成的原因或理据。字母词语的造词方法主要有以下几种。

---

① 关润芝、杨建国：《字母词语块中"标点"的使用状况考察》，《语言文字应用》2005 年第 1 期。

一 直引法

即将外文词语不进行任何加工处理，原封不动地借入汉语，也称借形法。这种方法展现出来词语的生成模式，同缩略法相比，几乎将原词语机械地复制到汉语的句子中，省去了重新造词的过程。这种方法对原词语的词形变动程度降到了最低，几乎为零，是一种引入快、实用性强的字母词语造词方法。专业术语、品牌名称经常使用此方法。如：SONY、EPSON、Gucci、Dior、Hermès、Chanel。

二 缩略法

缩略式造词法就是为了表达简洁明快，将较长的词语、句子进行简缩，形成一个较为短小的词语的方法。缩略语是由原词语缩略而成的。缩略语出现之后，一般和原词语共存。缩略语和原词语不是取而代之、新陈代谢的关系，而是各有特点、互相依存。在使用范围和使用频率上，缩略语以其简洁的形式被广泛使用。缩略语与原词语在表达意义上是等义的、一致的，但是它们在风格上却有明显差异。一般来说，原词语比较庄重周密，因此多用于正式场合；而缩略语则简洁快明，常用于日常交际场合。字母词语的缩略造词具体主要有以下三种方式。

（一）全缩法

字母词语的全缩法主要指首字母缩略。其中来自英语的拉丁字母缩略相当普遍。如：CD 是 Compact Disc 的首字母缩写；CBD 是 Central Business District 的首字母缩写；SPA 一词源于拉丁文 "Solus Par Agula"（Health by water）的首字母缩略，Solus（健康），Par（在），Agula =（水中），意指用水来达到健康；VIP 是 Very important person 的首字母缩略语；DIY 是 Do it yourself 的首字母缩略语。

还有少量来自汉语的汉语拼音的缩略。如：GB、BJ、HSK、WSK。网络用语中的一些高频词也属此类，如：MM、TMD（詈语）。

（二）截缩法

这种造词法相对"全缩法"而言，其减缩后的形式是部分音节，是单词的首字母与部分音节、单词原形的有机结合，部分构词成分保持不变。如："E‑mail""M‑ZONE 人"。

（三）连缩法

即在第一次缩略连续缩略形成缩略程度不一的字母词语。这种造词法通常最初的词形最长，随着使用频率的增加，知晓度的提高产生再次缩略，形成不同的缩略词形。如：AC 米兰队、AC 米兰、A 米。

三　总括法

总括法与缩略法不同，总括法是将若干个词语所指的若干项内容进行概括，这些词语由数字加上字母完成，一般情况下表示几种要素组合在一起，一个词语往往表示几项内容。如："3C 产品"，即指电脑产品（computer）、通信类产品（communication）、家电产品（consumer electronic）；"5S 服务"，即 Selection（优选精选）、Saving（省心省钱）、Service（售后无忧）、Solution（整体解决）、Satisfaction（满意体验），从产品丰富度、价格优惠度、购物便捷性、服务满意度、一站式整体解决方案和体验式购物等多个方面设立全新的行业标准，从而推动整个家电市场的经营理念围绕消费者展开全面变革。"五 A 智能化写字楼""三 S 研究会""4S 店"均属此类。

四　摹形法

拉丁字母形态各异、词形曲折变幻，据沈孟璎统计，"26 个字母起码有一半以上的拉丁字母的形体可用来描摹事物或表达事理"[1]。将拉丁字母本体固有的形状与大千世界客观事物的外形相联系，可将抽象的事理形象化，形象的事物逼真化。如：A 字架、A 字裙、T 型台、K 线图、Q 字结、V 字领、T 恤衫、U 盘、V 槽、V 字领、X 形腿，都是借助字母的形状来描摹事物的外形特征。

五　谐音法

巧妙的造词方法总是持有旺盛的生命力，汉字与汉字之间同音替

---

[1]　沈孟璎：《解读字母词的表达功用》，《平顶山师专学报》2002 年第 6 期。

换所形成的"一语双关"在字母词语的造词过程之中同样也被广为使用。它们将汉语固有词语中的某个汉字用音近的外文字母替换，以此在语用功能上实现双层功效，如"E 览天下""E 路先行""E 马当先""幸福 E 家"，其中的"E"与汉字"一"音近；"紫光网络，凭 e 近人"中的"e"与汉字"易"音近；"让企业数据焕 e（异）彩"中的"e"与汉字"异"音近；"欢庆 38 GO 购购"中的"GO"与汉字"购"音近；"U 惑力"中的"U"与汉字"诱"音近。此类属于修辞层面的造词，有一定程度的灵活性，但有滥用之嫌。

六　类推法

作为一种句法造词手段，类推是通过替换现有词语中的部分构词成分而创造出一系列新词，而用以产生批量新词语的框架背景被称为"词语模"。随着新事物、新现象、新概念、新观念的不断涌现，类推造词法能在已有的语言单位基础上迅速产生大量新词，成为一种简便快捷的造词方法。如：CCTV1、CCTV5、CCTV8；阿拉伯数字和字母相结合："奥迪"系列的"奥迪 A4""奥迪 A6L""奥迪 A8L""奥迪 A82.8L 加长型"；宝马系列的"BMW X3""BMW Z4""BMW3 系""BMW5 系"。

七　借代法

借代式造词法是借用和事物本身有关的特征造成新词，并用此特征指称该事物。如：以 26 个字母的首字母"A"指称质量品质优秀的事物。"AAA 级的安全性""AAA 水晶镜面表，不怕火烧，不会磨损，镜面清晰明亮""AAA 级质量服务信用企业"，以简单的字母来指称事情完成的容易性。"A、B、C"是拉丁字母的前三个字母，相对而言易于先掌握，人们常常利用 A、B、C 的这个特点来比喻一般常识或浅显道理。

八　杂合法

所谓杂合法造词，就是将多种不同来源的汉字、数字、外文字母和标点符号等粘合成一个整体，来表达一个完整的概念。如：巴黎 CAC40 指数、B—52 轰炸机。

第三节　字母词语的各种分类

本节阐述的各种类型的字母词语，其下位分类建立在语言符号的线条性基础上，按照各类符号的出现次序分类，构成词语的结构层次此处不作分析。

一　字母词语的构成分类

（一）纯字母型字母词语

即完全由字母构成的字母词语。字母主要指拉丁字母和希腊字母，包括采用拉丁字母的汉语拼音字母等，在句子中充当了词（语）的功能。字母的数量有一个到多个不等。

拉丁字母：A、C、BG、BJ、LV、VE、XO、AAA、BBS、DIY、HSK、MTV、PSC、VIP、WTO、EMBA、TOEFL 、Twins、WCDM、WPAN、WINDOWS XP。

希腊字母：μ、π、Ω。

此外，还有少量的斯拉夫字母、日语假名、注音符号。

（二）汉字型字母词语

即含有汉字的字母词语。字母数量多少不一，汉字部分可以是语素、词，也可以是短语。

1. 汉字 + 字母：甲 A、冲 A、留学 ABC、英国 BBC、新 CBA、联通 CDMA、螺旋 CT、小 D、考 G、老 K、阿 Q、大 S、人均 GDP、格兰仕 LG、生血因子 PI、超级 VGA、生活 LIFE、纪梵希 Givenchy。

2. 字母 + 汉字：ASD 爱仕达、B 超、D 小调、J 联赛、Q 值、T 恤、T 细胞、X 光、Y 染色体、IC 卡、PC 销量、pH 值、PS 字体、PU 人工跑道、ST 九州、HIV 感染者、ISO 认证、MBA 硕士学位、MTV 作品、NMD 计划、NBA 视点、OBV 能量潮、PKU 患儿、POS 机、SIM

卡、SNA 工作站、UPS 电源、WTO 知识、XMM 望远镜、CDMA 手机、WIPO 公约、ORACLE 数据库管理系统、α 粒子、β 系数、γ 射线、γ 刀、τ 中微子、δ 噪声、λ 演算。

3. 汉字 + 字母 + 汉字：甲 A 联赛、国家 4A 级风景区、永生 B 股、海外 e 线通、三 K 党、日 K 线、卡拉 OK 厅、四 P 要素、黄河 S 型大转弯、三 S 研究会、后 PC 时代、纯棉 PU 涂层面料、通用 CPU 芯片、手机 SIM 卡。

4. 字母 + 汉字 + 字母：ST 大洋 B。

（三）数字型字母词语

即含有数字的字母词语。数字可以分阿拉伯数字和罗马数字，汉字数字归入汉字型字母词语。

1. 数字 + 字母：F4 演唱会、1G、6M、24K、13X、3KS。

2. 字母 + 数字：A38O、E848、QFII、AB100。

3. 数字 + 字母 + 数字：2IN1。

4. 字母 + 数字 + 字母：B2B、B2C。

5. 数字 + 字母 + 汉字：3A 工程、3A 转发器、4A 级景点、3C 产品、3D 电影、3G 手机、5I 战略、18K 金、3S 系统、V6 发动机、5W 模式。

6. 字母 + 数字 + 汉字：A4 纸、T106 数值预报模式、U2 飞机、K8 飞机、M4 货币供应量、MP3 播放器、Z8000 微处理器。

7. 汉字 + 字母 + 数字：基因 P16、奥迪 A6、帕萨特 B5、别克 GL8、奔驰 S600、狭义货币 M1、幻彩 A100。

8. 字母 + 数字 + 字母 + 数字：H5N1、H5N9。

（四）符号型字母词语

即含有标点符号、理化符号以及其他符号的字母词语。

1. 标点符号

符号型字母词语使用的既有汉语标点符号，又有英语标点符号。

（1）引号。如："IT" 探索、"XH55"、集邮 "6P" 法则、"4S" 标准、英国 "bond" 乐队、"163e 号通" 业务、"B 族人"。

（2）括号。如：人民币普通股（A 股）、亚太经合组织

（APEC）、首席执行官（CEO）、国际足联（FIFA）、全球定位系统（GPS）、地理信息系统（GIS）、自动柜员机（ATM）、MBA（工商管理硕士）、CABG（冠状动脉搭桥术）、CPU（中央处理器）、韩国通信（KT）公司。

（3）书名号。如：《阿 Q 正传》《TV 小子》《外星人 ET》。

（4）间隔号。如：乔治·W. 布什、A. V. V。

（5）顿号。如：血清甲状腺激素 FT3、FT4。

（6）连接号。如：CD－ROM、E－mail、P－N 结、S－结构 X－阶标理论、α－Ib 干扰素、γ－GT 检验、B—52 轰炸机、BDP—S360、E—book。

（7）斜线号。如：J/ψ 粒子、C/kg。

（8）英文句点号。M. T. B. 车、www. 163. com、NO. 1、M. A. C.。

2. 数理符号

（1）& 和加号：AT&T、D & F、R&D 、R&B、Q & A、Q&X、WXW & WXK、3＋X、1＋e、T＋3 交割。

（2）还有同时含有两种以上符号的字母词语：《科学引文索引》（SCI）、"3＋X" 高考科目。

（五）混合型字母词语

混合型字母词语即是由三种以上构成成分构成的字母词语。

（1）字母＋数字＋字母＋汉字：Wnt10b 蛋白质。

（2）汉字＋字母＋数字＋汉字：巴黎 CAC40 指数、华航 CI611 班机。

（3）汉字＋数字＋字母＋汉字：鑫诺卫星 2A 转发器。

（4）汉字＋字母＋汉字＋数字：水稻品种 Ⅱ优 906。

（5）汉字＋字母＋数字：辅酶 Q10。

（6）其他："北京千禧—3D"、ASUS 双核 64 位 Z99JN。

二 字母数量和位置分类

（一）字母数量分类

字母词语的构成成分中，含有字母的数量可多可少，有以下类型：

1. 单字母词语：2A、A 字裙、甲 B、C 大调、D 形盒、维生素 E、S 钩、J 曲线效应、24K。

2. 双字母词语：AA 制、AB 制、CD、HB 铅笔、卡拉 OK、PK、VR。

3. 三字母词语：AAA 级、CEO、EPT 考试、SPA、SUV、TCL 空调、UPS、VIP 私人影院。

4. 四字母词语：Avon 雅芳、BOBO 族、迪奥 Dior、NIKE、VISA 卡、OLAY 、GPRS 移动通信技术。

5. 多字母词语：TWINS、天梭 Tissot、斯华洛世奇 Swarovski、宝格丽 BVLGARI、TOUCH 智能手机。

（二）字母位置分类

字母在字母词语中所处的位置比较灵活，按照字母所处的位置可以分为：

1. 前置字母词语：B 款、GPS 全球定位导航系统、QS 食品质量检测标志、QQ 积分、SOLO 系列、VIP 认证、VISA 卡、S9 安全智慧。

2. 中置字母词语：维生素 C 活性复合因子、精彩 N 次方、三洋卡拉 OK 机、大宝 SOD 蜜、口腔 SPA 馆、联想 S 手机、无忧 5S 服务行动、浦发 WOW 卡。

3. 后置字母词语：维 A、螺旋 CT、卡拉 OK。

4. 交叉字母词语：ST 大洋 B（200057）公告。

三 字母词语的来源和语义分类

（一）字母词语的来源分类

根据字母词语的来源，可以分为：

1. 外源型字母词语，即由外民族语言文字借来的字母词语，可以分为原形直用、引入汉化、转写。如：KGB、克格勃、KGB 是俄语 Komitet Gosudarstvennoi Bezopasnosti（国家安全委员会）缩写后的转写形式。

2. 自源型字母词语，即从汉语而来，一种是汉语拼音字母词语；

另一种是外形洋化的自造字母词语,容易被误认为外源字母词语。

(二) 字母词语的语义分类

字母词语大量产生以后,涉及的语义类别越来越丰富,涵盖生活、文化、科技、医药、政治、经济、数理化等领域。

社会生活类:AA 制、MTV、卡拉 OK、KTV、OA、TV、T 恤衫、SOS、SOS 儿童村。

科技通信类:ASCII、CAD、CPU、DOS、DVD、Internet、LD、ROM、RS、SMS、U 盘、USB。

文化教育类:CAI、CIP、EMBA、EQ、EPT、GMAT、GRE、HSK、IQ、ISBN、ISSN、PSC、SCI。

医药卫生类:OTC、RNA、SARS、WHO、X 染色体、X 线、Y 染色体。

政治经济类:CEO、CGO、GDP、OPEC、POS 机、RMB、H 股、WTO、WAP。

数理化类:a 粒子、N 型半导体、CCD、LED、CRT。

其他类:ABS、C^3I 系统、C^4ISR、NMD。

四 字母词语的语法和语境分类

(一) 字母词语的语法分类

1. 偏正型字母词语。即字母与汉字部分或字母与汉字跨层次构成偏正关系。如:AA 制、IP 电话、T 淋巴细胞、C^3I 系统、γ 射线、P – N 结、SOS 儿童村。这里的汉字语素部分作为义标,表示词语所指的类别。还有一类如 IC 卡,虽然是偏正关系,但其中有语素的羡余,因为其中的字母 C 就是 card 的缩写,添加汉字语素"卡"后形成 C(card)的羡余。

2. 同位型字母词语。汉字词语与相应原形词语前后并列使用,构成同位关系。如:迪奥 Dior、古驰 GUCCI、Valentino 华伦天奴。

3. 其他型字母词语。"卡拉 OK"是无人伴奏乐队,"卡拉"来自日语,全词语是日、英、汉的融合,其内部语法关系难以分解。

(二) 字母词语的语境分类

在语篇或句子中,字母词语的使用可分为:

1. 独用型。字母词语作为单个词语直接插入汉语的句子中，如：

> 我很羡慕那些结婚的朋友，他们能说："我们"昨天去 COST-CO 了。

（《现代女报》）

2. 说明型。在字母词语前后，加汉语解释说明。如：

> 医学专家发现，绿茶所含的一种名为 EGCG 的多酚化合物能够增强人体表皮细胞的活性。

（《中国剪报》）

3. 补充型。在汉字词语后采用扩注形式，进行补充说明。如：

> 正当"探索外星智能学会"（SETI）的科学家们密切研究其 SETI@ home（在家里探索外星智能）计划产生的最有希望的无线电信号时，我们利用这个机会回顾对宇宙中其他地方生物进行探索背后的科学。

（《参考消息》）

五　字母词语的功能和动态分类

（一）字母词语的功能分类

1. 指称字母词语。在句子和语篇中，此类字母词语具有指代、称谓功能，既可实指，又可虚指。如：公司、品牌名称均为实指，而小 D、大 S、小 S、G 先生、B 老板、X 市、W 省、Y 港商，既有实指，又有虚指。

2. 分类字母词语。可以表示类型、级别、型号等。如：AAA 级景区、A 级产品、夏普 SH9010。

3. 描摹字母词语。即用字母作为描摹手段，描摹景物、人物和其他对象。如：M 屋顶、S 弯钩、Z 字弯道、H 形楼。

4. 标记字母词语。即有汉语语素作为义标构成的字母词语，IC卡、B股 。

（二）字母词语的动态分类

1. 持久型字母词语

指字母词语的产生时间早，在不同的社会发展时期使用数量比较稳定，持续使用时间较长，如"阿Q"，从鲁迅于1921年12月4日在北京《晨报副刊》发表《阿Q正传》第一章算起，已经持续使用近一个世纪。"X光"比"阿Q"更早，可以追溯到19世纪末。

2. 流行型字母词语

流行型字母词语具有流行语的特征：必须在一段时间内在数量上达到一定阈值；起点不能太高；在达到最高峰之后一般要持续一段时间。流行型字母词语也有自己的"流行周期"，即在某一时期使用数量多，达到一定阈值；在某一时间段内非连续性的出现高峰值，表现在流行语曲线上就是出现两次或多次突起。如：SARS，在2003年上半年有其起点、高峰、衰落。①

本章小结

本章对字母词语进行内部和外部分析。归纳字母词语的三类构成成分：必要成分（字母）、次要成分（汉字和数字）和辅助成分（标点符号及其他）；字母词语的组合类型（纯字母词语、汉字型字母词语、数字型字母词语、符号型字母词语、混合型字母词语）；归纳了字母词语的主要造词法；阐述了字母词语的各种分类：字母数量和位置分类、来源和语义分类、语法和语境分类、功能和动态分类。

---

① 史中琦、张普：《基于DCC动态流通语料库的流行语类型分析》，中国语言文字网，2004年。

第四章

语体分布：字母词语和语体研究

第一节　字母词语的语体分布特征

本节从语体角度入手，考察共时状态下的字母词语在政论语体、文学语体、公文语体、日常谈话语体中的分布规律、语用特点等，认为语体对字母词语的出现有一定的选择制约作用；提出对字母词语的规范需要考虑针对不同语体确立规范的内容和标准，寻求规范的层次和重点，应力求宽严适度、刚柔有别。

一　问题的提出

字母词语是新时期汉语新词语大潮中的特殊一族。近年来大陆和港台及海外有关字母词语的研究成果已深入到字母词语的性质、来源、范围、入典和规范等方方面面，而结合各种语体的研究却比较薄弱且集中在新词语体。事实上语体是字母词语研究中一个不容忽视的重要因素，在探讨字母词语的语用功效等问题时我们发现，在不同的语体中字母词语的出现频率、分布规律、语义类别、形式结构等有较大差异。

从语体角度对字母词语进行考察和分析，看不同语体中字母词语的分布情况、使用频率、语义类别、结构形式，可以得出不同语体对字母词语使用的影响程度，有助于揭示不同语体中字母词语的语用规律，为字母词语的规范和使用提供参考。

二 语料和方法

语体的分类标准不一。在参考了一些不同的分类标准基础上，根据初步调查拟测的字母词语的分布情况，确定了我们的语体分类，即新闻语体、政论语体、科技语体、文学语体、公文语体、日常谈话语体。对各种语料中存在的语体交叉，在语料提取时尽可能避免重复，以突出各类语体的典型性。鉴于当前的研究新闻语体相对较多、网络媒体语料的分析较充分、其他语体较少涉及的状况，同时为篇幅所限，本节以政论语体、文学语体、公文语体和日常谈话语体为重点，在共时状态下提取了近 600 万字的语料（均为非网络语料）为考察对象[①]，通过穷尽统计和量化分析，探寻字母词语在不同语体中的分布规律、使用特点和存在问题，并通过与新闻语体及各种语体相互间的比较，看字母词语的使用差异和规范问题。

三 不同语体的分布和讨论

（一）不同语体中字母词语的数量频度分析

我们对语料进行穷尽性统计，共得到字母词语 144 个，635 词次，经分析可以得出以下规律。

1. 与新闻语体和科技语体相比，政论语体、文学语体、公文语体和日常谈话语体中字母词语的数量和频率很低，相互间差异较大。政论语体中字母词语的出现率不到十万分之一；文学语体中的字母词语出现率不到万分之一；公文语体略高，约为四千分之一；口语语体为五千分之一。如在我们选取的 93 万字的政论语体语料中，仅见"X光机""APEC""GDP""GPI"4 个字母词语。

2. 文学语体和公文语体中的个别字母词语词次很高。文学语体中

---

① 其中政论语体 93 万字；文学语体（散文、小说、诗歌）360 万字；公文语体 105 万字；日常谈话语体 11 万字。其中政论语体材料简称《政》；《余光中散文》简称《余》；《人民文学》简称《人》；《蓝色的萨克斯》简称《蓝》；《学位与研究生教育文件选编》简称《学》。

词次最高的是作为小说人物姓名的"X",高达80次;公文语体中词次最高的是"MBA",224次;政论语体和日常谈话语体的词次高低悬殊则很小,如政论语体字母词语词次是8,最高词次"GDP"仅为5。

　　3. 在某一语体内部字母词语的数量和词次分布不均。如文学语体受体裁、题材以及作家经历、学养、风格的影响,字母词语的分布不均:小说、散文的词次和词数相对高于诗歌;纪实性文学如报告文学高于非纪实性文学;描写当代都市时尚、爱情和国外旅居生活的高于国内农村题材的;青年作家和有海外生活经历的作家明显高于其他作家。具体情况见表4-1-1。

表4-1-1　　　　　字母词语在不同语体的数量和词次分布

语体分类	字数（万）	词数	词次	最高词次	所占比例（%）
政论语体	93	5	9	5	0.00086
文学语体	28	11	17	2	0.0089
	248	64	233	80	
	9.3	5	5	1	
公文语体	105	45	349	224	0.035
日常谈话体	11	14	22	6	0.021

　　(二)不同语体中字母词语的词形结构分布

字母词语的词形结构可分为以下几类:

1. 纯字母词语,或全部由外文字母构成的缩略形式,如:CEO、CD、WTO、CPU;或全部由拼音字母组成。源于汉语拼音的字母词语,一般为某个音节第一个字母或每个音节第一个字母组成。如学位专业分类,L(临床医学)、F(法学)、S(工商管理)、Y(教育)、J(建筑)、C(工程)(《学》);作为人名或地名代号的词语,也暂归为此类,如:《致女友CCY》(《蓝》)。

2. 汉字字母词语,由汉字和字母构成。字母位置可前、可后、可中,在词中汉字与字母共同组成词义,如:GSM手机、DVD光驱、心脏BP机、数字X光机、心理CT、卡拉OK。多数汉字部分显示的是字母词语的义类或语义。

3. 数字字母词，由数字和字母组成，一般由几个外语词合并缩略而成，如：3C（Commnication、Computer、Consumer Electronics）；或为类别次第的标志代码，如：原学科专业代码：0201S5（城市经济）、0813S1（土木水利工程施工）（《学》）；或是谐音缩略造成，如 B_4（before）。

4. 混合字母词语，由字母、数字、汉字共同组合而成，如 U—2 飞机。

不同语体中字母词语的词形结构分布有如下特征：

1. 纯字母词语在政论语体、文学语体、公文语体和日常谈话语体中都居首位，尤其是在文学语体和公文语体中，高词频字母词语都是纯字母词语，如：X（人名）、VCD。

2. 混合型字母词语在以上语体中词数最少、词次最低。在文学语体中出现的都是专名或型号，如 4AD 公司、S600 大奔驰。

3. 数字字母词语在公文语体中最多。在我们选取的语料中主要表示专业代码、评估指标，如上述例。

4. 日常谈话中的字母词语集中在纯字母词语和汉字字母词语上，数字字母词语和混合字母词语则基本不用。

具体分布如下：

表 4－1－2　　　　不同语体中字母词语的词形结构分布

语体分类	结构形式	1	2	3	4
政论语体	《政》	7	0	1	0
文学语体	《余》	3	4	9	1
	《人》	199	25	6	3
	《蓝》	5	0	0	0
公文语体	《学》	293	18	32	0
日常谈话		12	9	1	0

（三）不同语体中字母词语的词性语义类别

不同语体中字母词语的词性、语义类别分布规律可归纳如下：

表 4-1-3　　　　　　不同语体中字母词语的词性分布

词性分布 语体分类	名词		形容词		动词		词类活用	
	词次	比例 （%）	词次	比例 （%）	词次	比例 （%）	词次	比例 （%）
政论语体	8	100	0	0	0	0	0	0
文学语体	247	99.6	0	0	0	0	1	0.4
公文语体	349	100	0	0	0	0	0	0
日常谈话	20	90.9	0	0	0	0	2	9

表 4-1-4　　　　　　不同语体中字母词语的语义类别分布

语义类别 语体分类	专门名称		专业 术语	娱乐 时尚	文化 教育	政治 经济	医疗保健 及其他
	人名	其他名称					
	词次	词次	词次	词次	词次	词次	词次
政论语体	0	0	0	0	0	7	1
文学语体	177	28	7	25	2	15	1
公文语体	0	32	24	0	247		
日常谈话	1	3	1	8	0	3	6

由表 4-1-3、4-1-4 可知：

1. 字母词语中名词（包括名词性短语）占绝对优势，在以上各种语体中具有很强的一致性。仅在文学语体和日常谈话语体中有偶尔活用为动词或形容词的。如在《人民文学》中仅有 1 例："那时公司领导们最中意到小梅沙加油站检查工作，围着油站溜一圈，然后上山摘荔枝，下到小梅沙泳场浸海水，完了去盐田食街包间房吃烧乳鸽、食海鲜、搓麻将，卡拉 OK 一番，快乐不知时日过，一夜飞快就过去了。"

2. 与新闻语体相比，以上语体中的字母词语的语义类别相对狭窄。政论语体涉及的语义内容领域最窄，集中在经济类；公文语体集中在所服务的文化教育领域，多为学位类别（MBA 工商管理硕士）、专业领域；日常谈话语体集中在和日常生活紧密联系的医疗保健、娱乐时尚类，如：VCD、卡拉 OK、B 超、CT 等，还有少量计算机常用术语。

（四）不同语体中字母词语的语用特征

政论语体中少量的字母词语，主要是政治经济领域的常用词语，以简明性见长，规范性强。政论语体的正式性、严肃性、公众性决定了其使用特征，尤其是国家领导人的著作、国家的政令法规，一般不使用字母词语，而选用相应的汉语汉字词语。

字母词语在文学语体中主要用于：表现人物的潜意识和情感变化；对异域历史文化风俗语言等的介绍；对客观景物的状态描摹；人物姓名、地名的代称，使之具有朦胧、不确定、隐秘的特征，与作品题材风格吻合。如以下例句：

（1）行到绝初，车尾忽然变成车头，以退为进，潇潇洒洒，循着 Z 字形 Zigzagzig 那样倒溜冰一样倒上山去。（《余》）

（2）满月的清辉下，以 U 形绕过中大的大埔道上，蠕动着爬去对岸长堤上赏月的车队，尾灯的红光不安的闪着。（《余》）

（3）后来，X 经常跟我谈起她青春期的忧伤。（《人》）

（4）那是 YLM 三个字首，十五年前，在一阵激越而炽热的日子里，用一柄小刀虐待这枫树的结果。至于它代表的是什么，他从没对人说过，包括那位 M。（《余》）

（5）Eve 走在路上，有人呼她，低头看了一眼 CALL，一定是范哲。（《人》）

（6）写给未谋面的朋友 ZL（《蓝》）

（7）致 LJ（《蓝》）

公文语体的字母词语一般正文很少用，偶尔出现个别高频字母词语，如 MBA，其他多为分类符号或代码，出现在附件材料中，用于分类、标识、说明。

日常谈话语体中字母词语的使用表现出随意性，主要受话题、话轮转换的影响，同时与谈话人的年龄、受教育程度以及说话场景有关。

（五）字母词语的使用方式和规范问题

1. 独用式。即字母词语作为独立的成分用在汉语的句子里，不做任何解说。常用高频字母词语一般采用这种方式，而一般词语这样使用，则会给读者带来不同程度的理解困难。如在公文语体语料中，频频为高频词语 MBA 注释解说，却未对偶尔伴随出现的 GMAT 做任何说明，分别形成字母词语运用中的多注和缺注问题。

2. 注释解说式。分三种情况，一是字母词语作为注释解说成分放在汉语词语之后；二是字母词语在前，对应的汉语词语作为注释解说；三是注释解说的部分或为汉语词语，或为字母词语，解说内容不是对应词语，而是相关的其他补充，如文学语体中的双线结构，人物外部言语和内部言语出现的背离。第一、第二类形式在使用中虽然遵守了首次出现注释的原则，但有注释不统一或错注问题：如 GDP，是 Cross Domestic Product 的首字母缩写，习惯译为"国内生产总值"，但也有注为"我国经济总量"的。

3. 同位并用式。即字母词语在前，对应的汉字词语紧随其后，构成一个同位结构。如：ATM 自动取款机。该种使用方式在本文选取的语料内未用，故暂不论。

基于以上语料和分析，我们可以得出如下结论：

1. 语体对字母词语的出现有一定的选择制约作用。不同语体中的字母词语在词数、词次和频度、语义类别、结构形式、语用功效等方面，呈现出不同程度的差异；造成差异的因素很复杂，不同的语体有不同的影响制约因素。

2. 从总体上看，政论语体、文学语体、公文语体和日常谈话语体中的字母词语数量有限，与新闻语体、科技语体相比悬殊较大，且涉及领域较窄。由此可推知，并不是在任何语体中字母词语都多到时尚报刊、专业著作、网络空间的严重程度。

3. 不同语体对字母词语的词性选择影响很弱，即不管是哪种语体，名词的词频、词数、最高词次都高居首位，具有很强的一致性。

4. 不同语体中字母词语的使用都存在一定问题，对字母词语的使用规范需要考虑针对不同语体确立规范的内容和标准，寻求规范的层次和重点，应力求宽严适度、刚柔有别。

第二节 文学作品中的单字母词语

在探讨字母词语和语体分布特征时发现，不同结构形式的字母词语在不同语体中具有不同的使用和分布规律。单字母词语是字母词语中特殊的一类。经考察，单字母词语在现当代文学作品中出现数量和频度都高居首位。为了具体搞清其特点和规律，本节利用现代汉语语料库，以近百年的现当代文学作品为对象，对单字母词语的使用情况、结构形式、分布规律等进行了量化分析，并总结归纳文学语体中单字母词语的特点和修辞功效。

字母词语按结构可以分出多种类型①，我们把其中仅含一个字母的叫单字母词语，如：X 光、阿 Q、3A 级、D 形盒、甲 A、三 K 党、V、N、Z 等。虽然这类字母词语在其他语体中的使用数量有限，但在从"五四"时期到现今的近百年中国文学作品中却为数不少，一直绵延不绝。单字母词语既不同于外语原形词，也与缩略字母词语有别，它在文学作品中的形体结构、语义类别与分布等方面具有一定的特征，并显示出较强的修辞作用。

需要说明的是：在统计时排除在外的有两类，一是多个单字母的连用；二是剧本对白对角色的标志，如：

> 赵信书这个书呆子肚皮里除了 X、Y、Z 之外，社会常识其实贫乏得很，在这位几乎是无所不识、无所不晓的杂家面前，只有洗耳恭听。
>
> （《浪漫的黑炮》）
>
> A，B，C，D，容易教，恐怕是因为教的人不得其法罢？
>
> （《归国杂感》）

---

① 字母词语的分类标准很多，这里主要参考刘涌泉《字母词词典》，上海辞书出版社 2001 年版；沈孟璎《实用字母词词典》，汉语大词典出版社 2002 年版。

D：慢点儿走。

（《编辑部的故事》）

此外，关于外语原形词是否为字母词语，学术界认识不一。我们依据帕普拉克（Poplack，1993）提出的基于变异理论的语言接触理论，把作家个人临时借用的"一次性借词"（nonce borrowing）也看作"词汇借用"，因为"一次性借词"现象虽然采用了两种语言的词汇，却只启用了一种语言的语法。①

一 单字母词语的结构和分布特征

（一）使用数量特点

我们利用《现代汉语语料库》②对中国现当代文学作品的字母词语进行检索，共得到字母词语 2933 词次，其中外语原形词语 159 词次，缩略型字母词语 17 词次，单字母词语 1786 词次，其他既非外语原形词语形式又非缩略型字母词语的字母词语 971 个。其中，单字母词语的使用数量高居首位，使用词次占全部字母词语的 66.7 %③，如图 4 - 2 - 1 所示。

（二）词形与组合特点

单字母词语以单个字母或含有单个字母为结构形式的必要条件。其中字母既有独用形式，也有与汉字等的混用形式。

独用型，如：

在单身教授的楼上，住着三个人，L、T 和我。

（《冰心全集》）

---

① Poplack, S., "Variation Theory and Language Contact", in Dennis R. Preston（ed），American Dialect Research, Amsterdam/Philadelphia：John Benjamins, pp. 251 - 286. 转引自徐大明、陶红印、谢天蔚《当代社会语言学》，中国社会科学出版社 1997 年版，第 188 页。

② 采用北京大学汉语语言学研究中心提供的现代汉语语料库。

③ "一次性借词"现象是，虽然采用了两种语言的词汇，却只启用了一种语言的语法。Poplack, S., "Variation Theory and Language Contact", in Dennis R. Preston（ed），American Dialect Research, Amsterdam/Philadelphia：John Benjamins, pp. 251 - 286. 转引自徐大明、陶红印、谢天蔚《当代社会语言学》，中国社会科学出版社 1997 年版，第 188 页。

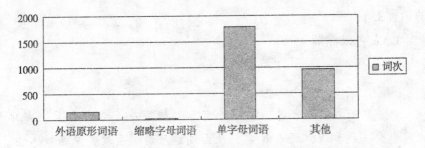

图 4-2-1 现当代文学作品中的各类字母词语词次分布

这时候，游廊里的电灯突然亮了，我看见 K 的目光炯炯地射在我脸上，他的神色，严肃之中带一点悲痛。

（《腐蚀》）

混用型，字母在词语中的位置有居中、居前、居后三种，如：三K党；W君、H市、N马路；阿Q、小D。从数量上看字母居前型最多，独用型次之，见表4-2-1。

表4-2-1　　　　　字母在单字母词语中的位置分布

数量＼字母位置	字母居前	字母居中	字母居后	字母独用	合计
词数	169	8	41	44	262
词次	603	13	661	509	1786

混用型单字母词语的构词成分除字母外，有汉字、数字及其他符号。据我们初步统计，在文学作品中，字母与汉字的组合形式最多，见表4-2-2。

表4-2-2　　　　　单字母词语的组合形式分布

数量＼组合形式	纯字母形式	字母与汉字	字母与数字	其他	合计
词数	44	199	17	2	262
词次	509	1243	31	3	1786

（三）语义类别特点

单字母词语的语义类别比较丰富，但主要集中在人名称谓和地名的指称上。

1. 人名或称谓

如：

　　有一回，Y 来说，灵峰寺有三百株梅花；寺在山里，去的人也少。我和 Y，还有 N 君，从西湖边雇船到岳坟，从岳坟入山。

(《看花》)

　　狂风暴雨的漩涡，就在那刘大老官的左右，那种恶劣，那种粗野……密司 D 经验丰富，一点也不在乎。

(《腐蚀》)

　　C 夫人不晓得究竟是怎么的一个人，她不知道是不是同 E 某一样，也是非常节省鄙吝的。

(《南迁》)

　　属于此类的还有：A 局长、A 老头、B 作家、B 厂长、B 领导、B 大姐、B 老太太、年轻女郎 B、工人 B、服务员 B、C 姑娘、娃娃 C、小 D、男人 D、F 老汉、H 老伉俪、L 先生、同事 P、老 Q、阿 Q、青年 W、Y 医生、Z 小姐等。

2. 地名

分两种：

一是有所指，通常是谐音或拼音缩写，如：

　　然而我也顾不得这些事，终于到 N 去进了 K 学堂了，在这学堂里，我才知道世上还有所谓格致，算学，地理，历史，绘图和体操。

(《鲁迅全集》)

这里"N"指南京，"K 学堂"指江南水师学堂。

　　S 会馆里有三间屋，相传是往昔曾在院子里的槐树上缢死过一个女人的，现在槐树已经高不可攀了，而这屋还没有人住；许多年，我便寓在这屋里钞古碑。

（《鲁迅全集》）

按："S 会馆"指绍兴会馆。

二是无所指，仅为代称，多数属于此类。如：

X 车站和 X 城饮食服务公司倾全力到车站前露天售货。

（《春之声》）

这次，他从他所在的 S 市乘火车来 C 市出差，中途要在 L 市转车。

（《浪漫的黑炮》）

此外，还有 B 省、C 市、F 校、F 庄、G 大学、H 工业大学、H 国、H 河、J 巷、K 区、K 学堂、L 县、M 村、P 城、U 大街、Z 楼等。动物或事物名有时也用单字母词语指称，如：

还有一匹小狗名叫 S 的也跑来，闯过去一嗅，打了一个喷嚏，退了几步。

（《鲁迅全集》）

近年来重庆人将一切不合格品统称为"Y 货"。

（《莫怀戚》）

除了人名、地名的指称外，单字母词语的语义类型还包括机构名称、分类等级、医疗保健、文化教育、科学术语、娱乐生活、不定指数（X 人、N 年）等十多类。具体见表 4－2－3。

表 4－2－3　　　　　现当代文学作品中单字母词语的语义类别

数量＼分类	人名称谓	地名	物名	机构名称	分类等级	医疗保健	文化教育	科学术语	经济术语	娱乐生活	不定指数	合计
词数	80	40	22	21	12	11	37	18	1	17	3	262
词次	1213	146	116	72	16	29	105	39	4	34	12	1786

　　由图 4-2-2 我们可以更直观地看到单字母词语在现当代文学作品中的语义分类特征：以人名称谓为最，地名次之；其他数量都十分有限，尤其是经济术语、科技术语等更是微乎其微，且使用词数和词次分别不大；人名称谓的词数和词次数量悬殊，词频很高，显示了文学作品特别是小说塑造人物形象、展示故事情节的语体特征。

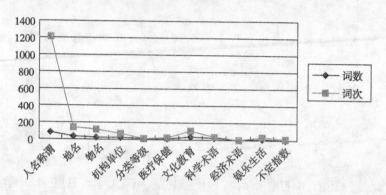

图 4-2-2　单字母词语在现当代文学作品中的语义类别分布

（四）功能特点

　　单字母词语在现当代文学作品中主要具有名词或名词性短语的语法功能。

　　混合型单字母词语多为偏正式复合词或偏正关系的短语，少数为同位短语。在句子中可充当主语、宾语、介词宾语等，如：

　　B 君却自自然然的一口一口的吞云吐雾，似有不胜其乐之慨。（主语）

（《我的戒烟》）

　　他竟在钱府的照壁前遇见了小 D。（宾语）

（《鲁迅全集》）

　　V 市的日子越过越好、朱慎独的日子也越过越好，越过越有规律。（定语）

（《冬天的话题》）

　　最后，他们一致说，这样的夏夜几天之后，在 P 城真是千载难逢，如不在死前享用它，真是枉费了天赐的良机，真是个不折

不扣的笨蛋。（介词宾语）

（《饥饿的口袋》）

他们两个——Y 和 C——离开了嘈杂的人丛，独站在屋顶上最高的一层，在那里细尝这初秋日暮的悲凉情味。（同位短语作主语）

（《落日》）

我要到 N 进 K 学堂去了，仿佛是想走异路，逃异地，去寻求别样的人们。（宾语）

（《鲁迅全集》）

在作品中单字母词语的作用主要分指称、描摹、分类等，其中以指称作用最强，具体见表4-2-4。

S 是在澳洲长大的——她的父亲是驻澳的外交官——十七岁那年才回到祖国来。（指称）

（《冰心全集》）

她的手臂朝上举着，和头部构成一个 W 形，左手紧握成拳，右手拿着小皮包，脖子上系着一条纱巾。（摹形）

（《白银时代》）

闯关东前，他们中一些被运去接收南京、上海时，跨出 C—54 式巨型飞机舱门，面对着不断鸣叫和"咔咔"作响的摄影机和照相机的镜头。（分类）

（《雪白血红》）

表4-2-4　　　单字母词语在现当代文学作品中的的作用

数量＼作用	描摹	指称	分类	其他	合计
词数	8	139	12	103	262
词次	16	1474	16	280	1786

（五）语篇语境分布特点

1. 位于篇首或篇中的叙事描写语境中，如：

> P城的街道是最富有往事感的街道，任何一个久居P城的居民凝望着它时，内心里都会涌满一股莫名的沧桑与怀旧情绪。
>
> 　　　　　　　　　　　　　　　　　　　（《饥饿的口袋》）
>
> 江玫手里提着一只小箱子，在X大学的校园中一条弯曲的小道上走着。
>
> 　　　　　　　　　　　　　　　　　　　（《红豆》）

2. 用于人物对话语境中，这种用法在20世纪二三十年代比较流行，在郁达夫等作家作品中很典型，如：

> 伊人和M，回到本乡的家里的门口的时候，N老人就迎出来说：
>
> "M儿！W君从病院里出来了！"
>
> 　　　　　　　　　　　　　　　　　　　（《南迁》）
>
> Y一见C的这种少年的沉郁的样子，心理倒觉得难过起来，便很柔和的叫他说：
>
> "C！你为什么这样的呆在这里？我错了，我不该对你讲那些无聊的话的，我们下楼去罢！去看戏罢！"
>
> 　　　　　　　　　　　　　　　　　　　（《落日》）
>
> 哦，你原来也是在第X高等的么？我有一位表哥你认识不认识？他姓N，是去年在英法科毕业的。今年进了东京的帝国大学，怕不久就要回来呢！
>
> 　　　　　　　　　　　　　　　　　　　（《空虚》）

二　单字母词语的修辞作用

"关于罗马字母代替小说中人名地名问题，一九二三年六月至九月间《晨报副刊》上曾有过争论。八月二十六日该刊所载郑兆松的

《罗马字母问题的小小结束》认为：'小说里羼用些罗马字母，不认识罗马文字的大多数民众看来，就会产生出一种厌恶的情感，至少，也足以减少它们的普遍性。'"① 可见在"五四"前后，字母用作人名、地名相当普遍，以至于引起争论。值得思考的是，这种方式为什么没有销声匿迹反被沿用至今呢？我们认为它独特的修辞作用与文学创作的虚构、形象、典型等特殊规律相吻合，成为现当代文学作品中特殊的表达方式。

单字母词语在文学作品中表现出多种修辞作用，既有对语言风格的影响，也有对人物场景描写的特殊功效。

（一）隐晦委婉

西文字母是字母词语的必备构词成分，在书写和认知上与汉字迥异。西文字母与汉字符号的差异，可在视觉习惯和阅读心理上产生陌生、隐晦等效应。如：

> 我幼小时候，在 S 城，——所谓幼小时候者，是三十年前，但从进步神速的英才看来，就是一世纪；所谓 S 城者，我不说他的真名字，何以不说之故，也不说。总之，是在 S 城，常常旁听大大小小男男女女谈论洋鬼子挖眼睛。

（《鲁迅全集》）

> 在"中国新兴文学的地位，早为读者所共知"的蒋光 Z 先生，曾往日本东京养病，看见藏原惟人。

（《鲁迅全集》）

这里"S 城"暗指"绍兴"；"蒋光 Z"指"蒋光慈"。由于时代和社会环境的黑暗，鲁迅在作品中常借助单字母词语来增强作品的隐晦性，达到曲折地揭露"吃人"社会本质的作用。

在诗歌和抒情散文中用单字母词语指代人名，能增强作品的柔婉风

---

① 见《幸福的家庭》注释（5），《鲁迅全集》第 2 卷，人民文学出版社 1981 年版，第 43 页。

格。如一些诗歌的标题和副标题:《最初的蜜——写给在狱中的 M》。

（二）简明随意

作家作品利用字母符号的不确定性，通过随意的形式来增添文学作品的典型特征。如：

　　　可是 A 村的人出门半里远，——这就是说，绕过一条小"浜"，或者穿过五六亩大的一爿田，或是经过一两个坟地，他就到了另一个同样的小村。假如你同意的话，我们就叫它 B 村，假如 B 村的地位在 A 村东边，那么西边、南边、北边，还有 C 村，D 村，E 村等等，都是十来分钟就可以走到的，用一句文言，就是"鸡犬之声相闻"。

　　　　　　　　　　　　　　　　　　　　　　　（《屏水》）

这种看似不确定的地名给读者一种广阔的联想空间，得到阅读上的特殊感受：随意、模糊而又普遍、典型。

（三）幽默诙谐

在作品开头，单字母词语常常可以奠定幽默诙谐的叙事基调，增强对读者的吸引效果。如：

　　　在 S 市 Y 大街 J 巷，有过一幢危险房屋。

　　　　　　　　　　　　　　　　　　　　　　（《危楼记事》）

小说开头的三个字母词语，铺下神秘而又诙谐的叙事基调，读者无须细心考证，也不必有名称上的其他联想。

同样的用法还有：

　　　在 N 省省会 V 市，住着一位国内外驰名的"年轻的"小老头。

　　　　　　　　　　　　　　　　　　　　　　（《冬天的话题》）

单字母词语结合修辞手法，可以进一步增强诙谐幽默的情绪，如：

C 有个朋友 A 小姐，A 小姐有个男朋友 B 先生。B 先生自从
谈上恋爱，常住 A 的家，然而不是同居。B 和 A 分住两屋。再过
几月，A 和 B 就要结婚。

（《日出印象》）

（四）增强典型

用单字母词语为作品中的人物起名，鲁迅是最成功的典范。阿 Q
原本"似乎姓赵，"但因为赵太爷在，便不敢胡说；也不知道名字是
怎么写的，是阿桂还是阿贵，并没有佐证。生怕注音字母还未通行，
鲁迅只好选用了洋字，照英国流行的拼法写他为阿 Quei，略作阿 Q。
阿 Q "不独是姓名籍贯有些渺茫，连他先前的行状也渺茫"。拖着辫
子的"阿 Q"，这个由鲁迅为我们塑造的现当代文学史上的不朽典型，
不仅是一个典型人物的符号，而且是"精神胜利法"、国民性的代名
词。鲁迅先生运用单字母词语给人物命名，突出了阿 Q "哀其不幸、
怒其不争"的国民性，增强了阿 Q 这类小人物的悲剧性。如果阿 Q 不
称其为阿 Q，这个文学典型在一定程度上会黯然失色。

（五）描摹生动

在作品中，利用拉丁字母的形状来描摹人物外貌姿态、客观事物
和景观，可以增强形象性和直观性。如：

就在他背后的书架的旁边，已经出现了一座白菜堆，下层三
株，中层两株，顶上一株，向他叠成一个很大的 A 字。……他想
要定一定神，便又回转头，闭了眼睛，息了杂念，平心静气的坐
着。他看见眼前浮出一朵扁圆的乌花，橙黄心，从左眼的左角漂
到右，消失了；接着一朵明绿花，墨绿色的心；接着一座六株的
白菜堆，屹然的向他叠成一个很大的 A 字。

（《鲁迅全集》）

《幸福家庭》的开头和结尾都有关于白菜的描写，主人公梦想有
一间真正的书房写小说，不再有稍不留神胳膊就撞到白菜堆的窘迫，

可是现实总归是现实，并没有因为梦想那堆白菜就挪走了，现实生活的烦琐容不得他安静地守在书桌前。那堆码成 A 字的白菜既是现实生活的象征，又是主人公无奈心绪的表现。

对外景的描写：

　　行到绝初，车尾忽然变成车头，以退为进，潇潇洒洒，循着 Z 字形 Zigzagzig 那样倒溜冰一样倒上山去。

（《余光中散文》）

　　满月的清辉下，以 U 形绕过中大的大埔道上，蠕动着爬去对岸长堤上赏月的车队，尾灯的红光不安的闪着。

（《余光中散文》）

对物品形状的描摹：

　　五太太也并不介意，对忆妃仍旧是极力地联络，没事就到她房里去坐着，说说笑笑，亲密异常，而且到照相馆里去合拍了几张照片，两人四手交握，斜斜地站着拍了一张，同坐在一张 S 形的圈椅上又拍了一张。

（《小艾》）

　　看去就有两个屋勾联而成英文的 M 形，朝外院这面是清水脊，元宝脊冲里院。

（《大门以里，二门以外》）

对人物姿态外貌的描写：

　　没有出声的，大家的嘴都成了个大写的"O"。

（《猫城记》）

　　此后我就呈 X 形站着，面对着一片沙漠和几只骆驼。

（《白银时代》）

汉语中有用汉字来摹形的，如工字楼、丁字尺等，但数量有限，据我们对两部字母词语词典的统计，26 个英文字母中除了 E、F、G 等外都有用来构成摹形的词语。单字母词语的描摹作用丰富了汉语描写手段，增添了形象性。

综上所述，文学作品中的单字母词语在数量、构词、分布、语义等方面都显示出有别于其他语体的规律和特征。单字母词语在文学作品中的运用与文学创作的自身规律紧密结合，使用数量和分布特征受社会时代、作家素养、作品题材和体裁等多种因素的影响，产生了与其他语体使用字母词语的不同特点和独特功效，值得具体深入考察。

第三节　文学作品中的摹形单字母词语

字母词语在汉语汉字背景中具有独特的功效，其中之一就是描摹功能。具有描摹功能的字母词语一般是单字母词语，在结构上有 4 种类型，在来源上有外源和自源之分。摹形单字母词语和汉字摹形词语相比具有数量有限、构式相对稳定、构词能力不平衡的共性特征；差异主要有成分差异和来源差异，同时一部分摹形单字母词语在描摹某些对象时可以替换为摹形汉字词语；摹形单字母词语的形象直观、简明醒目的功效。本节主要以现当代文学作品为语料，专门阐述单字母词语的摹形功能，从社会生活、文字起源、认知心理分析其生成动因。

一　描摹功能和单字母词语

描摹功能是人类语言文字的主要功能之一。描摹可以摹形、也可以摹声。描摹功能表现在语音、词汇、语法、修辞各个层面，可以通过音节、语素、词、短语、句子、句群、语篇来实现。在词汇层面，摹声一般通过拟声词来实现；摹形可以运用摹形词语来完成。

汉语词汇中的摹形词语，绝大部分是"鹅卵石""喇叭花""玉带桥""葡萄紫""孔雀蓝""象牙白"之类的词语，还有一类是直接用固有汉字来摹形的词语，如：八字步、川字纹、丁字尺、工字楼、金字塔、米字旗、品字形方队、人字形雁阵、十字绣、田字格、一字胡、之字路等。英语中也有用固有字母来摹形的词，如：A – frame、I – bar、O – ring、U – bolt 等。

随着明末清初东西方语言文字的接触，汉语中在 19 世纪末出现了由拉丁字母作为构词成分的字母词语，如"X – ray"译成"X 射线"。经历了百余年的发展演变，外源和自源字母词语形成了诸多类型，并具有诸多功能。字母词语按结构可以分出多种类型，我们把其中仅含一个字母的叫单字母词语，如：X 光、阿 Q、3A 级、D 形盒、甲 A、三 K 党、V、N、Z 等。单字母词语在词形结构、句法功能、语义类聚等方面都具有特殊性。在语用上单字母词语除了具有指称、分类等功能外，其中还有一类则具有摹形功能，如 A 字裙、V 字领、U 形管、T 型台、S 钩、Z 字弯道。此类词语我们称之为摹形单字母词语，是本节在上节基础之上进一步探讨的对象。

二　摹形单字母词语的结构和来源

（一）摹形单字母词语的结构类型

伴随着字母词语在汉语中的使用，以拉丁字母为主的西文字母为描摹事物提供了更为多样的材料。26 个拉丁字母多数可以作为摹形构词成分。

如：A 字裙、B 型瓶、C 形夹、D 形盒、H 形梁、L 形天线、M 形屋顶、Q 字结、S 形弯道、T 形梁、U 形钢、V 形槽、W 底形态、X 型人才、Y 形楼、Z 字弯道等。

还有少量以希腊字母为构词成分的词语，如：$\oint$ 形。

据我们考察，汉语中的摹形单字母词语的主要结构类型有：

1. 字母。如：C、O、V、X。

2. 字母 + 名词或名词性短语。如：A 米、L 钩、T 台、S 弯道。

3. 字母 + 字/形/型/ + 名词或名词性短语。如：A 字裙、C 形夹、X 型人才。

4. 字母 + 字/形/型。如：V 字、U 形、W 形槽。

其中的字母一般为单个大写的拉丁字母或希腊字母。除了字母单用类型外，其他三类都是字母居前，字母、"字母＋形/型/字"与后面的名词或名词性短语构成偏正关系。

需要说明的是，同属于"X 型"结构槽中的"B 型血"等，是分类功能的单字母词语，不属于本节的研究对象。

（二）摹形单字母词语的主要来源

1. 外源型

英语中利用英文字母构成的词，词源学家称之为"象形构词"（Symbolic Formation），汉语通过意译和借形形成相应的摹形单字母词语，如：

A – tent（A 形帐篷） C – sring（C 形发条） D – valve（D 形活门）

H – post（H 形电线杆） I – section（I 形断面） J – bolt（J 形螺钉）

K – frame（K 形架） S – hook（S 形钩） T – shirt（T 恤衫）

V – belt（V 形皮带） X – leg（X 形腿） Y – pipe（Y 形管）

2. 自源型

在汉语文本中为了描述说明，利用西文字母沿用结构槽类推而成。如：C 形玉雕龙、M 形屋、Q 字结等。

三 摹形单字母词语和汉字摹形词语的比较

（一）共性特征

1. 以整体为描摹手段

无论是汉字摹形词语还是摹形单字母词语都是以汉字或字母的整体为描摹手段对描摹对象进行整体或局部的描摹，而不是根据汉字的某个笔画或字母的某个线条作为摹形手段。如："金字塔"，英文叫 pyramid，即"锥体"，中国称它为"金字塔"是因为其整个外形像汉字"金"；"A 字裙"，是指裙子由上至下的裙摆外形像 A 字。

2. 摹形数量有限

汉字类摹形词语一般使用的是笔画少的独体字，如：八、川、

丁、个、工、金、口、米、人、十、田、丫、一；也有少量合体字用
来摹形，如：品。摹形单字母词语一般使用单个字母作为摹形成分。

3. 结构相对稳定

无论是汉字摹形词语还是英语摹形词语，其结构都相对稳定，摹
形成分都位于词语结构槽的开始，形成视觉焦点。汉语摹形词语与英
语摹形词语相比，英语的结构类型较简单：字母直接加名词/名词性
短语；汉语中无论是字母形式还是汉字形式结构相对复杂。

4. 构词能力不均衡

在构词能力上26个拉丁字母表现出不均衡性，有的能产性很强，
有的能产性很弱。通过语料检索发现，26个字母中E、F、N、R构词
能力很弱，而V能产性较强，如V形槽、V形齿轮、V形皮带、V形
手势等；尽管汉字中的独体字很多都是象形字，但可以用来摹形构词
的也集中少量独体汉字上。

（二）个性差异

汉字摹形词语和摹形单字母词语的差异主要有成分差异和来源差
异两个方面：

成分差异，即汉字摹形词语使用的摹形成分是汉字；摹形单字母
词语使用的则是字母。汉字摹形词语均来源于汉语，摹形单字母词语
中有一部分来自外语。

（三）二者联系

一部分摹形单字母词语在描摹某些对象时可以替换为汉字摹形词
语。如：

A 形帐篷——人字形帐篷

H 形楼——工字楼

T 恤衫——丁字衫（台湾）

Z 字弯道——之字弯道

四　摹形单字母词语的功能和功效

摹形单字母词语在语篇中有固化型和松散型之分，固化型在构式

上形成前文所言的结构类型；通过工具书和实际语料的考察，单字母词语的句法功能主要是充当宾语（介词宾语）、定语、主语。单字母词语在不同的语体中描摹功能存在明显差异；虽然这类字母词语在其他语体中的使用数量有限，但在从"五四"至今的中国现当代文学作品中却为数不少，一直绵延不绝，显示出较强的修辞作用。摹形单字母词语主要用来描写或说明客观存在的事物、景观、人物外貌姿态等，具体见上节阐述。

当前，摹形单字母词语的使用有扩大的趋势，在新闻报道中发现以前不常用的字母用来摹形，如：机动车走 Q 形，可以绕开红绿灯；描摹宏大的客观对象，如：烟大跨海大桥修成，可以变 C 形环渤海交通为 ϕ 形；还有用于描摹抽象对象的，如：T 型人才，此类和 T 型台、T 恤衫不同，描摹的是抽象的知识结构领域。

摹形单字母词语的功效是形象直观，简明醒目，无论是描摹景观还是人物外貌姿态，都真实可感、栩栩如生；或似局部特写，或为整体勾勒，均简明生动。具体参见上节阐述。

五 摹形单字母词语的生成动因

（一）形象思维和语言的经济性是描摹词汇化的基础

人类具象思维的共性是语言文字描摹功能的产生基础。描摹功能可以通过音节、语素、词、短语、句子、句群、语篇来实现，句子、句群、语篇等虽然详尽但不够简明，如何使描摹简明经济，使用特殊成分形成词汇化的简明构式可以用简短的语言符号传达丰富的信息。

（二）丰富多变的社会生活需要更多样的描摹手段

改革开放后，中西方的全方位接触为汉语吸收外来因素提供了可能，丰富多变的社会生活需要更加丰富多样的描摹方式和手段。这为摹形单字母词语的使用和范围功能的扩大提供了外部条件。虽然汉语中也有"丁字尺""工字楼"等利用汉字形态的摹形词语，但数量有限。字母词语数量的激增、字母的加入丰富了汉语的摹形手段。

（三）文字的图画起源为借形构词提供了构词理据

人类的文字起源于图画记事，后演变成早期的象形文字。我们的先民在造汉字之初，"仰则观象于天，俯则观法于地，视鸟兽之文与地之宜，近取诸身，远取诸物"。① 世界上的表音文字几乎都源自闪美特人（Semite）创造的拼音文字基础上形成的腓尼基（Phoenician）字母和文字。腓尼基字母源自象形文字。英语的 26 个字母都有源于象形的理据。在构词中，既可直接"绘形指物"，也可"以形喻物"，还可"借形构词"，摹形字母词语的构词理据便是"借形构词"。②

（四）认知心理的凸显效应强化了摹形功能

在认知过程中，单一背景下的少量异质因素更容易被识别。两种文字符号的巨大差异使在汉字汉语背景下的少量拉丁字母格外醒目，尤其是在速视扫瞄中，极易成为视觉焦点。摹形字母词语由于有字母作为构词成分，其和汉字迥异的外在直观形态为描摹说明提供了客观条件，凸显了摹形功能。

本章小结

本章从语体角度入手，运用计量词汇学的方法，具体从数量频度、词形结构、词性、语义类别、语用特征考察共时状态下的字母词语在政论语体、文学语体、公文语体、日常谈话语体中的分布规律、语用特点等，认为语体对字母词语的出现有一定的选择制约作用；提出对字母词语的规范需要考虑针对不同语体确立规范的内容和标准，寻求规范的层次和重点，应力求宽严适度、刚柔有别。以在现当代文学作品中出现数量和频度都高居首位的单字母词语为例，以近百年的现当代文学作品为对象，对单字母词语的使用情况、结构形式、分布规律等进行量化分析，并总结归纳文学语体中单字母词语的特点和修辞功效以及摹形单字母词语的功能和生成动因。

---

① 许慎：《说文解字·序》，中华书局 1963 年版。
② 詹蓓：《浅说英文字母的象形构词作用》，《安徽工业大学学报》2004 年第 2 期。

第五章

历时演变：字母词语与现当代文学

字母词语自进入汉语词汇系统始，总体上经历了萌芽、发展、萎缩、新发展四个时期。但是，在实际文本中，不同语体在不同阶段呈现出的特点与整体发展特征不尽一致。本章从历时的角度，以近百年文学史为背景，以现当代文学作品为对象，分阶段考察字母词语的使用特点、语义和结构分类，通过整体勾勒和个案研究分析字母词语在近百年文学作品中的演变规律，通过与新闻语体等的比较，发现字母词语在文学语体中发展演变的特征，探讨影响其变化规律的主要因素。

第一节　历时考察的相关问题

一　历时考察的可能性和必要性

近年的字母词语研究，多为共时状态下的静态描写。开展字母词语历时研究，我们认为至少有以下几个方面的好处和必要：

1. 可以拓宽研究视野，全方位研究认识字母词语，纠正研究中存在的某些偏颇；

2. 把字母词语放在共时和历时交织的背景下考察，可以使二者互相补充印证，避免研究的割裂和孤立引起的绝对化、主观臆断；

3. 分阶段考察字母词语，有助于勾勒字母词语在汉语中的萌芽、发展、变化轨迹，总结规律，为科学预测字母词语的发展变化趋势提供直接依据；

4. 可以在分析不同阶段字母词语特点的基础上，挖掘不同阶段的特殊影响因素，有助于我们进一步认识字母词语的价值。

二　分期问题与阶段特征

"对于史的研究来说，分期是十分重要的，它建立于对某一发展过程中某些阶段性特点的了解和把握的基础上，通过分期，可以更好地显现发展的过程和脉络，从而使研究得以深入下去。"① 字母词语的发展演变有着明显的阶段性，结合现代汉语汉语词汇发展演变的分期，我们将字母词语的历史大致分为以下几个时期：

第一个时期：16 世纪—19 世纪末

第二个时期："五四"前后到新中国成立前（1900—1949）

第三个时期：新中国成立到"文化大革命"结束（1949—1976）

第四个时期：改革开放以来（1978—　）

考虑到每个时期的时间跨度长短不同，每个时期字母词语的发展变化程度不一，我们则根据考察需要，把某个时期再分为若干阶段，如第二个阶段可分为"五四"前后（1900—1930）和 20 世纪三四十年代（1930—1949）两个阶段；第三个时期可以分为新中国成立头 17 年和"文化大革命"10 年两个阶段。

每个时期的大致特征：

第一个时期：最早出现在汉语汉字中的西文字母还不具有词的功能，仅用作分类、标识的符号或序号，结构上呈独立性，少见与汉语词或汉语语素的组合形式，语义类型以数理符号为主，还有直用或括注形式的外国人名、地名及概念术语，集中在自然科学领域的翻译著作中，来源以英语为主，有少量希腊字母、罗马字母；在文言文中夹用。

第二个时期：使用范围从自然科学扩展到社会科学；从翻译著作到中国人自己使用汉语创作的文学作品、科技著作，甚至于商品命名、期刊命名等；引用或直用原形词现象大增，其中以人名、地名、

---

① 刁晏斌：《新时期新语法现象研究》，中国文联出版社 2001 年版，第 2 页。

书名、概念术语为主；总括式数字字母词语开始使用，字母词语的基本结构类型基本形成；来源以英语为主，但呈多元化；由在文言文中夹用原文词过渡到白话文文本。如《新青年》中大量使用原形词夹注。

第三个时期：新中国成立后至"文化大革命"前，我国大陆的政治、经济体制和外语教育等对字母词语的使用影响很大。这一时期的外来词主要源自俄语，"文化大革命"期间特殊的社会背景使字母词语萎缩到极点。分布领域、使用范围和十分狭窄，仅局限于个别种类商品的型号；结构形式单一，功能回归到标识、分类、排序等。

第四个时期：改革开放后国际交流频繁和中国国际地位的提升，社会环境、政治环境的宽松，社会生活和语言生活丰富化，加之高科技的发展和新兴媒体互联网的推波助澜，外语教育的普及和外语水平的提高，语用心理的时尚国际化和生活的多元化，加之字母词语自身的特点，形成字母词语的大发展特征：分布范围极其广泛，渗透到社会生活的方方面面；网络的虚拟性和对交流速度的要求催生了特殊形式的网络字母词语；造词方式多样化，以缩略形式为主，还产生了借代、谐音方式造成的字母词语。部分字母开始作为语素参与造词，形成了词族。语义类别十分广泛，从各个学科领域的专业术语到日常生活娱乐活动。这一时期伴随着字母词语数量的增加，异形字母词语增多。

第二节　基于百年文学作品的历时比较

一　语料说明

自 20 世纪 90 年代以来，学界对字母词语的研究取得了许多开创性的成果，涉及名称、界定、性质、范围、规范等诸多方面，但多属于共时的描写，历时的探究较少，时间跨度小。字母词语在汉语中的使用至少已有一个多世纪的历史，经历了萌芽、发展、萎缩和激增等不同时期。用历时的眼光去审视考察这一另类词语的产生、发展演变，有助于勾勒汉语中字母词语的发展轨迹，总结演变规律，预测字母词语的发展走向。结合现当代文学，对作品中的字母词语进行历时考察有助于总结文学语体中字母词语的历时演变规律，为字母词语在不同语体中的发展演变和比较研究提供依据。

为了考察字母词语在文学语体中的演变规律，本节主要依托现当代文学史，广泛收集了 67 位具有影响力的不同时期不同地域的作家作品，提取其中的全部字母词语，制成约 1 亿字的《现当代文学作品字母词语语料库》①。

在作家的选取过程中，参照朱栋霖等主编的 1999 年版《中国现代文学史》（上下册），结合影响力、题材、地域三个角度进行。在选取出的 67 位作家中，依据小说、散文、诗歌、戏剧、杂文、其他六个体裁种类，在平衡每位作家每个时期作品字数的基础上，收集这些作家的经典代表作品中标题及正文含有的全部字母词语及其所占篇章数，最终统计出 20426 个（包含复现）字母词语，字母词语共占篇章数 2542 篇。具体情况如下：字母词语包括小说 9811 个，散文 5812 个，诗歌 232 个，戏剧 329 个，杂文 1216 个，其他 3026 个；字母词语所占篇章数包括小说 258 篇，散文 1034 篇，诗歌 91 篇，戏剧 37 篇，杂文 236 篇，其他 886 篇。

二　不同时期的字母词语特点

（一）第一时期的字母词语

本时期文学作品中字母词语的出现数量不多，使用重复率不高。字母词语的使用主要作为一般词汇出现，字母词语的运用存在不稳定性和暂时性，其中双语对释类的人名、地名占大多数，说明这一时期文学语体字母词语使用的主要功能仍为外来原形借词，而且很多为一次性借词。这一时期，字母词语所占篇章数百分比为 4.2%，小说文体中无字母词语出现。散文文体和其他文体字母词语数量很高，字母

---

① 本节与研究生张羽合写，本节与第三节语料库由张羽完成，谨致谢忱。

汉字混合词语为主要的结构形式。字母词语主要用来表示人名称谓和相关的文化教育，指称作用占有重要的比例。这一时期文学作品中字母词语的使用特点如下：

1. 散文文体字母词语所占篇章数以 29.7% 的百分比值高居首位，约为所有类别总体百分比的 7 倍；不同作家字母词语使用所选文体略有差异；小说文体中无字母词语出现。

2. 散文文体和其他文体的词次/词数明显高于其他文体；杂文文体字母词语出现的频率相对较高；诗歌文体和戏剧文体没有重复的字母词语出现。

3. 字母汉字混合词语的使用数量居首位，主要出现在散文文体和其他文体中，主要存在"字母 + 汉字""汉字 + 字母""拼音字母 + 汉字""双语对释"四种组合形式。

4. 字母词语语义分布主要集中在人名称谓、文化教育及地理名称上；不同作家字母词语使用语义分布有所不同。

5. 指称作用在字母词语的功能中占有重要的比例；分类作用所占的比例很小，只存在于钱玄同的作品中。

（二）第二时期的字母词语

第二时期文学作品中的字母词语无论在数量还是范围上均呈现显著上升的趋势。这一时期，字母词语开始大量出现在文学作品中，个别字母词语的使用具有普遍性和稳定性，对汉语造成了一定的冲击和影响。字母词语所占篇章数开始增多，其中小说文体字母词语使用的增幅最大，词语使用频率最高，造词数量最多。字母汉字混合词语仍为这一时期的主要结构形式，6 种组合方式俱全。表示人名称谓、文化教育和地理名称的字母词语占大多数，指称作用仍占有重要地位。字母词语的使用面貌具体如下：

1. 杂文文体字母词语所占篇章数以 34.7% 的百分比值居首位，约为所有类别总体百分比的 2 倍；不同文体字母词语选择数量与作者密不可分。

2. 散文文体和小说文体的词次/词数较高，两文体加起来约占总词数的 57.9%；小说文体个别字母词语出现频率很高；诗歌文体字母词语使用频率最低。

3. 字母汉字混合词语的使用数量居首位，主要出现在小说文体和散文文体中，主要存在"字母＋汉字""汉字＋字母""拼音字母＋汉字""双语对释""外语原形词语＋汉字""汉字＋字母＋汉字"6种组合形式。除此之外，纯字母词语数量开始增多，小说文体纯字母词语的使用频率最高。

4. 字母词语语义分布主要集中在人名称谓、文化教育及地理名称上。其中人名称谓词数高达2854个，高居首位。

5. 指称作用在字母词语的功能中占有重要的比例，描摹作用和分类作用所占比例则有限。

"五四运动"后，文学语言朝着"陌生化、个性化、多样化"方向发展，是字母词语大量出现的一个重要原因。由于怀有"现代化＝西方式的现代化"的思想，人们以更为宽容的心态对待西方语言和文化，字母词语的种类、使用领域、范围明显扩大。文学作品中，带有"异域色彩"的字母词语往往给读者以强烈的视觉冲击，造成"陌生化"的效果。同样字母词语结构形式的多样化也是"陌生化"的手段之一。

（三）第三时期的字母词语

本期文学作品中字母词语的运用在数量上迅速减少，使用频率明显降低。这一时期，字母词语已不再以一种大范围的方式存在于文学作品中，而主要出现在散文文体中。双语对释字母词语重复率、文本密集度一般都很低，一般是引进外来事物、名称等新概念需要解释而形成。双语对释成为第三时期使用最多的组合方式，表明这一时期因作者自行创造而产生的字母词语数量极少，多数是对必要的异域名称、文化的中文翻译，后附外文原文来加以解释。

本期文学语体字母词语所占篇章数迅速减少，字母汉字混合词语仍为这一时期的主要结构形式，共包含4种组合方式。表示人名称谓、文化教育和地理名称的字母词语仍占大多数，指称作用依旧为最重要的功能类别。字母词语的使用面貌具体如下：

1. 戏剧文体字母词语所占篇章数以30.8%的百分比值高居首位，

约为所有类别平均百分比的 8 倍。

2. 散文文体的词次/词数较高，共出现 818 词次/607 词数，约占总词次的 84.1%，总词数的 82.8%；字母词语总体上使用频率较低。

3. 字母汉字混合词语的使用数量居首位，主要出现在散文文体中，主要存在"字母＋汉字""汉字＋字母""双语对释""汉字＋字母＋汉字" 4 种组合形式。除此之外，字母数字混合词语数量较前两时期稍有增加，多数为战斗机的型号，可能与当时的抗美援朝战争相关。

4. 字母词语语义分布仍主要集中在人名称谓、文化教育及地理名称上。其中人名称谓词数为 326 个，高居首位；文化教育和地理名称次之，分别为 112 个和 31 个。

5. 指称作用在字母词语的功能中仍占有重要的比例，描摹作用和分类作用所占比例依旧有限。

总之，这一时期字母词语的使用处于低潮阶段。新中国成立后，字母词语的使用数量较少，在散文中出现的字母词语也多是外国名称和文化术语。"文化大革命"时期，在这个运用汉字都需谨慎的年代除了少量的字母符号代码外，字母词语几乎销声匿迹。余光中为台湾作家，其作品在此时期未受到影响。

（四）第四时期的字母词语

本期文学作品中字母词语的运用在数量上较第三时期相比有所增多，但低于第一、第二时期。这一时期，小说文体的字母词语使用频率普遍很高，个别字母词语的使用极高。一些作者自行创造的用来表示人名称谓、地名的字母词语占大多数，现今我们在日常生活和娱乐中通常用到的字母词语在这一时期也比较多见。由此可见，第四时期文学语体字母词语的使用开始贴近生活化，但与社会的发展并不同步，其中也受到语体自身的某些制约。本期文学语体字母词语所占篇章数较第三时期相比有所增加，字母汉字混合词语仍为这一时期的主要结构形式，表示娱乐生活的字母词语成为这一时期语义分布的新亮点，指称作用依旧为最重要的功能类别。字母词语的使用特点具体如下：

第一，戏剧文体字母词语所占篇章数百分比以 56.3% 的数值位居首位，高于其他文体。

第二，小说文体的词次/词数较高，共出现 6041 词次/450 词数，约占总词次的 90.1%，总词数的 45.1%，其中个别字母词语使用频率很高。

第三，字母汉字混合词语的使用数量仍占据首位，主要出现在小说文体中。包括"字母 + 汉字""汉字 + 字母""双语对释"及"汉字 + 字母 + 汉字"4 种组合方式。

第四，字母词语语义分布主要集中在人名称谓、地理名称及娱乐生活上。其中人名称谓类的词数为 330 个，居首位；地理名称和娱乐生活次之，分别为 97 个和 93 个。可以看出这一时期文学语体字母词语语义分布开始趋向生活化。

第五，指称作用在字母词语功能中仍占有重要的比例，分类作用所占比例首次超过描摹作用。

改革开放后，字母词语大量涌入我国，使用规模、范围前所未有。文学语体字母词语虽流露出生活化的倾向，但使用数量并不随着社会的发展而发展。文学语体自身的特征和语体风格的书面化色彩使很多字母词语不能进入其中。随着社会环境和写作环境的宽松，一些作家喜欢自行创造一些字母词语来表达名称和事物，试图增强文本的生动形象性，达到幽默诙谐、简明随意的效果。总之，这一时期的文学语体字母词语在使用数量上逐渐趋于理性，个别字母词语使用频率过高需要适时规范。

三　不同时期的字母词语比较

在对四个时期进行具体研究的基础上，我们从历时的角度出发，把四个时期分别统计的结果放在一起进行比较，探讨文学语体字母词语在不同时期的变化情况，勾勒发展演变脉络。

（一）字母词语占篇章数对比

我们对四个时期的字母词语占篇章数进行整合，经分析可以得出如下结论。

表 5 - 2 - 1 　　　　　　　　　字母词语占篇章数对比

时期 \ 文体		小说	散文	诗歌	戏剧	杂文	其他	总计
第一时期	篇章数	63	693	566	6	373	4327	6028
	占篇章数	0	78	2	1	17	95	193
	百分比(%)	0	11.3	0.4	16.7	4.6	2.2	3.2
第二时期	篇章数	263	2729	1676	31	319	3639	8657
	占篇章数	90	660	70	10	115	450	1395
	百分比(%)	34.2	24.2	4.2	32.3	36.1	12.4	16.1
第三时期	篇章数	117	2877	1729	13	0	943	5679
	占篇章数	13	183	7	4	0	12	219
	百分比(%)	11.1	6.4	0.4	30.8	0	1.3	3.9
第四时期	篇章数	297	2471	1635	16	0	1466	5885
	占篇章数	84	133	10	9	0	24	260
	百分比(%)	28.3	5.4	0.6	56.3	0	1.6	4.4

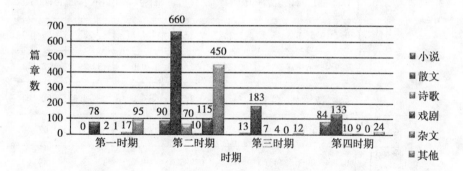

图 5 - 2 - 1 　字母词语占篇章数对比

根据表 5 - 2 - 1 及图 5 - 2 - 1 显示的数据内容，我们可以发现：

首先，第一时期为萌芽期。十年间字母词语所占篇章数为 193 篇，数量为四个时期最少，仅占总篇章数的 3.2%。其中，戏剧文体字母词语所占篇章数以 16.7% 的百分比值居首位。

其次，第二时期为激增期。这一时期，字母词语所占篇章数达到 1395 篇，占到了总篇章数的 16.1%。散文出现 660 篇，其他种类出现 450 篇，但杂文文体字母词语所占篇章数以 36.1% 的比值高居首位。

再次，第三时期为回落期。此间 5679 篇文章字母词语只出现 219

篇，约占总篇章数的 3.9%。散文文体占据 183 篇，其他文体则很有限，戏剧文体字母词语所占篇章数以 30.8% 的比值高居首位。

最后，第四时期为恢复期。从 1977 年开始至今，字母词语所占篇章数为 260 篇，占总篇章数的 4.4%。小说文体的字母词语恢复速度较快，共现 84 篇；散文文体篇数有所下降，其他文体则属于平稳恢复；除此之外，戏剧文体字母词语所占篇章数以 56.3% 的比值高居首位。

（二）字母词语词次/词数对比

经分析发现，四个时期文学语体字母词语词次/词数有如下规律：

表 5-2-2　　　　　　　　字母词语词次/词数对比

时期 / 文体		小说	散文	诗歌	戏剧	杂文	其他	总计
第一时期	词次/词数	0/0	820/720	7/7	1/1	115/66	598/523	1541/1317
	百分比（%）	0.0/0.0	53.2/54.7	0.5/0.5	0.1/0.1	7.5/5.0	38.7/39.7	100/100
第二时期	词次/词数	3140/687	3842/3074	160/137	234/140	1152/930	1910/1496	10438/6464
	百分比（%）	30.1/10.6	36.8/47.5	1.5/2.2	2.2/2.2	11.1/14.4	18.3/23.1	100/100
第三时期	词次/词数	59/43	818/607	30/27	32/26	0/0	33/29	972/732
	百分比（%）	6.1/5.9	84.1/82.8	3.1/3.7	3.3/3.6	0/0	3.4/4.0	100/100
第四时期	词次/词数	6041/450	501/439	35/27	62/50	0/0	68/31	6707/997
	百分比（%）	90.1/45.1	7.5/44.1	0.5/2.7	0.9/5.0	0/0	1.0/3.1	100/100

首先，第一、第二时期文学语体内部不同文体的词次/词数均超出其他时期。其中，第二时期小说出现 3140 词次/687 词数，散文出现 3842 词次/3074 词数，诗歌出现 160 词次/137 词数，戏剧出现 234 词次/140 词数，杂文出现 1152 词次/930 词数，其他出现 1910 词次/1496 词数，成为文学语体字母词语使用的顶峰期。相比之下，第一、第三、第四时期相比词数变化相对稳定，平均在 1000 词数左右。

其次，第一、第二、第三时期散文文体字母词语的词次/词数居首位，第四时期小说文体词次/词数居首位。第一时期散文文体出现

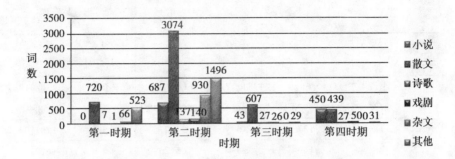

图 5 - 2 - 2　字母词语词数对比

820 词次/720 词数，第二时期散文文体出现了 842 词次/3074 词数，第三时期散文文体出现 818 词次/607 词数，均高于其他文体。第四时期小说文体出现 6041 词次/450 词数，首次超越散文文体占据首位。反之来看，诗歌文体和戏剧文体在每个时期的词次/词数几乎都为最少，可见文体对字母词语的出现有一定的选择制约作用。

最后，第二、第四时期小说文体个别字母词语出现频率很高，第一、第三时期字母词语使用重复率普遍很低。如第二时期鲁迅《阿 Q 正传》中字母词语"阿 Q"出现 276 次，第四时期史铁生《务虚笔记》中字母词语"O"出现 795 次，第一、第三时期则无这样的情况出现。

（三）字母词语结构形式对比

我们依旧把四个时期的字母词语分为纯字母词语、字母汉字混合词语、字母数字混合词语以及外语原形词语四类进行整理比较，对比分析结果如下。

表 5 - 2 - 3　　　　　　　字母词语结构形式对比

时期	结构形式	总计	纯字母词语	字母汉字混合词语	字母数字混合词语	外语原形词语
第一时期	小说	0/0	0/0	0/0	0/0	0/0
	散文	820/720	2/1	501/451	0/0	317/268
	诗歌	7/7	0/0	0/0	0/0	7/7
	戏剧	1/1	0/0	0/0	0/0	1/1
	杂文	115/66	4/3	52/40	0/0	59/23
	其他	598/523	26/19	330/314	13/13	229/177
	总计	1541/1317	32/23	883/805	13/13	613/476

续表

时期	结构形式	总计	纯字母词语	字母汉字混合词语	字母数字混合词语	外语原形词语
第二时期	小说	3140/687	1381/77	1323/291	0/0	436/319
	散文	3842/3074	248/114	2532/2038	4/4	1058/918
	诗歌	160/137	9/6	31/27	0/0	120/104
	戏剧	234/140	7/5	65/26	0/0	162/109
	杂文	1152/930	103/52	561/491	1/1	487/386
	其他	1910/1496	204/68	646/526	7/7	1053/895
	总计	10438/6464	1952/322	5158/3399	12/12	3316/2731
第三时期	小说	59/43	14/6	18/18	2/1	25/18
	散文	818/607	40/27	691/500	10/7	77/73
	诗歌	30/27	5/4	12/11	0/0	13/12
	戏剧	32/26	0/0	13/13	1/1	18/12
	杂文	0	0	0	0	0
	其他	33/29	3/3	18/15	1/1	11/10
	总计	972/732	62/40	752/557	14/10	144/125
第四时期	小说	6041/450	4988/126	811/172	38/25	204/127
	散文	501/439	40/29	301/274	3/3	157/133
	诗歌	35/27	25/18	3/2	0/0	7/7
	戏剧	62/50	8/7	9/9	1/1	44/33
	杂文	0	0	0	0	0
	其他	68/31	10/5	3/3	0/0	55/23
	总计	6707/997	5071/185	1127/460	42/29	467/323

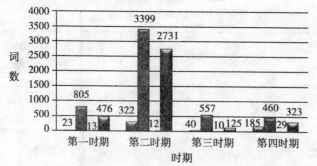

图 5 - 2 - 3　字母词语结构形式对比

根据表 5 - 2 - 3、图 5 - 2 - 3 显示的数据，共有字母词语 19658 词次／9510 词数，包括纯字母词语 7117 词次／570 词数，字母汉字混合词语 7920 词次／5221 词数，字母数字混合词语 81 词次／64 词数，外语原形词语 4540 词次／3655 词数。其中，字母汉字混合词语的使用数量居首位，字母数字混合词语使用量少。

第一，纯字母词语。从使用数量来看，第二时期纯字母词语数量最多，为 322 词数，主要出现在小说文体和散文文体中。其次为第四时期，共出现 185 词数，主要出现在小说文体中。第一、第三时期纯字母词语出现数量则很有限，分别为 23 词数和 40 词数；从来源看，第二、第三、第四时期主要有英语和汉语拼音，第一时期的来源只有英语；从组合方式来看，四个时期字母词语的组合方式均包括单字母词语、双字母词语和多字母词语，例如："A（A 先生）""H. M（许广平）""ABCC（原爆炸伤害调查委员会）"。

第二，字母汉字混合词语。从使用数量来看，第二时期字母汉字混合词语以 3399 词数居首位，主要出现在散文文体中。除此之外，第一、第三、第四时期字母汉字混合词语词数分别为 805 词数、557 词数和 460 词数，呈依次递减的趋势，第一、第三时期主要出现在散文文体中，第四时期则出现于小说文体中。从来源来看，第一时期主要有英语和西班牙语，如 "爱国者（Patriot）""《阿勒普耶罗斯》（Alpujarras）"。第三时期只有英文字母，如 "S 城"。第二、第四时期主要有英语和德语，如 "C 教授""GuteNzcht（晚安）"。从组合方式来看，第二时期 "字母＋汉字""汉字＋字母""拼音字母＋汉字""双语对释""外语原形词语＋汉字""汉字＋字母＋汉字" 六种组合形式俱全；第一、第三、第四时期则分别降为各自不同的 4 种组合形式。例如："S 门""阿 Q""艾伦·坡（Poe）" 等。

第三，字母数字混合词语。从使用数量来看，第四时期字母数字混合词语使用数量为 29 词数，明显超过其他时期，主要出现在小说文体中。第一、第二、第三时期字母数字混合词语分别为 13 词数、12 词数和 10 词数，主要出现在散文文体和其他文体中；从使用范围来看，第四时期字母数字混合词语的使用范围比较广泛，包括军事术语、度量单位、产品型号、标准协议等。此外，第一时期主要为产品型号，第二时期主要为军事术语、度量单位，第三时期主要为军事术语。例如："AD5""1000ml""F3.8""PB303 协议"。从组合方式来看，二、四时期包括"字母＋数字""数字＋字母"两种组合方式，第一、第三时期仅有"字母＋数字"一种组合方式。

第四，外语原形词语。从使用数量来看，第二时期凭借 2731 词数成为使用数量最多的一个时期，主要出现在散文文体和其他文体中。第一、第三、第四时期外语原形词语依次为 476 词数、125 词数和 323 词数，主要在出现于小说、散文、其他文体中。从来源来看，第一时期来源主要包括英语、日文语和法语，第二时期的来源主要包括英语、德语、法语、希腊语、日语和意大利语，第三时期的来源仅有英语，第四时期的来源包括英语、德语和法语。例如："Eassy（英：小品文）""Zimmer（德：房间）""Subordonne（法：从属词）"等。

（四）字母词语语义分布对比

根据四个时期字母词语的语义分布汇总情况，我们把字母词语归纳为以下 13 个种类：人名称谓、文化教育、地理名称、物品名称、娱乐生活、机构名称、分类等级、专业术语、医疗保健、不定指数、符号代码、计量单位、其他类别。表 5 – 2 – 4 为四个时期字母词语语义分布对比。

表 5 – 2 – 4 　　　　　　　字母词语语义分布对比

时期 语义分布	第一时期	第二时期	第三时期	第四时期	总计
人名称谓	765/648	5685/2854	469/326	5601/330	12520/4158
文化教育	264/216	1388/1216	145/112	63/55	1860/1599
地理名称	59/46	886/453	45/31	198/97	1188/627
物品名称	6/5	184/132	11/10	116/47	317/194
娱乐生活	—	13/8	8/6	222/93	243/107
机构名称	19/16	118/59	13/11	30/16	180/102
分类等级	7/2	93/38	13/10	79/50	192/100
专业术语	65/58	25/21	16/12	12/7	118/98

续表

时期 语义分布	第一时期	第二时期	第三时期	第四时期	总计
医疗保健	6/6	61/50	11/10	15/11	93/77
不定指数	8/5	32/28	0	26/19	66/52
符号代码	4/4	30/23	0	11/9	45/36
计量单位	1/1	22/5	9/9	22/16	54/31
其他类别	334/309	1901/1577	232/195	312/247	2779/2328

统计结果显示：

首先，第二、第四时期的字母词语语义分布类别 13 种俱全，第一、第三时期使用领域、范围有所缩小，分别为 12 种和 11 种。

其次，四个时期字母词语语义分布较多集中于人名称谓、文化教育、地理名称三个种类。将之具体比较，人名称谓在四个时期均占据首要位置，文化教育集中于第一、第二、第三时期，地理名称集中于第二、第三、第四时期。除此之外，专业术语、娱乐生活也分别为第一、第四时期的主要语义分布类别。由此可推知，文学语体字母词语的语义主要集中于待陈述的名称、事物上，且与文化领域密不可分，由于时代背景、作家的不同而出现个体差异。

（五）字母词语功能作用对比

经我们归纳总结发现，四个时期字母词语的功能共考察到指称作用 17152 词次/7429 词数，描摹作用 194 词次/138 词数，分类作用 192 词次/100 词数，其他作用 2120 词次/1843 词数。其中指称作用最强，占总词次的 87.3%，总词数的 78.1%。

表 5-2-5　　　　　字母词语的功能作用

时期		指称	描摹	分类	其他	总计
一	词次/词数	1229/1029	6/6	7/2	299/280	1541/1317
	百分比	6.3/10.8	0.0/0.1	0.0/0.0	1.5/2.9	7.8/13.8
二	词次/词数	8730/5061	126/101	93/38	1489/1264	10438/6464
	百分比	44.4/53.2	0.6/1.1	0.5/0.4	7.6/13.3	53.1/68.0

续表

时期		指称	描摹	分类	其他	总计
三	词次/词数	828/601	22/21	13/10	109/100	972/732
	百分比	4.2/6.3	0.1/0.2	0.1/0.1	0.6/1.1	4.9/7.7
四	词次/词数	6365/738	40/10	79/50	223/199	6707/997
	百分比	32.4/7.8	0.2/0.1	0.4/0.5	1.1/2.1	34.1/10.5
总计	词次/词数	17152/7429	194/138	192/100	2120/1843	19658/9510
	百分比	87.3/78.1	1.0/1.5	1.0/1.1	10.7/19.3	100/100

从表 5-2-5 显示的数据我们可以看出第二时期指称作用、描摹作用、分类作用、其他作用所占比例均为四个时期之首，但就分类作用而言，第四时期的使用数量则超越第二时期占据首位。文学语体自身的陈述性表达要求其明确陈述主体、客体及对客观现象的状态描摹，信息时代带来的反映新事物、新概念、新观点的新词语层出不穷，在文学作品中也造成一定影响。

（六）字母词语变化程度对比

我们通过对四个时期共有的字母词语词数的分析来探讨字母词语的历时变化程度。

表 5-2-6　　　　　　　　字母词语变化程度

结构形式 / 变化程度	纯字母词语	字母汉字混合词语	字母数字混合词语	外语原形词语	总计
一总计①	23	805	13	476	1317
二总计	322	3399	12	2731	6464
三总计	40	557	10	125	732
四总计	185	460	29	323	997
一∩二∩三∩四	0	3	0	5	22
一∩二∩三	8	23	1	29	61
一∩二∩四	9	26	4	33	72
一∩三∩四	—	—	2	15	17

---

① 此表四个时期分别简化为一、二、三、四，"∩"指时期之间的交集。

续表

结构形式 变化程度	纯字母词语	字母汉字混合词语	字母数字混合词语	外语原形词语	总计
二∩三∩四	—	24	3	22	49
一∩二	12	29	4	35	80
一∩三	—	8	3	19	30
一∩四	—	5	4	23	32
二∩三	8	25	3	31	67
二∩四	10	29	6	34	79
三∩四	6	24	4	24	58
一独有	9	779	7	433	1228
二独有	304	3363	5	2687	6359
三独有	26	521	4	77	628
四独有	170	431	22	284	907

分析四个时期字母词语变化程度情况，我们发现：

第一，四个时期共有的字母词语数量很少，仅有 8 词数。其中包括汉字混合词语 3 词数，外语原形词语 5 词数，例如："X 光""Yes"。可以看出，不同时期所用的字母词语差异很大，历经一个世纪存活下来的词语只有 0.1% 左右。这种现象说明字母词语的使用极不稳定，属于一般词汇中变化最迅速的一类词语。

第二，字母汉字混合词语的比例高于纯字母词语和外语原形词语。这种现象说明带汉字的字母词语更容易被接受。随着时间的推移，字母词语在动态环境中的发展趋势就是向着符合汉语言规范和社会习惯的方向发展，① 只有那些符合标准的字母词语才能真正进入汉语词汇。

综上，我们对四个时期字母词语从所占篇章数、词次/词数、结

---

① 郑泽芝：《大规模真实文本汉语字母词语考察研究》，厦门大学出版社 2010 年版，第 190 页。

构形式、语义分布、语法作用及变化程度六个方面进行了客观描述和定量分析，考察结果显示：第二时期为字母词语所占篇章数达到1395篇，占到了总篇章数的16.1%，成为字母词语占篇章数的激增期；第二时期文学语体内部不同文体的词次/词数均超出其他时期，第一、第二、第三时期散文文体字母词语的词次/词数居首位，第四时期小说文体词次/词数居首位，第二、第四时期小说文体个别字母词语出现频率很高，第一、第三时期字母词语使用重复率普遍很低；除字母数字混合词语外，其他三种结构形式在第二时期的使用数量、范围均到达顶峰，来源多样化，组合方式六种俱全；第二、第四时期的字母词语语义分布类别13种俱全，第一、第三时期使用领域、范围有所缩小，分别为12种次和11种次，较多集中于人名称谓、文化教育、地理名称三个种类；第二时期指称作用、描摹作用、其他作用所占比例均为四个时期之首，第四时期的分类作用占据首位；四个时期共有的字母词语数量很少，仅有8词数，字母汉字混合词语的比例高于纯字母词语和外语原形词语。

　　与此同时，我们总结出两条结论：

　　第一，文学语体对字母词语的出现有一定的选择制约作用。字母词语多出现于小说、散文文体中，这与文学自身的创作规律密切相关；四个时期字母词语语义分布较多集中于人名称谓、文化教育、地理名称三个种类，且指称作用为其主要功能，显示了文学作品塑造人物形象、展开故事情节的语体特征。

　　第二，带汉字的字母词语普遍为人们所接受。四个时期字母汉字混合词语使用数量均居首位，且多使用"字母＋汉字"的组合方式来表达，由此我们可以印证人们习惯在字母上加上汉字义标来增强理解的容易度，"字母＋汉字"的组合方式是应该推荐的规范用法，可以制定相关的规范引导使用。

四　文学语体字母词语历时演变的规律及原因

　　文学语体字母词语在汉语中的使用至少已有一个多世纪的历史，经历了萌芽、激增、回落和恢复等不同时期。总结其历时演变规律，探究规律背后隐藏的深层原因，可以为我们从历时层面研究字母词语提供新的视角和手段，同时可就字母词语的汉化及其规范使用提供相应借鉴。

（一）字母词语历时演变的规律

1. 字母词语较多出现于第二时期

文学语体字母词语的出现不是均衡的，无论是结构形式、语义分布还是功能作用第二时期均具较广的范围、领域和较多的数量，堪称文学作品中字母词语最丰富、活跃的时期。字母词语篇章数达到 1395 篇；词次/词数总计 10438 词次/6464 词数，且出现个别字母词语使用频率高的现象；字母词语 4 种结构形式使用数量除字母数字混合词语外均为四个时期最高，其中字母汉字混合词语 6 种组合方式俱全；语义分布领域宽广，主要集中于人名称谓、文化教育及地理名称上；除分类作用外，指称作用、描摹作用、其他作用所占比例均为四个时期之首。总之，第二时期可称之为文学语体字母词语使用的巅峰阶段。

2. 字母词语使用独立性强

文学语体不同时期字母词语使用的独立性较强，四个时期共有的字母词语数量微乎其微，仅包括纯字母汉字混合词语 3 词数，外语原形词语 5 词数。每个时期都会有字母词语新老更替、更新换代的现象，可见字母词语主要作为一般词汇出现，使用极不稳定，变化速度很快。但从另一个侧面也可透视出文学语体字母词语进入汉语常用词汇的进程缓慢，字母对汉语文字系统的影响有限，并没有达到严重的程度。

3. 字母词语和政治经济变化并不完全同步

改革开放以来，经济全球化的影响不断扩大，新事物新概念层出不穷，此种情况下文学语体并没有发生"语言与社会共变"[①]的现象，1977 年之后字母词语没有激增而是平稳发展，并不与广义概念上的字母词语使用同步，与媒体大量使用字母词语形成较大差异。

---

① 陈原：《社会语言学》，学林出版社 1983 年版，第 8 页。

4. 字母词语朝着生活化、稳定化的方向发展

文学语体字母词语的发展走向是逐渐贴近生活化并日趋稳定。首先，从四个时期字母词语的语义分布来说，从第一时期侧重的专业术语类到第四时期侧重的娱乐生活类，字母词语的发展步伐由专业领域逐渐向日常生活靠近，更加适合大众的阅读与理解；其次，就四个时期字母词语使用的词数及词频所形成的波浪式路线来看，词数形成的第二次波峰要比第一次稍低一些，但词频的波峰却正巧相反。这说明文学语体字母词语的使用较理性、平稳。

（二）字母词语历时演变的原因

任何规律产生的背后都会有其深刻的形成原因，文学作品字母词语出现以上规律也不例外。文学语体字母词语历时演变规律产生的原因主要分为内部原因和外部原因。

1. 内部原因

内部原因主要有文学语体自身的发展、作品文体和题材及作家创作等因素。多种内部因素的制约与交融共同铸就了字母词语的发展历程。

（1）文学语体自身的发展

字母词语使用最根本的原因在于词语意义内容与承载意义的文字形式之间的矛盾。文学语体字母词语产生之初增强了汉语的表达能力，"五四"以后，文学语体字母词语的使用作为一种话语策略，其自身幽默诙谐、描摹生动的修辞效果会产生一种陌生感、神秘感，给读者带来强烈视觉冲击的同时增加洋味、情趣、富有异域色彩，增强了语言的形象性和直观性，促进了字母词语的大量出现。此外，文学语体字母词语使用起来简约准确、醒目生动的优势符合语言运用的"经济原则"，受到作家和读者的青睐。

（2）作品文体、题材的制约

文学语体包含小说、散文、诗歌、戏剧、杂文等多种不同的文体，每种文体因其自身的创作规律而特点各异。小说具有塑造人物形象、展示故事情节的语体特征，因而小说中会出现大量的单字母、字母汉字混合类人名及地理的代称，使之具有朦胧、隐秘的特征，且出

现的词频较高；散文主要为作者感性地描绘艺术形象、反映真实的客观事物，多会运用双语对释类地理、机构名词，且出现数量最多；书信、日记等其他类文体是作者生活学习的具体再现，多会出现与日常生活相关的字母词语。此外，描写爱情和国外旅居生活、游记的作品字母词语使用数量高于国内农村题材，描写祖国受难的作品字母词语使用数量高于歌颂祖国的题材。

（3）作家个体的影响

作家的个人经历、学养、风格都是影响文学语体字母词语使用的重要内部因素。较多运用字母词语的作家群体有：青年作家、有海外生活经历的作家、战争年代生活在沦陷区的作家、写作风格崇尚开放自由的作家。反而推知，无海外生活经历、生活在解放区、著作风格严谨的作家作品中字母词语出现的概率较小。

2. 外部原因

外部原因是文学语体字母词语历时演变规律产生的外围控制变量，包括时代环境、社会心理、文化传统等，对字母词语的使用具有引导、影响作用。

语言的使用都是在特定的环境里发生的，特定的语境对语言的使用提出了特定的要求，只有把语言放到语境中才能发现语言变异的控制因素。① 东西方文化的交流与碰撞必然会显现出语言文化的多样化、多元化的现象，第一时期中国语言文化仍处于话语的中心，因而引进外来新事物时，往往"以中化西"，用音译法、意译法来给新事物命名，字母词语使用较少，且出现领域狭窄；"五四"运动后，随着西方语言的强势使用及使用者社会心理的变化，字母词语的种类、使用领域、范围明显扩大；新中国成立以后，随着国家相关语言政策的制定、规范，加之人民创建社会主义社会的热情高涨，文学语体字母词语使用开始减少。十年"文化大革命"造成文坛异常紧张，多数作家遭受迫害，文学作品产量骤减，字母词语更

---

① 黄琼英：《基于语料库的鲁迅作品字母词的历时调查与分析》，《曲靖师范学院院》2007 年第 4 期。

是受人忌惮。直到改革开放后，创作环境、空间的宽松才促使了字母词语使用的恢复并平稳发展。

第三节　巴金作品中字母词语的历时演变

巴金是我国"五四"新文化运动以来最有影响的文学大师之一，其创作长达近一个世纪。在现代汉语史、现当代文学史的背景下考察字母词语的历时演变，巴金作品无疑是一个非常好的典型，适于作为个案研究。

本节以约 1100 万字的 26 卷本《巴金全集》①为语料进行穷尽统计和量化分析，分小说、散文和其他三个类别，从字母词语使用的篇章数、词次/词数、结构形式、语义类别、功能作用等方面探讨不同时期巴金作品中字母词语的使用情况，穷尽调查显示：巴金作品对字母词语的使用分为高潮期、回落期、消亡期和复苏期。四个时期的字母词语使用情况，在篇章数、词次/词数、结构形式、语义类别、语用功能等方面存在很大差异，显示出鲜明的历时演变规律，影响因素主要有时代背景、社会环境、作品题材、作家个体因素等。

一　巴金作品中字母词语的不同时期对比

《巴金全集》收录的作品从 1921 年到 1993 年，历时 72 年。我们穷尽性统计了《巴金全集》中标题及正文中出现的所有字母词语。为了便于考察，参照刁晏斌《现代汉语史》的分期分为四个时期②，即 1921—1948 年、1949—1965 年、1966—1976 年 和 1977—1993 年（文中表格简称为一、二、三、四），分时期探求字母词语的历时演变规律。

---

① 本节采用的是人民文学出版社 1986 年至 1994 年出版的 26 卷本《巴金全集》。
② 参见刁晏斌《现代汉语史》，福建人民出版社 2006 年版，第 22—24 页。

（一）四个时期字母词语所占篇章数对比

通过对语料的穷尽统计，共得到含有字母词语的语篇87篇，具体分布情况见表5-3-1。

表5-3-1　　　　　　　四个时期字母词语所占篇章数对比

分期分布／文体	一			二			三			四		
	篇章数	占篇章数	百分比（%）	篇章数	占篇章数	百分比（%）	篇章数	占篇章数	百分比（%）	篇章数	占篇章数	百分比（%）
小说	100	19	19.0	15	0	0				1	0	0
散文	319	9	2.8	256	4	1.6	0	0	0	172	1	0.6
其他	218	36	16.5	738	5	0.7	131	0	0	1225	13	1.1
总计	637	64	10.0	1009	9	0.9	131	0	0	1389	14	1.0

由表5-3-1可知：

1. 第一时期为高峰期。这一时期，字母词语所占篇章数达到64篇，占到了总篇章数的10%。其中小说中出现19篇，散文中出现9篇，其他中出现36篇，但总体上看小说中字母词语所占篇章数百分比高于其他两类。

2. 第二时期为回落期。此间虽然篇章数逾千，但只有9篇文章出现字母词语。其中散文5篇，其他4篇，小说无字母词语出现，仅占全篇总数的0.9%，下降幅度很大。

3. 第三时期为消亡期。这10年是作者创作的低潮期，仅有131篇文章，且均没有任何字母词语出现。

4. 第四时期为复苏期。此时期的篇章数居四个时期之首。"其他"种类的字母词语恢复速度较快，共出现13篇；散文类有1篇出现。字母词语出现篇章数占全篇总数的1%，基本和第二个时期相当，属于平稳恢复。

（二）四个时期字母词语词次/词数对比

表5-3-2和图5-3-1显示出四个时期字母词语变化的总体趋势。将其进行具体比较，可以得出以下结论：

表 5 – 3 – 2　　　　　　　　四个时期字母词语词次/词数对比

分布 文体 分期	一		二		三		四	
	词次/词数	百分比（%）	词次/词数	百分比（%）	词次/词数	百分比（%）	词次/词数	百分比（%）
小说	197/42	49.0/30.0	0/0	0/0	0/0	0/0	0/0	0/0
散文	171/81	42.6/57.9	31/20	70.5/70.0	0/0	0/0	22/9	68.8/56.3
其他	34/17	8.4/12.1	13/9	29.5/30.0	0/0	0/0	10/7	31.2/43.8
总计	402/140	100/100	44/29	100/100	0/0	0/0	32/16	100/100

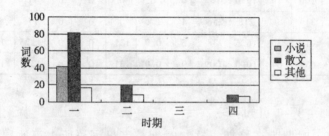

图 5 – 3 – 1　四个时期字母词语词数对比

1. 第一时期文学语体内部不同种类的词次、词数均比第二、第三、第四时期高，成为巴金作品中字母词语使用的高峰期。其中小说出现 197 词次/42 词数，散文出现 171 词次/81 词数，其他类出现 34 词次/17 词数。

2. 第二时期和第四时期相比变化趋势相对稳定，同第一时期相比两期字母词语的词次、词数分别约降为原来的 1/9 和 1/5。

3. 第一时期个别字母词语出现频率很高，如仅《新生》一篇文章中，字母词语"S 市"出现 55 次，"A 地"出现 41 次。

（三）四个时期字母词语结构形式对比

字母词语的词形结构可分为四类：纯字母词语、字母汉字混合词语、字母数字混合词语以及外语原形词语。纯字母词语是完全由字母组合成的词语，字母汉字混合词语是由字母与汉字相组合构成的词语，字母数字混合词语是由字母和数字相组合构成的词语，外语原形词语是未经任何变动的外语词语。四个时期字母词语结构形式对比分析如下：

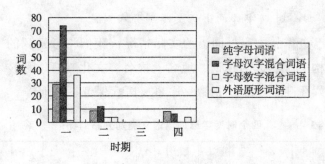

图 5 - 3 - 2　四个时期字母词语结构形式对比

通过对字母词语进行分析统计，共得到字母词语 478 词次，包括纯字母词语 111 词次/45 词数，字母汉字混合词语 290 词次/91 词数，字母数字混合词语 7 词次/5 词数，外语原形词语 70 词次/44 词数。其中，字母汉字混合词语的使用数量居首位，字母数字混合词语使用量最少。

1. 纯字母词语。第一时期纯字母词语 84 词次/29 词数，分别是第二、第四时期词次的 8 倍和 5 倍。三个时期纯字母词语从字母数量看，有单字母词语、双字母词语和多字母词语。例如：M（指人）、E. G（人名首字母缩写）、C. N. T.（劳动总同盟）。

2. 字母汉字混合词语。第一时期的字母汉字混合词语 262 词次 74 词数，占总词数的 54.8%，第二、第四时期词次/词数依次减少。字母汉字混合词语组合方式有 8 种，分别为"字母+汉字"组合、"汉字+字母"组合、"拼音字母+汉字"组合、"字母+特殊符号+字母"组合、"外语原形词语+汉字"组合、"汉字+的+字母"组合、"字母+的+汉字"组合、双语对释。第一时期 8 种俱全，第二、第四时期分别降为 3 种和 4 种。例如：M 年、阿 Q、Lipton 茶等。

3. 字母数字混合词语。字母数字混合词语词数较少，主要出现在第二时期。其出现的都是战斗机的型号，如 AD5、TF104。除此第一时期仅出现一例，为表示计量的"4cc"。

4. 外语原形词语。第一时期外语原形词语 55 词次 36 词数，是第二、第四时期词数的 9 倍。三个时期外语原形词语主要源于英语原形词和法语原形词。其中英语原形词 38 词数，如 essay（小品文）；法语原形词 6 词数，如 aurevoir（再见）。

（四）四个时期字母词语语义类别分布对比

根据巴金作品中字母词语的实际情况，我们将考察到的字母词语分为：机构名称、人名称谓、地名、物名、文化教育、科技术语、等级分类、娱乐生活、不定指数、军事、医疗保健、其他等。

表 5－3－3   四个时期字母词语语义类别分布对比

语义分布 分期分布	机构名称	人名称谓	地名	物名	文化教育	科技术语	等级分类	娱乐生活	不定指数	军事	医疗保健	其他
一	29/9	53/20	168/24	44/14	25/20	5/3	10/5	3/2	2/2	0/0	0/0	63/41
二	2/2	0/0	20/10	1/1	8/7	4/1	0/0	0/0	0/0	8/6	0/0	1/1
三	0/0	0/0	0/0	0/0	0/0	0/0	0/0	0/0	0/0	0/0	0/0	0/0
四	5/3	12/4	0/0	2/1	8/3	1/1	0/0	0/0	0/0	0/0	1/1	3/3
合计	36/14	65/24	188/34	47/16	41/30	10/5	10/5	3/2	2/2	8/6	1/1	66/45

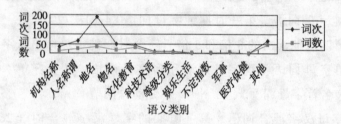

图 5－3－3   四个时期字母词语语义类别分布对比

表 5－3－3 和图 5－3－3 显示：

1. 第一时期的字母词语语义类别较多，共 10 种次。第二、第四时期种类、使用领域、范围明显缩小，分别只有 7 种次，且共有种次的词次/词数均有下降。

2. 第一时期的字母词语语义类别主要集中在专门名称、文化教育及其他类上，仅地名便出现 168 词次/24 词数，第二、第四时期明显减少甚至消失。第二时期的军事类为四个时期独有，均为战斗机型号，这与当时的抗美援朝战争相关。第四时期医疗保健类独有，虽词数有限，但能看出字母词语的语义种类日趋生活化。

3. 由以上语义类别分布情况，可以看到四个时期字母词语在巴金作品中的总体语义分类特征：前四类专门名称词数合计高居首位，有 88 个，其中地名词数高达 34 个，人名称谓次之，为 24 个。其他类为

45 个，文化教育类为 30 个。此外几类的字母词语都微乎其微，这与文学作品自身的语体特征密不可分。

（五）四个时期字母词语的功能对比

巴金作品中字母词语的功能主要有指称、描摹、分类等。如：

（1）Z 兄是崇群的好友之一，他当时住在北平，崇群的丧事还是由他料理的。（指称）

（《碑下随笔》后记）

（2）在这些影子中间时时露出那裹着绸长衫的男人底柔弱身子，和那穿着拖鞋敞开高领的女人底 S 形的瘦小身体。（描摹）

（《新生》）

（3）他们打落的飞机却是最新式的，而且是 F105D 型的"雷神"。（分类）

（《炸不断的桥》）

从统计结果看，字母词语的指称作用最强，占总词次的 70.1%。总体上显示第一时期字母词语的功能多样，指称、描摹、分类等较第二、第四时期相比均占很高比例，具体见表 5 - 3 - 4。

表 5 - 3 - 4　　　　　四个时期字母词语的功能对比

分期分布\文体	一				二				三	四			
	词次	比例(%)	词数	比例(%)	词次	比例(%)	词数	比例(%)		词次	比例(%)	词数	比例(%)
指称	288	60.3	60	32.4	26	54.5	15	8.1	0	21	4.4	10	5.4
描摹	9	1.9	9	4.9	0	0	0	0	0	0	0	0	0
分类	10	2.1	9	4.9	10	2.1	7	3.8	0	0	0	0	0
其他	95	19.8	62	33.5	8	1.7	7	3.8	0	11	2.3	6	3.2
总计	402	84.1	140	75.7	44	9.2	29	15.7	0	32	6.7	16	8.6

（六）四个时期字母词语变化程度对比

从表 5 - 3 - 5 我们可以看出：四个时期共有的字母词语数量微乎其微，仅在字母汉字混合词语中出现"X 光"一词，显示出很强的独有性。除第三时期外，剩余三个时期的字母词语独有率分别为 87.9%、70.0%和31.3%，呈明显的下降趋势。

表 5 - 3 - 5　　　　　　　四个时期字母词语变化程度对比

变化程度 结构形式	一总计	二总计	三总计	四总计	二∩四①	一独有	二独有	四独有	一∩二	一∩四	二∩四
纯字母词语	29	9	0	7	0	22	5	4	4	3	0
字母汉字混合词语	74	12	0	5	1	69	8	1	3	3	1
字母数字混合词语	1	4	0	0	0	1	4	0	0	0	0
外语原形词语	36	4	0	4	0	31	3	0	1	4	0
总计	140	29	0	16	1	123	20	5	8	10	1

二　巴金作品字母词语历时演变的规律及原因

（一）巴金作品字母词语历时演变的规律

巴金作品字母词语的历时演变一方面与字母词语在汉语中的发展演变基本吻合，另一方面又表现出一定程度的偏离。吻合是共性规律的表现，偏离是个性特征的凸显。

1. 吻合——共性规律的表现。字母词语在汉语中的发展演变经历了萌芽、发展、停滞、激增四个阶段。巴金作品对字母词语的使用经历了高潮期、回落期、消亡期和复苏期。巴金的创作始于字母词语的发展期，该时期巴金作品中的字母词语形成了使用高潮，无论是结构形式、语义类别还是词语作用，第一时期都堪称巴金作品中字母词语最丰富、活跃的时期。作品中四个时期字母词语的使用状况和字母词语在汉语中萌芽后的发展、停滞、激增的历时演变轨迹基本吻合。

2. 偏离——个性特征的凸显。巴金作品中字母词语的历时演变又在一定程度上与字母词语的演变轨迹发生了偏离。具体表现在字母词语的激增期，出现了较大差异，即此时期巴金作品中的字母词语数量较少，只能称为复苏，基本和回落期相当，没有形成和时代同步的高

---

① "∩" 指四个时期间的交集。

潮。同时，巴金作品中在不同时期的字母词语使用独立性较强，各个时期有不同的侧重点，如：四个时期共有的字母词语数量微乎其微；语义类别差异较大，第一时期主要集中在专门名称、文化教育及其他类上，第二时期军事类别较为突出，均为战斗机型号，第四时期医疗保健类独有。

（二）巴金作品字母词语历时演变的原因

巴金作品中字母词语的历时演变，与时代背景、作品题材、作家个人因素等密切相关。

首先，社会时代背景的变迁使巴金作品中对字母词语的使用与字母词语在汉语中的历时演变轨迹基本吻合。巴金语言的变化基本上是随着特定社会时代环境的变化而变化的。西学东渐、"五四"新文化运动使汉语发生了巨大变化，汉语中的字母词语形成了第一次高峰，巴金作品中的字母词语也形成高潮；新中国成立后，随着国家相关语言政策的制定，作品集中反映人民创建社会主义社会的热情，巴金作品中字母词语的使用回落；十年"文化大革命"，其创作基本停滞，字母词语也销声匿迹；直到改革开放后，创作环境、空间的宽松才促使字母词语使用的复苏。

其次，作品的题材和体裁、作家的生活经历使巴金作品中对字母词语的使用与字母词语在汉语中的历时演变轨迹又有所偏离。巴金1927年赴法留学，十多年的国外生活丰富了作者的阅历，创作了涉及海外生活小说、游历性散文，还有数量可观的书信、日记等。小说中大量的人名、地名、物名、机构名称等多用字母词语且出现词频很高；散文多运用涉及文化教育、机构名称等字母词语；书信、日记等是作者生活学习的具体再现，多使用与日常生活相关的字母词语。巴金的晚年正值改革开放后字母词语的激增期，但其创作主要是回忆性散文、日记等，使用字母词语的数量少且倾向于采用先前用过的字母词语，其中大多数早年使用的字母词语也被汉字词语替换了，从总体上看只能是复苏。这与他晚年的生活经历和写作题材密切相关。

综上，巴金作品中的字母词语历时演变既是社会时代发展变化的写照，又是作家个人生活经历等因素的显现。巴金作品中的字母词语

和鲁迅笔下的字母词语都具有文学语体字母词语的使用特征；同时和
报刊字母词语历史演变的时代性相比，又具有鲜明的个体特征。巴金
的创作由于时间跨度长，相对而言，作品中的字母词语更能从一个侧
面展示文学语体字母词语的历时演变，为汉语字母词语的历时研究提
供了丰富的资料。

本章小结

　　本章主要依托中国现当代文学史，以百余年来的现当代文学作品
为语料，选取不同时期的 67 位代表作家和作品进行字母词语提取，
考察字母词语在现当代文学作品中的历时演变，发现字母词语在不同
时期的历时演变与时代并不完全同步，并以巴金作品为例进行个案考
察分析；通过与新闻语体等的比较，发现总结字母词语在文学语体中
的特征和演变规律，发现字母词语的历时演变在不同语体中的不平
衡性。

第六章

区域比较：大陆与台湾的字母词语

在字母词语的共时研究中，海峡两岸字母词语的比较是一个十分有意义的问题。学界有关两岸词语的研究侧重于新词语共性个性的比较及原因分析，字母词语仅作为其中的小类涉及，缺少专门探索。分析比较两岸字母词语，可以在较广阔的背景下探讨汉语受到的外来影响，在比较中寻找共同规律。本章以台湾国语会提供的新词语和释义语料与大陆出版的两本字母词语词典为比较对象，从构词成分的来源、构成形式、语素化程度、词形长度、社区词、语义类别、异形词等方面分析台湾使用的与大陆同根同源而又长期分离分流的汉语在吸收异质因素方面产生的特点和差异；为在世界语言拉丁化浪潮的冲击下，在网络多语言文字时代的竞争中，两岸汉语如何接纳、规范字母词语提供参考。

第一节　研究的有关问题

一　比较的可能性和必要性

两岸的字母词语存在着很强的可比性：

首先，大陆和台湾使用的汉语同根同源。海峡两岸千百年来都一直把汉语作为交际工具，使用具有超方言性的汉字，在吸收外来词语、非汉字符号等异质因素等方面具有大的共同的语言文字背景。

其次，大陆和台湾是世界上汉字文化圈的代表地区，是最大的、使用人数最多的汉语社区。在世界语言拉丁化浪潮的冲击下，在网络

多语言文字时代的竞争中，字母词语的大量产生成为海峡两岸汉语的
共同变化趋势，两岸都面临着汉语如何接纳、融合、规范字母词语等
共同问题。

　　再次，大陆和台湾的汉语在半个世纪的分离、分流中形成了各自
的特点，出现了一定程度上的差异；同时，尤其是 20 世纪 80 年代以
后两岸的汉语也在不断地进行相互间的吸收和融合，故而形成同中有
异、异中有同的语言现状。这种现状在新词语方面最突出，字母词语
当然更不例外，无论是构成成分、组合方式、构词理据，还是使用规
律、语用功效等都是同中有异、异中有同。

　　最后，字母词语引起了两岸学者的关注，都有关于字母词语的研
究基础，积累了一定语料。

　　以上诸多因素为我们进行两岸字母词语的比较提供了可能。两
岸汉语长达半个世纪的阻隔，在语音、词汇和语法等方面都出现了
分歧，其中词汇上的分歧最大。据汤志祥（2001）统计，从 1945
年至 1994 年的约 50 年间，两岸互不通用，或者有不同词义的词语
总量达到 15000 个。以《现代汉语词典》（收词 6 万条）和《汉语
大词典》（收词 37 万条）作为坐标来计算，到 90 年代两岸差异词
语的比例区间为 4% —25%。其中区域词语占 31.90%，缩略词语占
16.10%，同义异形 21.30%，同形异义 3.90%，外语方言文言
26.80%，因此同源异流的两岸汉语在词语方面的差异已经不是一
个小问题，而是直接影响到两岸能否顺利沟通的大问题。① 近年来
伴随着两岸交流的密切，两岸汉语的趋同趋势增强，但依然同中有
异，异中有同。

　　字母词语作为一种特殊的词语，在区域词语、缩略词语、同义异
形、同形异义这几类中都有不同程度、不同数量的表现。字母词语在
性质、来源、构形、理解等方面的特殊性，更增强了进行两岸字母词
语比较研究的必要性和迫切性。

---

① 汤志祥：《当代汉语词语的共时状况及其嬗变——90 年代中国大陆、香港、台湾
汉语词语现状研究》，复旦大学出版社 2001 年版，第 393 页。

二　比较研究的意义

两岸字母词语比较研究具有深刻的社会语言学意义：

1. 两岸字母词语的比较是两岸词语比较的一部分，分析两岸字母词语的异同可以从一个方面加深两岸词语的比较研究，对两岸词语在字母词语方面的差异有较全面的认识，看语言内因素和语言外因素对两岸字母词语的影响。

2. 比较两岸字母词语，有利于探究当代汉语新词语在全球化进程中、在共同的语言文字背景下不同地区、社区的共同变化规律和一般发展趋势。

3. 利于分析同源异流的一种语言在分合过程中如何产生分流，又怎样发生融合、吸收，从而推动该语言的发展变化；在这种分合过程中外来因素产生了怎样的影响，其影响程度、发展趋势如何等。

三　使用语料说明

本章使用的语料主要是台湾国语会编辑的"新词语料汇编1""新词语料汇编2"和"新词释义汇编1"，① 大陆学者刘涌泉和沈孟璎分别编写的两部字母词语工具书。

1. "新词语料汇编1"，收集了从1996年7月到1997年12月的《中央日报》《中时晚报》《中国时报》《自由时报》《国语日报》和《联合报》6种台湾地区的报纸中出现的新词汇，共计5711词。包括有基本词目（4605条）、中英夹杂词目（173条）、英文词目（508条）、数目流行语（5条）、节缩语料（145条）、方言语料（94条）、大陆地区用语（41条）、附录（140条）等类别。词语依其性质区分为23大类：人物类、地理类、社会类、生活类、休闲娱乐类、影视类、医疗保健类、信息类、科技类、艺术类、文学类、财经类、教育类、政治类、国防类、体育类、法律类、会议类、自然类、交通类、建筑物类、一般语词类、专业语词类，每一大类下细分3—11小类不

① 台湾国语推行委员会网站，http://140.111.1.192。

等。收词的基本原则是：逐日圈选报纸出现词语，凡《重编国语辞典修订本》未收者皆为收录对象。收录时兼及节缩语、外文与数目词。对于语词的各种用法皆从宽收录。需要作专题观察者，则置附录。

2. "新词语料汇编2"，收录了1998年全年的资料。本次调查的资料广泛，来源有五：（一）1998年出版之杂志73种。（二）1998年畅销之书籍69种。（三）1998年印行之报纸5种。（四）1998年奇摩站分类索引中之各类网站160个。（五）1998年口语调查之资料。共计11463词，其中基本词目（9607条）、中英夹杂词目（321条）、英文词目（728条）、数目流行语（118条）、节缩语料（89条）、方言语料（105条）、大陆地区用语（227条）、附录（268条）。数量比《新词语料汇编1》增加了1倍。词语分类保持了《新词语料汇编1》的基本架构，另增列"电信通讯"一类。

3. 为了使语料收录工作更为完整，又试着对某些较为普遍的语词释义。2000年编成的"新词释义汇编1"在以上两种汇编中选取较为常见的词语842条进行释义，其中数字、中英及纯中文流行语资料，计780条。选择释义对象所依据的标准有：语感为大众较熟悉者；有资料供参考者；网际网络见载者；编辑小组有能力释义者。①

本文选取两种"新词语料汇编"收录的中英夹杂词目（494条）、英文词目（1336条）、数目流行语（123条）、节缩语料（234条）、方言语料（199条）和"新词释义汇编1"中的中英文流行语（122条）作为台湾字母词的代表研究语料，且以前两类为主，后三类采用筛选的方法提取带有字母成分的词语。

4. 刘涌泉《字母词词典》（2001）是大陆出版的第一部字母词语词典，采用"拉丁字母字母词"和"希腊字母字母词"分排方式，收录字母词语2000余条（附录未计入）。

5. 沈孟璎《实用字母词词典》（2002）分西文字母开头（拉丁字母、希腊字母）词语、汉语拼音字母开头的词语、汉字开头的词语、阿拉伯数字开头的词语，收录1300余条（附录未计入），除说解外，

---

① 曾荣汾编辑说明，http://140.111.1.192。

还提供了出自书报期刊网络（1998—2001）的例句。《刘本》共收各类字母词2105条，将其中放在同一条目下的同形词分立出来，实际收词数为2054条；《沈本》共收各类字母词1294条，将其中同形词分立出来，实际收词数为1351条。但是，两本出版时间相近、收词数都在1000条以上的词典，所收条目差异很大，完全相同的条目仅有348条。[1]

我们在余桂林（2006）统计的基础上，对台湾字母词语进行了统计，并对大陆两本词典和台湾语料中所收字母词语的数量进行了比较：台湾语料所收词数为2345条，内部重复174条，其中与大陆两本词典共收的字母词语仅为101条。[2]

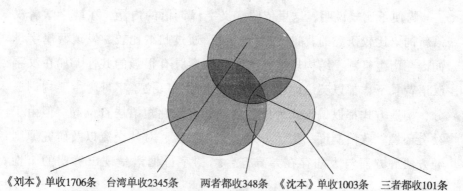

《刘本》单收1706条　台湾单收2345条　　两者都收348条　《沈本》单收1003条　三者都收101条

图 6 - 1 - 1　两岸比较收词

选择以上语料作为比较研究的对象，其主要原因是：（1）"新词语料汇编""新词释义汇编1"和大陆的两种词典二者收集出版的时间基本相当，不存在大的时间差。（2）大陆的两种词典是具有代表性的字母词语工具书，收词数量大，解释较完备；而大陆20世纪90年代初中期编写的新词语词典，收录的字母词语少，不成规模。"新词语料汇编"等是台湾有关字母词语研究的最集中、最具典型性的语料，收集范围广、纪实性强。语料的局限性表现在台湾的三种"汇

---

[1] 余桂林：《关于字母词的几个问题——兼评两本字母词词典》，《辞书研究》2006年第3期。

[2] 此部分数据统计由研究生闫谷一、何可完成，谨致谢忱。

编"和大陆的两种词典在编纂体例、选词原则等方面存在一定差异，可能会对比较的结果产生某种影响。（3）三者共收的字母词语数量有限。

四　比较的方法

1. 在共时状态下描写当代台湾字母词语的状况，对其构成成分、组合方式、使用特点和规律进行描写归纳；

2. 比较大陆和台湾字母词语的异同，分析形成差异的各种因素，预测发展变化趋势；

3. 总结归纳台湾学者的字母词语研究特点和规律。

为便于比较说明，这里依照广义字母词语的内涵，在两岸学者汉语新词语比较研究的背景下进行探讨。通过归纳比较，发现两岸字母词语在衍生机制、结构规律等深层次因素具有很强的共性。如在汉字汉语背景下，都以英语缩略语为主要来源，以拉丁字母为主要构词成分，构造方式都以偏正式为最，名词和名词性短语居首位等。但由于社会环境、政治制度、生活方式、文化观念、对外交流以及研究原则和方法等方面与大陆存在差异，台湾的字母词语呈现出鲜明的个性特征。

需要说明的是，本章所列例句保持了语料原貌，时间未进行民国和公元的转换，文字未进行繁简转换。

第二节　台湾与大陆的字母词语比较

台湾字母词语有着比较突出的特点，与大陆的字母词语在多方面存在差异，具体考察主要表现在以下几个方面。

一　构词成分来源广

台湾字母词语的构词成分来源分外语、国语、方言和少数民族语言，呈现出多种语言词汇和符号的交织，比大陆更复杂。

（一）日语成分的转写

历史上，日本在台湾进行了长达 50 年的殖民统治，其间强制推行日语，使台湾保存了数量十分可观的日语词及其结构形式；近年来，随着新新人类"哈日风"的盛行，形成了新一轮的词语借用，且其中产生了书写符号的字母转写：

　　①對這些 OPS（歐巴桑）和 OGS（歐吉桑），新新人類覺得這些大人們，說的是一套，做的是另一套，實在是太矛盾了。

〔中央 16（05/05/86）〕

　　②OBS（歐巴桑）：「哪有？不過是 SGU（俗擱有力）的 YKLM（幼齒辣妹），

看了一眼我就 ATOS（會吐死）！」

〔中國 37（11/19/86）〕

　　③OGS（歐吉桑）：「啊！妳是在 CBA 喔？真的很 SBL（受不了）咧！」

〔中國 37（11/19/86）〕

　　④hit：看似英文，其實是日語。指很成功、表現一流的意思。例如：《我不笨，所以我有話要說》電影中那只想當牧羊犬的豬，就很 hit。

〔中國 27（01/22/86）〕

例①—③为在音译基础上的拉丁字母化。例④中的"hit"是日语词ひどい的转写。例②是日语词和闽方言词的字母转写。

（二）方言成分的引入

闽方言在台湾是第一方言，"台湾普通话" + "闽南话"是台湾地区双语的主要类型，使用人数最多，分布最广。据汤志祥（2001）统计，至 1991 年，按台湾地区 2000 万人口计算，"台湾普通话" + "闽南话"型的双语人口至少在 1400 万，占 70%；闽南话的地理分布遍及全岛，且集中分布在台湾最主要、最重要和人口最稠密的地区，成为"台湾分布极广、影响极大的'中层语言'"。闽方言中一些动词或形容词的重叠形式有三种：ABB 式，如：横霸霸（蛮横无理）、陌生生（陌生）、水冬冬（漂亮）；AABB 式，如：哀哀泣泣（悲悲泣泣）、三三八八（二百五）、心心念念（很牵挂）；ABCC 式，如：艰苦巴巴（非常艰苦）、自信满满（充满自信）、热闹滚滚（异常热闹）。①

　　一些时期台湾当局的"去中国化"政策又加剧了闽南话的推广，旨在增大两岸汉语的差异。闽方言在台湾的分布和影响使以闽方言语音系统或构词法为基础的字母词语得以产生。如：

　　①LYG 也有些身材走樣的「辣妹」，裝嗲耍媚。……阿奇一瞄，差點滑倒，四字頭的 LYG（老妖精）呀。

〔聯合 46（07/20/86）〕

　　②UK：很年輕的。就是閩南語發音的幼齒。

〔聯合 40（04/04/87）〕

　　此外，还有与 UK 异形的 YK 扩展成的 YKLM（幼齿辣妹）。这些字母词语都反映了闽方言语音系统与普通话的差异。

　　闽方言的构词法也被引入字母词语中，以增强生动性：

　　①SYY：爽歪歪，谐音。

〔聯合 40（04/04/87）〕

　　②SDD（很美、水当当的）。

〔國語 13（06/04/86）〕

　　③青少年流行術語大觀：SPP（俗斃了）。

〔中晚 05（05/22/86）〕

　　④「sspp」指超級俗。

〔自由 10（05/01/86）〕

---

　　① 汤志祥：《当代汉语词语的共时状况及其嬗变——90 年代中国大陆、香港、台湾汉语词语现状研究》，复旦大学出版社 2001 年版，第 363—364 页。

⑤如果你想形容某人 SPP（俗斃斃）加上是個「爛卡」，用
這句話老美會用讚賞的眼光，無言的稱讚你人得夠正點。

〔中國 36（05/28/86）〕

⑥LKK 青少年流行術語大觀：LKK（老態龍鍾、老扣扣）。

〔中晚 05（05/22/86）〕

（三）台湾少数民族语言的吸收

台湾少数民族为数不多，但由于台湾地理等因素影响，少数民族
语言也被吸收到字母词语中，如：

①邦查 Wa Wa 放暑假（音樂書籍）。阿美族人稱自己為邦
查，阿美語的小孩叫 Wa Wa，臺灣第一部為阿美族小孩製作音樂
故事書邦查 WaWa 放暑假……發表……希望幫助阿美族小孩學習
母語，也讓臺灣其他族群瞭解現代阿美族人的真實生活。

〔聯合 14（08/11/87）〕

二　构成符号形式独特

台湾字母词语是汉字、字母、数字和各种符号的组合形式，呈多
样性。

（一）繁体字

台湾一直使用繁体字，虽然当前的报刊也有繁简混用现象。含有汉
字的字母词语基本上也使用的是繁体字。如："3D 立體眼鏡""ACMI
俱樂部""AG 法蘭西""CNN 電視網""ESPN 運動新聞網""ULM 輕
型飛機""BMG 古典樂迷俱樂部""美國 IDC 研究機構""Y 染色體"
"美國太空總署 NASA"。繁体字和字母的组合使台湾字母词语集浓重的
传统色彩和洋化风格于一体，呈现出比大陆更强的对比度。

（二）汉字数字

大陆含有数字的字母词语多用阿拉伯数字，而台湾字母词语则以
汉字数字居多，也有和阿拉伯数字并用的，出现不同的混杂形式。如
"十八 K""KISS 九十九點九""F 十六戰機""十四 K 幫會""三四

五 KV" "SH 九四八" "BD 三二一二" "KE 二五八" "WAF － 三三
〇" "BM 八六二"。其中 "F 十六戰機" 还写作 "F16 戰機" "F—16
戰機"。含有小数点的数字，大陆在 "五四" 时期还有用汉字形式的，
而现在按照出版物上数字用法的规定，必须使用阿拉伯数字；三个以
上数字连用（除定型的词、短语等），出于简明的需要，也多选用阿
拉伯数字。

　　（三）注音符号（注音字母）

　　由于台湾使用注音符号的时间比大陆长、影响大，在大陆推广汉语
拼音将近半个世纪以后，直到 1999 年，台湾才由 "行政院" 决议采用
汉语拼音方案。2000 年 10 月，台湾大选后少数人要求用所谓本土化的
通用拼音取代汉语拼音。正因有长期使用注音符号的背景，台湾汉语中
夹杂有注音符号，这也成为台湾字母词语的独特形式。例如：

　　①說女生ㄅｌㄤˋ則是形容她雖然穿得很流行卻很沒氣質。

〔中央 10（08/22/87）〕

　　②FANS：拼命追星，不舍晝夜的迷哥迷姊們。愈能發出高頻
率的喊叫聲者，愈能表示其忠誠度。又稱「村夫」或「村姑」，
因為有夠ㄙㄨㄥˊ。

〔中國 27（03/14/86）〕

　　③以不正當手段取得財物，還是叫 A。如：A 錢、A 賭，又
叫「汙」、「ㄎｌㄤ」。

〔中國 27（03/07/86）〕

　　（四）其他符号

　　连接号：K6 － 2 晶片、X 檔案 － 征服未來、B － 52 轟炸機、
THERM － O － DISC 公司、捷豹 S － typeSu － 27K 型艦載攔截機、Kh －
41 型。

　　间隔号：A·F·收緊霜、B·B·扣、格蘭維爾·L. 威廉斯。

　　括　号：AI（R）－70 型、AI（R）公司。

　　斜　线：3D/300AG 系統、NTC 負溫度係數/PTC 正溫度係數熱敏

電阻、AN/SWG1A 型、R/C 混紡、T/C 紗。

　　加　号：B＋V 厂、Trio64V＋芯片。

　　＆（and）：B&O 唱盤、Q&A 服務站、M&K 公司、TM&LS 公司、M&M 巧克力。

三　异形词语形式多样

　　根据我们的初步统计，台湾共有 86 组表意相同而书写形式不同的字母词语。其中：

　　（一）字母词语中有无汉语语素或者使用不同汉语语素的共 21 组。如：WebCam／WebCam 技術；AV 女星／AV 女優；A. J. C 拍賣會社／A. J. C 拍賣行／A. J. C 拍賣株式會社；B 肝疫苗／B 型肝疫苗／B 型肝炎基因疫苗。

　　（二）字母词语中字母的大小写不同的共 21 组。如：KITTY 貓／kitty 貓/Kitty 貓；MAC/ mac；CALL 機／ Call 機／ call 機。

　　（三）字母词语中使用不同的字母或符号的共 12 组。如：Sk － Ⅱ／ Sk Ⅱ；AD － 三六病毒／ AD 三六病毒；Open Find/ Openfind。

　　（四）字母词语中使用省略和缩写的共 18 组。如：AMD K6 － 2／ K6 － 2；X Gold 金卡／ X 金卡；CBOS/ CBO；Pentium Ⅱ Xeon／ P Ⅱ Xeon。

　　（五）前四种方式在字母词语中综合运用的共 12 组。如：FBC － 飛豹超音速殲擊轟炸機／ FBC － 一飛豹殲轟機／ FBC － 1 飛豹戰車機／ FBC － 1 飛豹／ FBC － 1；F － 16 戰機／ F16 戰機／ F 十六戰機／ F 十六。

　　（六）使用完全不同的字母词语形式的共 2 组。如：SACD/ DSD；ESTER － C/維他命 C 鈣。

四　专业术语词形偏长

　　台湾学者研究新词语的显著特点就是"对新词语的'描写主义'实录做法""大量收录专用术语"；[①] 这些特点也表现在字母词语上，

---

①　苏新春：《台湾新词语及其研究特点》，《厦门大学学报》2003 年第 2 期。

形成了来自各个领域的专业术语数量多、词形结构偏长的特征，尤其以网络、通信、计算机、医学等领域为最。如：莎迷斯 3D 顯示卡（计算机相关产品）、線蟲 C elegans（学术研究·动物）、腺性病毒 EIA（生物·医疗技术）。典型的长字母词语，如以下各例：

即時性載具 GIS 導航及派遣管制系統

第一屆傷心杯全省卡拉 OK 歌唱大賽

三合一數位相機影像 IC 單晶片

美商優比速 UPS 國際快遞公司

嗜血性桿菌流行性感冒 B 型

家禽 A 型流行感冒病毒

向 ECHO 漢聲雜誌致敬

V－10 視覺藝術群聯展

H 型飛彈翼面效應飛翼船

PTC 陶瓷電流限制器

这些字母词语多为专有名词、专业术语，多属复杂短语，最长者达 17 字符。经我们对大陆两本字母词词典的统计，最长也为 17 字符（如：TOOLBOOK 多媒体制作工具软体、Trident 变频逐行彩电视频晶片），但多因使用外语原形词所致，数量也很少。

五　特殊的台湾社区词

字母词语中为台湾有、大陆无的字母词语是台湾社区词的一部分。它们从一个侧面反映出台湾的政治、经济、科技、文化教育、日常生活等的方方面面。以学校教育为例：

①財團法人白曉燕文教基金會和臺北市政府教育局……在各國小舉行呼叫 MQ 好小子小小好人好事代表選拔活動，推動 MQ 美德智商的觀念……擺脫以往以學業成績為考量的模範生產生方式……如關心同學、保護弱小、品行良好等都可成為推薦理由。

〔聯合 09（12/21/87）〕

②為了推動法治教育紮根的工作，國內首部法治教育漫畫旋風少年 EQ 族……召開新書發表會，藉由漫畫人物……傳輸青少年正確的法律觀念。

〔中國 06（03/27/87）〕

③IBM 公司和銘傳大學……宣佈合作展開 AS400 種子計畫，將以長達 6 周的密集訓練，培養 50 名資訊管理系應屆畢業生完整的實務訓練課程，發展企業所需要的生力軍。

〔聯合 49（06/19/87）〕

④過了農曆年，今年度的考生即將進入聯考準備的最後一學期，市府建設局定於三月初開始進行臺北市 K 書中心公共安全初查……讓考生在衝刺期有選擇安全 K 書中心的依據。

〔中國 14（02/14/86）〕

⑤NCCU：形容人長得很 NCCU（政大的英文縮寫），其實是指 national certainly century ugly：國際級世紀醜。

〔中國 07（01/12/87）〕

⑥NCU：形容人長得很 NCU（中央大學縮寫），其實是指 need– cooperated ugly：醜得必須重新組合。

〔中國 07（01/12/87）〕

按，①中的"呼叫 MQ 好小子小小好人好事代表選拔活動"是学校开展的德育教育活动；②中的"旋風少年 EQ 族"是法制教育书籍；④"K 書中心"即"啃书中心"，是台湾专为学生复习功课开设的读书场所。从以上各例可以看出台湾十分重视德育、法制和专业教育，但形式和内容与大陆不同。⑤、⑥在缩略法的基础上运用双关，把大学缩略语别解，暗含讥讽，诡秘幽默。

其他方面如："雙 T 計畫""寶島新聲 TNT""臺灣 TOP 聯盟""RA 桃園區農改場""桃園中正機場捷運 BOT 案""臺北市合法安全 KTV 名冊""雙 A 計畫""CAS 特級良質米"，涉及环保、通信、法律、地名、组织名称、休闲娱乐、生活用品。

六　语义类别上的差异

表6-2-1和表6-2-2是我们对大陆两部字母词词典和台湾语料的统计。从表6-2-1看，两岸三种语料各类词语分布以词条数量高低排序，分别为：信息、生活、文化、医药、经济、数理化、科技、其他、政治。表6-2-2显示的是台湾字母词语的语义类别分布，按词条数量高低排序，分别为：信息、生活、文化、科技、医药、政治、经济、其他、数理化。我们在余桂林（2006）对大陆两本字母词语词典统计的基础上，统计添加了台湾字母词语，形成柱图，可以更直观地看出两岸字母词语在语义类别上的差异。①

表6-2-1　　　　　　　　两岸三种语料各类词语分布情况

类别	信息	医药	科技	数理化	经济	生活	文化	政治	其他	总计
词条数	1571	558	393	477	521	708	564	278	332	5402
百分比（%）	29.41	10.33	7.28	8.83	9.64	13.11	10.44	5.15	6.15	100

表6-2-2　　　　　　　　台湾各类词语分布情况

类别	信息	医药	科技	数理化	经济	生活	文化	政治	其他	总计
词条数	560	243	253	49	182	362	362	192	142	2345
百分比（%）	23.89	10.36	10.79	2.09	7.76	15.44	15.44	8.19	6.06	100

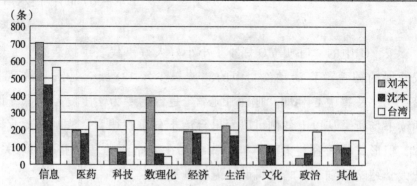

图6-2-2　两岸三种语料各类词语分布情况

---

① 本节数据由研究生闫谷、何可协助统计。

1. 医药、科技、生活、文化、政治和其他类的字母词语台湾都高于大陆，尤其是科技、生活、文化、政治类更为突出。

2. 经济类字母词语的数量两岸基本相同，信息类台湾字母词语介于大陆两本字母词词典之间。

3. 数理化类大陆两本字母词语数量悬殊，台湾字母词语与沈本数量接近。

七　其他差异

(一) 语素化程度高，连锁造词数量相对多
如：

IC 系列：IC 片、IC 卡、IC 板、感應式非接觸 IC 卡、智慧型 IC 卡

非接觸式 IC 卡、非接觸式智慧型 IC 卡、國民身分證 IC 卡

3D 系列：3D 加速卡、3D 立體眼鏡、3D 加速晶片、3D 加速顯示晶片、3D 動畫、3D 圖表、3D 影像處理

(二) 词义上的差异
有一定数量的同形异义字母词语，如：

ABC
大陆（根据两本词典归纳）：
①基础知识、入门常识或浅显的道理；
②指代"英语"；
③美国广播公司；
④指在美国出生的华人（American Bron Chinese）。
台湾（根据三种语料例归纳）：
①英文初階班；
②指「香蕉族」（American Bron Chinese），外黄内白的中國人；

　　③指男女交往的亲热程度。A. 牵手；B. 接吻；C. 爱抚〔中國 37（05/14/86）〕；

　　④代表笑話。〔中央 14（05/01/86）〕

　　按：ABC 在大陆没有台湾的③④义，①②也与台湾的①有联系但不完全相同，只有③完全一致。

　　（三）词形上的差异

　　除了由于上文提到的构词成分引起的异形字母词语外，还有因翻译方式不同、语素选择不同、造词方式不同而形成各种异形字母词语：

　　ATM 校园宽带网——校園寬頻網路；Gigabit 因特网——Gigabit 乙太網路；NetWare 服务器——NetWare 伺服器；L39 喷气式战斗机——L39 噴射戰鬥機。

　　（四）特殊的"双 X 结构"

　　如：雙 B、雙 C、雙 SRS、雙 Turbo、雙 A 計畫等。

　　此外，台湾使用外语原形词数量大，中英文夹杂严重。

　　总之，台湾的字母词语是传统色彩和时尚潮流的融合，是国际化与本土化的交汇，与大陆相比，呈现出更强的多元化、复杂性。

第三节　台湾字母词语的研究特点

　　台湾学者对包括字母词语在内的新词语的研究目的、研究方式和特点可以从"新词语料汇编 1""新词语料汇编 2"和"新词释义汇编 1"清楚地看出。苏新春（2003）通过对台湾三种新词语材料的考察，认为台湾学者对新词语的看法、处理原则与方法有三个特点，即确立新词语有明确的时间和地区界限，而不是以语源为标准；对新词语的"描写主义"实录做法；大量收录专用术语。①

――――――――――

　　①　苏新春：《台湾新词语及其研究特点》，《厦门大学学报》2003 年第 2 期。

字母词语作为新词语的一种，台湾学者对它的研究既有对新词语的共性特点，又有个性特征。与大陆学者相比较，概括起来有以下几点。

一 认识视角不同，独立性弱

台湾学者对新词语中的外文原形词、含有西文字母的词语没有给出一个共同的称名。无论是在"新词语料汇编1"还是在"新词语料汇编2"，收集的词语分"基本词目""中英夹杂词目""英文词目""数目流行语""节缩语料""方言语料""大陆地区用语"和"附录"等类别，字母词语并未单独列成一类，而是分列在以上各个类别中。在对以上两种汇编中选取的常见词语进行释义时，也未把字母词语单独列出，而是编排在数字、中英及纯中文流行语资料中。从三种新词语材料看台湾学者对字母词语的专题研究相对较弱，我们仅看到台湾学者王敏东对字母词语的研究，她采用"字母词"的称说，调查分析了台湾公众对"字母词"的理解和使用情况。[①] 大陆在 20 世纪80 年代末至 90 年代初，对字母词语的研究是伴随着新词语研究而进行的，表现出一定的依附性；到 90 年代中期，字母词语研究在新词语研究中的相对独立性日渐增强，发表专门研究论文数百篇，涉及字母词语的名称、性质、规范、入典等多方面的问题，出版了专门词典，一些工具书依照不同的编排体例收录了数量不等的字母词语。

二 实录式描写，全景式收录

"实录式的描写是台湾学者对新词语研究的最大特点。"[②] 这一特点也表现在语料收集描写上：

"汇编1""逐日圈选报纸出现词语，由《重编国语辞典修订本》未收者皆为收录对象"（"汇编1"编辑体例）。

"汇编2""以教育部所编最新版本《重编国语辞典修订本》与

---

① 王敏东：《字母词在台湾》，《语文建设通讯》2002 年总第 69 期。
② 苏新春：《台湾新词语及其研究特点》，《厦门大学学报》2003 年第 2 期。

《新词语料汇编1》为标准，凡二者未收者皆为收录对象"。

"新词释义汇编1"计划的预期目标是在一定学理指引下，透过语言样本的搜辑，逐年建立数据库，经统计后，结果以各种图表呈列，并将数据库一并提供各界参考使用。希望在累计的结果比较中，能达到以下几点效益：（一）提供语文教科书编辑参考。（二）提供语文工具书编辑参考。（三）提供中文信息处理参考。（四）提供语文研究参考。（五）提供成人教育教材编辑参考。（六）提供语文规范订定参考。（七）提供社会学研究参考。（八）提供新词语定词定义参考。

这种实录式的描写、全景式的收录，其优长表现在：对一定时间界限和一定收集范围的字母词语，凡见必收，使我们对字母词语的各种结构形式、构词成分有全面的认识，对字母词语出现的具体语境和语用效果及语法功能有充分的了解，有助于字母词语的穷尽研究。

其不足体现在：对一定范围的"通用度"重视不够，使台湾新词语语库中"偶用偶说者甚众、来去如风者甚众、上一年度与下一年度相异者甚众"。① 这样就加剧了我们对台湾字母词语的陌生感，如对一些产品的型号、非常专业的术语的收录，其实用性、通用度都很低；同时实录式的描写收录了书名、剧名等专有名词，形成字母词语词形偏长。

大陆的工具书字母词语收录一律为"选录式"，如刘涌泉的《字母词词典》虽在后记中说是"纪实性"的，但实际上也是"选录式"的；沈孟璎的《实用字母词词典凡例》说明，"引例绝大多数选自近期（主要是1998年至2001年3月）的报纸、杂志，少数取自其他著作、网络文章或由编者自拟"。其他工具书收录数量非常有限，更是选录而非实录。由于选词标准宽严不一、选择语料范围有别，故带有较强的主观性。

三　收集范围广，分类较具体

"新词语料汇编1"和"新词语料汇编2"的收集范围都较广，尤其是"新词语料汇编2"收集范围从"新词语料汇编1"的6种报纸

---

① 苏新春：《台湾新词语及其研究特点》，《厦门大学学报》2003年第2期。

扩展到杂志、畅销书、网站，1998 年度出版之杂志 73 种，畅销书 69 种，报纸 5 种，奇摩站分类索引中之各类网站 160 个，并增加了丰富的口语调查资料。覆盖面广，语义分类别具体全面，"新词语料汇编 1"词语依其性质区分为 23 大类：人物类、地理类、社会类、生活类、休闲娱乐类、影视类、医疗保健类、信息类、科技类、艺术类、文学类、财经类、教育类、政治类、国防类、体育类、法律类、会议类、自然类、交通类、建筑物类、一般语词类、专业语词类，每一大类下细分 3—11 小类不等，如人物类下分为作家、卡通漫画人物、艺术家、运动员、研究人员、影视人物、特殊人物、军警人员、政治人物、医护人员（"新词语料汇编 1"编辑体例）。"新词语料汇编 2"稍做改动，保持了"新词语料汇编 1"的基本架构，另增列"电信通讯"一类。大陆的字母词语研究收集范围相对较窄，时间界限相对模糊，集中在改革开放以来的报刊；偏重书面语体，口语资料缺乏，因此从现有语料看，总体上不如台湾语料来源广、形式丰富。

四　重视语料库，方法现代化

台湾教育部国语会有逐年进行语言资料整理的计划，是由于认识到"语言资料统计所能获致的效益是多方面，语言是观察社会环境变迁的重要线索，透过语言资料的整理，不但可以了解某个时空中的语言结构，如果连结不同时间的统计结果，更可以藉以分析出语言的层次，此种层次正是反映社会环境变迁的事实。因此语言资料的调查统计不单是语文研究的问题，也是认识社会极其重要的参考资料。就教育而言，无论是教科书的编辑，成人终身教育教材的设计，各种语文规范的订定，语文工具书的编纂等，都是需要藉由此种调查统计的结果，方能得到科学的依据。就信息科学的推展而言，此种资料的提供，正是内码扩编、输入法改善、词库建立等基础。若从纯语言研究而言，统计结果所呈现的各种数据，正是分析语言结构的凭借"①。

基于上述认识，对常用语词的调查，除进行实录式收集外，其结

果还用各种统计图表呈现；并与各年常用语词调查工作的成果对比，观察累积不同年度后的语词变化，同时提供各项分类数据库。这样的方式适应了网络时代语言研究的发展。

五　偏重例句出示，解释不够

曾荣汾在"新词释义汇编1"编辑说明中指出："新词的释义工作并不容易。一则是因它新，所以语感不固定；一则是它随科技发达，有的专业词很难浅释；一则是它一时流行，有的只是短暂的小众语言，语义难以掌握；一则它可能是项产品名，要加以适切描述并不易。"[①] 采用筛选的办法，解释"新词语料汇编1"和"新词语料汇编2"中"语感为大众较熟悉者""有资料供参考者""网际网络见载者""小组有能力释义者"的新词语（包括字母词语），共计842条，且逐一出示多数新词语所在的例句，但数量偏少，语源和造词理据的解释显得不够，给语料利用带来困难。当然，这与实录式的研究特点有关，要想对新出现的字母词语逐一进行解释，难度相当大。大陆的两部字母词语工具书对收录的3300余条字母词语采用了逐一解释的方法，相对而言，解说周详，尤其是对语源的考察，除了个别字母词语的来源值得商榷外，绝大多数都较科学可信。

本章小结

本章在共时研究平面上，以大陆和台湾为例，探讨字母词语的区域变异。以大陆出版的两本字母词语专门词典和台湾国语会网站提供的"新词语料汇编1""新词语料汇编2"和"新词释义汇编1"为语料，进行对比研究，发现同根同源的汉语在吸收异质因素时存在的显著差异；发现台湾的字母词语研究具有实录式描写、全景式收录等显著特点。

---

① 曾荣汾编辑说明，http：//140.111.1.192。

第七章

教学研究：字母词语和对外汉语教学

第一节　字母词语和对外汉语教学

字母词语的涌现为现代汉语词汇研究开辟了新领域，同时也为对外汉语教学提出了一个新课题。我们尝试从对外汉语教学角度来审视字母词语的有关问题。本节分内外两个方面说明把字母词语引入对外汉语教学的必要性，阐述了对外汉语字母词语教学的特点和应遵循的教学原则，并从对外汉语教学实际出发，指出必须在现有基础上进一步深入字母词语研究，从而为对外汉语教学提供依据和指导。

一　字母词语在对外汉语教学中的必要性

从形式上看，字母词语对留学生尤其是非汉字文化圈留学生来说，具有心理认同感，似乎可无师自通，没有必要列为教学内容，但从字母词语自身的复杂性和交际与教学的实际来看，将字母词语教学列入对外汉语词汇教学内容，却是无法回避的不争事实。

（一）字母词语自身具有相当的复杂性，尚缺乏明确的规范

第一，字母词语的来源不一。虽然大多数字母词语是"舶来品"，但也有一部分是土生土长、用汉语拼音缩略而成的地地道道的"中国货"，如：PSC（普通话水平测试）、HSK（汉语水平考试）、GB（国家标准）、BJ（北京）、TP（特种邮资片）、HB（中国航空标准）、RMB（人民币）、MM（美眉，网络语）。这些汉语拼音字母词语的形式与外来拉丁字母词语没有任何差异，但留学生在没有熟练掌握汉语

拼音方案、没有学习过相应的汉语词语时，是无法像对外来字母词语那样从字母推知相应的外语词语全称与语义的，即无从建立词语形式与意义之间的联系。

第二，字母词语中有相当数量的汉外混合形式，即由汉字与字母混合而成。如：心理 CT、视窗 CE、三 C 革命、BBS 版、维生素 E、三 K 党、PU 人工跑道、SOV 语言、SI 单位。这类混合形式字母词语中的汉字部分，如"心理""视窗""革命""维生素""人工跑道""语言"通常是字母词语的义类标识或修饰限定成分，这一部分恰恰是留学生所需要学习的汉语词语。

第三，字母词语在使用中存在着一形多义、一词多能现象。像非字母词语一样，字母词语也存在同形异义，如：ABC ①美国广播公司（America Broadcast Company）；②指基础知识或一般常识；③美国出生的华人（America Born Chinese）；此外还指 ABC 武器，即原子武器、细菌武器、化学武器的合称（Atomic、Bacteriologic、Chemical）、ABC 分析法，一种根据对象的主要特征进行统计、分类排列的管理方法。① 在网络词语中，BTW，既可指"顺便说一下"（By the Way），还可指"大尾巴狼"（Big Tail Wolf）。一些使用频率高的字母词语经常具有两种以上的语法功能，如："把我的 e-mail 给你，有事 e 我"。"卡拉 OK"一词更为活跃，功能更多。理解一形多义、一词多能的字母词语主要依赖上下文。在对外汉语教学中就有必要创设语境，或联系书面阅读材料的具体语境来帮助留学生掌握这些字母词语，避免静态的、孤立的学习。

第四，字母词语与所对应的汉字词语存在着共用、互用现象。如：MBA/工商管理硕士、RMB/人民币、TOEFL/托福。由于在实际运用中时而用字母词语，时而用汉字词语，就给留学生的阅读带来困难。如 2001 年、2014 年先后在上海、北京举行的 APEC 会议，同期报纸上出现了"Asia-Pacific Economic Cooperation""APEC""亚太经合组织""亚洲、太平洋地区经济合作组织"等多种表述形式，包括

---

① 刘涌泉：《字母词词典》，上海辞书出版社 2001 年版，第 3 页。

外语全称、字母词语、汉语略缩形式与汉语全称等，其中字母词语"APEC"与"亚太经合组织"使用频率明显高于其他表述，"APEC"使用频率最高，"亚太经合组织"次之。在使学生明白"亚太经合组织"就必须先分析讲解汉语全称。由此可见，在对外汉语字母词语教学中，牵扯到的不仅仅是字母词语问题，需要涉及两种语言词语的多种形式。

第五，字母词语是一个开放的系统，处在一个十分活跃的阶段。虽然一些工具书已收录了部分字母词语，但相对于实际使用数量而言，还只是一小部分。所涉及的问题如字母词语的读音、词形等还缺少明确的规范标准。从这个方面讲，对外汉语教学实践可以为字母词语研究提供需要规范的问题和依据。

总之，字母词语本身的复杂性和在使用中缺乏明确规范正是其语言文化二重性的具体体现，是我们之所以要把字母词语列为对外汉语词汇教学的一个重要原因。

（二）留学生的日常生活和对外汉语课堂教学的实际需要

1. 在留学生的日常生活、社会交际中时时都会遇到字母词语问题

日常购物：字母词语随处可见。洗发水内含 ZPT 去屑成分，洁肤露会有 MAP 清洁乳，洗面乳内含 AHA 天然果酸，信封、笔记本、中性笔都有 GB 标志，汇源果汁则采用了世界先进的 UHT 超高温瞬时有效灭菌技术。

外出旅游：会因不知"D"为地铁标志而找不到地铁站口；购买车票因不解"L""T""K"而不能区分旅游专列、特快、新空调快车等各类列车的性质。

上网聊天：尽管网上的字母词语以英语缩略形式为主，如：ASAP（As Soon As Possible）、RL（Real Life）、IMO（In My Opinion），但也有用汉语拼音缩略而成的，最常见的如：GG、JJ、DD、MM、<g>（笑声）。

去邮局、医院，甚至去餐馆也都离不开字母词语，字母词语已经渗入到汉语日常生活领域的各个方面。

2. 报刊阅读与口语教学尤其需要正视字母词语问题

字母词语在报刊中的出现频率很高，据周健等对《羊城晚报》

（2000 年 12 月 15 日—2001 年 1 月 14 日）的检索统计，字母词语的出现次数达 5016 次，平均每天 161.8 次。① 据我们对 2001 年 10 月 1 日至 31 日《文汇报》的统计，APEC 一词出现的最高次数达 223 次（10 月 22 日第 1—8 版），其中第 3 版竟达 76 次，当天所涉及的还有 ABAC、WCO、IQ、EQ、NEC、IBM、IP 网络、GPS 等 23 个字母词语，涵盖了政治、经济、文化、教育、医学、信息、体育等多个领域。十多年来，虽然有关部门对字母词语在广播电视报刊等媒体的使用有了一定要求，对减少滥用起到一定作用，但不可能禁用。字母词语的简明醒目适应了报刊版面的有限性对语言的特殊要求。在报刊阅读课上，需要适当引入字母词语教学，编教材针对报刊课的时效性也应考虑字母词语的编入量与涉及面。

随着字母词语的增多，CT、B 超、SOS、卡拉 OK 等早已成为大众交际口语中的常用词语，在口语教学中不能编造脱离生活的口语，导致语域（register）偏高，如果不能正视字母词语在口语交际中的现实，忽视口语教学中的字母词语教学，会在一定范围造成留学生所学口语与当前汉语生活实际的脱节。

我们主张把字母词语引入对外汉语教学，除了以上两方面的外部原因外，还有社会时代大环境的重要影响。随着信息网络的发展，社会的国际化程度的日益提高，都预示着字母词语的发展变化趋势，对外汉语教学应顺应社会时代的发展。

二　字母词语的教学特点和教学原则

（一）字母词语的教学特点

字母词语的教学特点是由字母词语的特点和留学生这一教学对象的特殊性决定的。

第一，字母词语的双语双文化性决定了对外汉语字母词语教学的交互性。字母词语不管其来源如何，在对外汉语教学中几乎都要涉及以下各个要素：西方文化、外语全称、字母词语、汉语缩略语、汉语

---

① 周健等：《略论字母词语的归属与规范》，《语言文字应用》2001 年第 3 期。

全称、汉文化等。

在教学中应形成以字母词语为立足点的双向互动模式：一方面，①探寻字母词语所对应的外语全称以及所负载的文化因素（来自汉语拼音的字母词语也需通过汉外互译，找出其对应的外语全称，只不过所负载的是汉文化而不是异文化）；②由外语全称了解其缩略方式：是首字母组合而成，还是其他方式。另一方面，①学习字母词语所对应的汉语全称，较冗长的要求掌握缩略形式，了解所负载的文化因素（来自外语的字母词语所负载的是异文化）；②由汉语全称学习缩略形式，掌握缩略方式。

第二，外源字母词语是留学生学习汉语词语的有效途径。外源字母词语的形式对非汉字文化圈留学生而言具有心理认同感，在汉字汉语背景下又十分醒目，在对外汉语教学中应利用留学生的心理特点和认知规律，激发留学生的学习积极性，使字母词语学习成为学习相应汉语词语的一个有效途径，这样既可扩大留学生的汉语词汇量，又解决了在实际阅读中会经常遇到的字母词语与相应汉语词语互用的问题。

第三，双语背景下的字母词语的缩略词语特征决定了它在表义上的隐晦性。在同一种语言系统中的缩略语与其原式成分之间有着某种关联的经常性，可以由缩略语推知原式，但这种关联性由于字母词语的双语双文化性而被阻断了，在对外汉语字母词语教学中，我们应该把重点放在帮助留学生建立字母词语在双语中形音义尤其是形与义的联系上。

（二）字母词语的教学原则

1. 必要性原则

虽然目前现代汉语系统中究竟有多少字母词语尚未见到确切的统计，但从接触的语料看，字母词语涉及领域较广、数量较多。要把所有的字母词语都教给留学生既不现实，也不必要。如果汉语中有相应的词语且又形式简洁，或汉语中没有相应词语但字母词语专业性很强，或汉语有相应的词语但字母词语不简洁，这样的字母词语都没有必要教给留学生。简明性与常用性是决定取舍字母词语的重要尺度，谨防误选滥教。

2. 循序渐进原则

也可叫阶段性原则，即在字母词语教学中应根据留学生的不同学习目的、学习阶段、学习基础来确定字母词语教学的内容，把握字母词语的教学范围与数量。对初级阶段或短期培训留学生应教高频常用字母词语；中级阶段可增加汉外混合型字母词语的教学数量，一方面学习字母词语，另一方面通过字母词语学习汉语词语，扩大词汇量；高级阶段可视留学生将要学习的专业需要，引入适当数量的专业术语。

3. 规范性原则

目前字母词语在使用中还处在一个不稳定的状态，急需进行规范，为教学提供依据。刘建梅提出了应依照现代汉字的"四定"原则对字母词语进行定形、定音、定量、定序的规范方法。① 我们认为字母词语的规范同时也应处理好刚性与柔性的关系，尤其是针对留学生来说，例如在语音规范上，周健等提出了两种并行的标准：一是汉化读音标准，即参照大多数国人的字母读音习惯，兼顾字母的英语本音，主要依据汉语拼音来确定每个字母的拼法和声调；二是英语字母词语本身的读音标准。② 在教学中我们认为对留学生以采用第二种标准为宜，不能强求读音的汉化。

总之，在教学中我们一方面要充分借鉴吸收现代汉语异形词、现代汉字和字母词语规范研究的现有成果，另一方面又要根据留学生的特点进行适当的灵活变通。

三　对外汉语教学急需字母词语研究的深入

字母词语的涌现为对外汉语教学提出了一个新课题，同时对外汉语教学也对字母词语研究提出了高要求，迫切需要字母词语的研究成果用以指导对外汉语教学。除了需要加强理论的研究外，具体的研究主要有以下两个方面。

① 刘建梅：《现代汉字系统中外来字母规范浅议》，《语言文字应用》2002 年第 1 期。
② 周健等：《略论字母词语的归属与规范》，《语言文字应用》2001 年第 3 期。

（一）建立字母词语语料库，编写大型字母词语工具书和词汇等级大纲

现代化技术与手段为语料库建设提供了优良的条件，围绕汉语、外语专项研究的语料库已取得了可喜的成果。字母词语语料库的建立可为字母词语研究取得新突破提供丰富的语料，作为词频统计、分类研究的依据。小范围的短周期的人工统计不能很好地反映字母词语在现代汉语词汇系统中的全貌。北京语言大学 DCC 博士研究室张普团队、中国传媒大学侯敏团队已进行了积极探索，取得了诸多成果。

字母词语编入工具书经历了从无到有、由少到多的过程。2001 年 7 月，刘涌泉《字母词词典》的出版标志着字母词语有了专门的工具书，虽然它是纪实性的，但具有开创性，同时也向我们展示了字母词语的规模。2002 年沈孟璎出版的《实用字母词词典》强调了工具书的实用性。2009 年刘涌泉修订出版了《汉语字母词词典》，2014 年侯敏基于大型语料库出版了《实用字母词词典》。

在以上基础上，为适应对外汉语教学以及字母词语运用与研究的迫切需要，应考虑着手编写较大规模的频率词典。选择具有代表性、时代性和权威性的语料，借鉴外语词汇计量研究成果与方法进行词频统计，编出多种词频表。如：字母词语使用频率表、字母词语字母排序表、字母词语词性分类表、字母词语词长排序表、字母词语使用范围（专业领域）分类排序表、字母词语来源分类排序表等。

依据字母词语使用频率表，可编写《汉语水平字母词语等级大纲》附在《汉语水平词汇与汉字等级大纲》之后，或按词频将字母词语分成甲、乙、丙、丁四级插入《汉语水平词汇等级大纲》，直接作为对外汉语字母词语教学的依据，减少对外汉语教学教材编写、课堂教学中对字母词语筛选的随意性、盲目性，提高科学性、针对性。

（二）运用多种学科的理论、方法深入字母词语以及相关问题的研究

在充分调查基础上，需要再进一步加强以下的研究：

1. 预测字母词语的发展与汉字体系的变化趋势；

2. 字母词语与其他外来词的比较研究；

3. 大陆与港澳台及海外华语字母词语的对比研究；

4. 汉日韩语中的字母词语比较研究；

5. 字母词语与英语缩略词、汉语缩略语的对比研究；

6. 字母词语在汉字汉语背景下的认知特点、阅读心理研究；

7. 字母词语的来源与双语双文化性研究；

8. 字母词语的使用问题和规范研究；

9. 字母词语的形式、内部结构、语义分类、语用特点研究；

10. 字母词语工具书编纂和字母词语释义研究。

　　字母词语大量进入汉语系统是一个历史性的变革，标志着汉语几千年来以汉字为封闭单一的负载形式而走向开放的多元化，以适应当今世界的多元化；也从一个侧面证明了文化传播影响文字类型，多元文化对单一文字匹配的不满足。对外汉语教学也应顺应时代社会的发展，在字母词语研究基础上探索其教学策略，加强字母词语教学。

第二节　留学生字母词语的知晓度

　　无论是字母词语自身的复杂性还是留学生日常生活、课程学习的需要，将字母词语引入对外汉语教学都具有必要性，但在教学中究竟应该如何引入还缺少直接的研究依据。本节以对中国人的字母词语知晓度调查结果为基础，① 利用社会语言学的理论和方法，对留学生的字母词语知晓度进行总体和分群调查，通过与中国人字母词语知晓度的分析比较，提出针对留学生字母词语教学的建议和意见，为对外汉语教学究竟应该如何引入字母词语提供直接依据。

一　调查方案设计与实施过程

（一）调查材料和变量选择

鉴于目前留学生学习汉语的工具书和教材以及教学大纲中字母词

---

① 邹玉华等：《字母词语知晓度的调查报告》，第四届全国社会语言学学术研讨会论文，2004 年。

语收录不多或不收录的情况，故沿用邹玉华（2004）对调查材料的选择：选用《现代汉语词典》（2002增补本）附录和正文收录的144个字母词语（包括附录"以西文开头的词语"142个，正文3个：阿Q、卡拉OK、三K党。其中"internet""Internet"合二为一）。此外增加陈佳璇、胡范铸（2003）从全国15种报刊提取的10个高频字母词语中《现代汉语词典》未收录的IBM、NBA，合计共146个。①

　　针对留学生汉语水平参差不齐的实际，为保证字母词语知晓度调查的准确性，我们对来自《人民日报》网络版和知名网站的含有146个字母词语的句子进行了删改，避免句子过长影响阅读；同时删去句子中对字母词语含义有提示作用的注释部分，避免对调查结果的干扰。

　　主要选取留学生群体的背景变量，包括国籍、母语、年龄、性别、汉语水平、英语水平、对英语的态度、受教育程度等；同时还选取了字母词的来源、构词特征、语义类别等，以探究不同变量对留学生群体字母词语知晓度的影响。

　　（二）问卷设计和调查实施

　　问卷分两部分：一是主卷，146个含字母词语的句子；二是副卷，包括留学生的各种背景项。问卷为便于数据的量化，以结构性问题为主，以半开放性问题为辅。问卷参考莱克特量表（Likert Scale）的5级分类法，让留学生从3个级别中选择对字母词语的了解程度：A理解（知道字母词语的意思）；B不清楚（见过或听说过但不确知）；C不理解（没听说过）。把A、B、C分别赋值为1分、0.5分和0分，分纵横两轴依次求出每个字母词语的得分和每个被调查留学生的得分。146个字母词语的总得分最大值≤146，227个样本中总得分最大值≤227分。

　　受经费、人力、时间等的限制，调查地点选择在辽宁省的沿海开放城市大连市、陕西省省会西安市、河南省中等内陆城市新乡市。留

---

　　① 陈佳璇、胡范铸：《我国大众传媒中字母词使用状况的调查与分析》，《修辞学习》2003年第4期。

学生分别为辽宁师范大学、大连交通大学、大连民族学院、西安外国语学院、河南师范大学 5 所高校的在校留学生。他们分别来自日本、韩国、印度、尼泊尔、土耳其、俄罗斯、哈萨克斯坦、吉尔吉斯斯坦、塞尔维亚、马来西亚、瑞典、美国、中国台湾 13 个国家和地区，涉及 16 种母语。① 在正式调查前，先在辽宁师范大学进行了试调查，简化调整了问卷中的个别变量设计，如因为发现专业比较单一、职业集中，故去掉了关于所学专业或从事职业这一变量。调查采用任课教师课堂控制时间发放问卷的方式，以保证回收率和可信度。调查实施和数据分析历时数月，共发放问卷 280 份，收回问卷 261 份，回收率为 93.21%；有效问卷为 227 份，有效率为 86.97%。②

　　调查数据采用软件包 SPSS/PC + 10. 处理。调查样本结构见表 7 - 2 - 1。

表 7 - 2 - 1　　　　　　　　　　调查样本结构情况

分类	类别	人数	比例（%）	分类	类别	人数	比例（%）
性别	男	84	37		俄罗斯	3	1.32
	女	143	63		哈萨克斯坦	10	4.41
年龄	17 岁以下	6	2.64		韩国	128	56.4
	18—25 岁	174	76.65		吉尔吉斯斯坦	3	1.32
	26—35 岁	32	14.09		美国	4	1.76
	36—45 岁	9	3.96	国籍	尼泊尔	5	2.20
	46 岁以上	6	2.64		日本	43	18.94
受教育程度	高等	181	79.73		塞尔维亚	1	0.44
	中等	46	20.26		土耳其	3	1.32
对英语的态度	喜欢	150	66.08		印度	23	10.13
	不喜欢	77	33.92		中国（台湾地区）	2	0.88

① 文中涉及的语言名称、谱系分类依据一是高名凯、石安石主编《语言学概论》，中华书局 1983 年版；二是 R. R. K. 哈特曼、F. C. 斯托克《语言和语言学词典》，黄长著等译，上海辞书出版社 1981 年版。

② 本节表中数据由研究生梁盟协助统计，谨致谢忱。

分类	类别	人数	比例（%）	分类	类别	人数	比例（%）
英语水平	高级	33	14.5	国籍	马来西亚	1	0.44
	中级	76	33.5		瑞典	1	0.44
	初级	118	52		汉语	1	0.44
汉语水平（HSK）	高等	3	1.32	母语	韩语	129	56.83
	中等	48	21.2		日语	45	19.82
	初等	34	14.98		英语	3	1.32
	无	142	62.6		孟加拉语	2	0.88
第二语言	乌尔都语	1	0.44		塞尔维亚语	1	0.44
	铁鲁古语	1	0.44		瑞典语	1	0.44
	西班牙语	1	0.44		尼泊尔语	2	0.88
	日语	2	0.88		土耳其语	3	1.32
	印地语	2	0.88		印地语	15	6.61
	哈萨克语	2	0.88		雅库特语	2	0.88
	俄语	9	3.97		哈萨克语	7	3.08
	汉语	89	39.21		蒙达里语	2	0.88
	英语	85	37.44		泰米尔语	1	0.44
	无	35	15.42		铁鲁古语	5	2.20
					俄语	8	3.52

二　总体和分群测量及与中国人的比较

（一）字母词语知晓度的总体和分类测量结果分析与比较

1. 对 146 个字母词语的总体测量分析与比较：146 个字母词语的平均折合总分为 61.056，每个字母词语的平均折合分为 0.418，即每个字母词语平均有 40% 以上的留学生知道、了解或听说过，比对中国人的调查结果 0.639 低 0.221。146 个字母词语中折合得分在 0.600 以上的有 59 个，占总数的 40.4%。146 字母词语按知晓度得分的高低排列见表 7－2－2。

表 7 - 2 - 2　　　　　对 146 个字母词语知晓度的总体测量结果

字母词语	折合得分	理解比例(%)	字母词语	折合得分	理解比例(%)	字母词语	折合得分	理解比例(%)
Internet	0.982	99.1	RAM	0.665	76.2	OEM	0.291	36.1
E - mail	0.976	99.1	APEC	0.661	83.3	X 刀	0.267	36.1
TEL	0.971	97.8	T 恤衫	0.654	70.0	GRE	0.262	31.3
FAX	0.970	98.7	DOS	0.652	72.7	A 股	0.260	36.1
VIP	0.967	98.7	GNP	0.648	71.4	FA	0.258	36.1
HSK	0.965	97.8	EQ	0.643	69.6	GSM	0.249	31.7
VCD	0.962	98.2	RMB	0.643	73.6	API	0.238	35.2
DVD	0.960	97.8	CPU	0.639	74.0	NC	0.229	32.6
TV	0.954	96.5	HDTV	0.634	73.1	ITS	0.220	32.6
NBA	0.947	96.9	DNA 芯片	0.612	76.7	MPA	0.218	34.4
MP3	0.947	96.9	PDA	0.599	70.0	B 细胞	0.218	31.3
AIDS	0.947	97.4	CEO	0.595	67.4	T 型台	0.216	33.0
CD	0.942	96.0	CT	0.581	66.1	STD	0.216	29.1
CD - ROM	0.930	96.5	BBS	0.573	70.0	B 淋巴细胞	0.211	30.8
卡拉 OK	0.923	93.4	GPS	0.573	68.7	T 细胞	0.211	39.2
IC 卡	0.916	96.0	X 射线	0.566	65.6	T 淋巴细胞	0.209	31.3
UFO	0.910	93.8	CAD	0.557	69.2	γ 刀	0.205	29.1
IQ	0.907	95.2	阿 Q	0.553	63.4	POS 机	0.205	27.3
WWW	0.901	93.8	HIV	0.546	61.2	PPA	0.200	31.3
AM	0.894	92.1	SOS 儿童村	0.531	64.3	三 K 党	0.194	25.6
WTO	0.885	92.1	IOC	0.500	61.2	CTO	0.194	29.5
ROM	0.883	95.2	LD	0.500	58.6	B 超	0.194	28.6
FM	0.879	91.2	DSL	0.463	63.9	CIO	0.189	29.1
DNA	0.877	91.2	hi - fi	0.452	56.8	B 股	0.185	28.6
IP 卡	0.872	94.7	VDR	0.416	52.4	ISP	0.183	25.6
IP 电话	0.863	94.3	CPA	0.405	58.1	CFO	0.182	28.6
KTV	0.863	93.4	ISDN	0.401	52.9	AB 制	0.181	26.0
MTV	0.808	89.0	ICP	0.394	53.7	CI	0.170	22.9
ADSL	0.806	88.5	WAP	0.377	49.3	QC	0.167	22.5
PC 机	0.804	86.8	PH 值	0.377	45.8	APC	0.163	24.2
MD	0.789	86.8	GIS	0.374	52.4	ED	0.163	23.3
SOS	0.789	84.1	SIM 卡	0.368	48.0	CIP	0.159	23.3
BP 机	0.786	82.4	ISO	0.366	48.0	PT	0.159	22.5
CDMA	0.775	87.2	VOD	0.359	49.3	CGO	0.156	23.8
IBM	0.775	88.5	α 射线	0.355	46.3	AB 角	0.145	23.3
PC	0.764	82.8	DIY	0.352	44.1	CIMS	0.145	22.5
EMS	0.758	83.7	OA	0.352	46.3	EDI	0.143	22.9
MBA	0.749	81.9	CBD	0.351	21.1	TMD	0.143	20.7
CD - R	0.749	84.6	e 化	0.344	44.9	ST	0.130	18.9
ATM 机	0.749	84.1	ICU	0.344	43.6	NMD	0.126	19.8
OPEC	0.731	84.1	ABS	0.341	45.4	H 股	0.119	39.2

续表

字母词语	折合得分	理解比例（%）	字母词语	折合得分	理解比例（%）	字母词语	折合得分	理解比例（%）
ABC	0.729	79.3	β射线	0.333	41.9	SCI	0.112	17.6
WC	0.725	77.5	SOHO	0.328	41.9	HA	0.110	14.1
AA制	0.707	76.2	OCR	0.317	42.7	COO	0.108	17.6
X光	0.707	78.0	α粒子	0.315	44.9	IDC	0.095	15.9
IT	0.692	77.1	γ射线	0.304	39.2	C^3I系统	0.086	13.2
CD – RW	0.690	78.9	β粒子	0.300	41.0	GMDSS	0.086	14.1
GDP	0.681	76.7	SBS	0.297	38.8	C^4ISR	0.068	10.1
IP地址	0.678	79.7	ICQ	0.293	38.8			

2. 对高知晓度字母词语的分析比较：146 个字母词语中，知晓度得分在 0.8 以上的有 30 个，从高到低依次排列为 Internet、E – mail、TEL、FAX、VIP、HSK、VCD、DVD、TV、NBA、MP3、AIDS、CD、CD – ROM、卡拉 OK、IC 卡、UFO、IQ、WWW、AM、WTO、ROM、FM、DNA、IP 卡、IP 电话、KTV、MTV、ADSL、PC 机；前 19 个知晓度得分都在 0.9 以上，其中 Internet 最高，达到 0.982。

前 20 个高知晓度的字母词语从来源上看，只有 3 个比较例外，HSK 是汉语拼音字母缩略而来的，IC 卡是含有英文缩略语和汉语构词成分的字母词语，卡拉 OK 是日语和英语以及汉字组成的混合形式，其他则均为英语原词或英文缩略语。英语原词或英文缩略语在前 20 个高知晓度的字母词语中占 85%。

从语义类别上看，占首位的是与网络、计算机和现代通讯相关的字母词语，如：Internet、E – mail、WWW、TEL、FAX、IC 卡、AM，充分反映了高科技对留学生生活的影响；其次是娱乐生活的产品或活动，如：VCD、DVD、TV、MP3、CD、CD – ROM、卡拉 OK。这两类字母词语共有 14 个，占 20 个高知晓度字母词语的 70%。汉语拼音缩写字母词语 HSK 高居第 6 位，是因为它与留学生的汉语学习紧密相关；体育词语 NBA 占第 10 位，说明留学生对国际体育活动的关注；其他专业术语有 AIDS、IQ、WTO、VIP、UFO，分属医学、心理学、经济学等领域，其中 AIDS 是世界范围关注的严重疾病，WTO 是对各国经济生活影响重大的国际贸易组织，VIP、UFO、IQ 也都是热点问题或现象。

中国人的高知晓度字母词语居前 20 位的是：卡拉 OK、VCD、MTV、BP 机、TV、T 恤衫、WTO、IC 卡、CD、ABC、E - mail、IP 卡、阿 Q、DVD、Internet、DNA、IP 电话、CT、AA 制、KTV。通过和留学生比较可知，留学生的高知晓度字母词语从来源和构词成分上看，英语原词或英文缩略语所占比例高出 15%；从语义类别上看，关于网络、计算机的字母词语数量相差无几，但在知晓度的排序上差异较大，留学生高知晓度字母词语居前 4 位的都是关于网络、计算机的字母词语，而中国人高知晓度字母词语居前 4 位的都是关于当代娱乐、通信生活的产品或活动；留学生对中国人高居第 6 位 "T 恤衫"、高居第 13 位的 "阿 Q" 则相对陌生，分别位于第 52 位（0.654）、第 67 位（0.553）。

3. 对低知晓度字母词语的分析比较：留学生知晓度得分在 0.200 以下的有 29 个，从高到低依次排列为：三 K 党、CTO、B 超、CIO、B 股、ISP、CFO、AB 制、CI、QC、APC、ED、CIP、PT、CGO、AB 角、CIMS、EDI、TMD、ST、NMD、H 股、SCI、HA、COO、IDC、C^3I 系统、CMDSS、C^4ISR，其中 C^4ISR 最低，仅为 0.068。后 20 个都低于 0.170。从来源和结构看，还是以英语原词或英文缩略语为主，只有 AB 角、H 股、C^3I 系统含有汉语构词成分。从语义类别看，主要是以军事、计算机科学、经济管理等为主的各类专业术语。中国人熟知的 "B 超"（40 位，0.818）对留学生而言却成为低知晓度字母词语（129 位，0.194）。

和中国人的低知晓度字母词语相比（SBS、CBD、IOC、ITSI、PDA、CIMS、CPA、STD、FA、GIS、NC、OEM、EDI、IDC、OA、OCR、HA、C^3I、GMDSS、C^4ISR），其中相同的只有 6 个，都集中在信息计算机科学和军事领域：C^4ISR、C^3I 系统、EDI、CIMS、IDC、HA；不同的有 14 个，占 70%；同时，中国人的低知晓度字母词语全部是英语原词或英文缩略语，不含汉语构词成分。

高知晓度字母词语和低知晓度字母词语的中外差异见表 7 - 2 - 3。

表 7 - 2 - 3　　高知晓度和低知晓度字母词语知晓度的中外比较

比较项	留学生	中国人
前 20 个高知晓度字母词语平均折合得分	0.9436	0.9439
后 20 个低知晓度字母词语平均折合得分	0.1291	0.3143

由表 7 - 2 - 3 可知，中国人和留学生的高知晓度字母词语的平均折合得分差异不大，但在低知晓度字母词语平均折合得分上差异较大，留学生比中国人低 0.1852。

4. 对不同结构字母词语的分析比较：字母词语中的汉语构词成分对中国人和留学生字母词语理解有没有提示作用呢？在我们对 41 个纯字母词语和 105 个含汉字字母词语进行分类统计的基础上，将邹玉华等的调查也进行字母词语结构分类，并与我们的进行比较。结果发现，无论是留学生还是中国人对不含汉字的纯字母词语的平均知晓度都高于含汉字字母词语，对纯字母词语和含汉字字母词语的平均知晓度，留学生略低于中国人（见表 7 - 2 - 4）。由此可见，从总体上看，结构上含有汉字的字母词语在留学生的理解上并不占优势，对字母词语知晓度的高低不起决定作用，但由个别字母构成的系列字母词语例外，含汉字字母词语的知晓度高于纯字母词语，如"PC 机"高于"PC"。

表 7 - 2 - 4　　　　不同结构的字母词语知晓度的中外比较

留学生		中国人	
字母词语的结构分类	平均知晓度	字母词语的结构分类	平均知晓度
纯字母词语（41）	0.5240	纯字母词语	0.5552
含汉字字母词语（105）	0.5240	含汉字字母词语	0.4447

（二）留学生的字母词语知晓度总体和分群测量结果分析比较

1. 留学生的字母词语知晓度总体测量结果：在计算出每个留学生对 146 个字母词语知晓度总得分基础上，计算出每人的平均折合总分为 111.55，每个留学生的平均折合分为 0.491，其中有 50 人得分在 0.60 以上，占 22%；有 96 人得分在 0.50 以上，占总人数的 42.3%。具体统计见表 7 - 2 - 5。

表 7－2－5　　　　对 227 位留学生字母词语知晓度的测量结果

留学生编号	折合得分	留学生编号	折合得分	留学生编号	折合得分	留学生编号	折合得分	留学生编号	折合得分	留学生编号	折合得分
1	0.61	39	0.49	77	0.33	115	0.44	153	0.52	191	0.44
2	0.43	40	0.53	78	0.38	116	0.55	154	0.64	192	0.59
3	0.33	41	0.61	79	0.59	117	0.49	155	0.43	193	0.47
4	0.42	42	0.45	80	0.58	118	0.53	156	0.41	194	0.41
5	0.26	43	0.52	81	0.43	119	0.66	157	0.36	195	0.30
6	0.47	44	0.62	82	0.35	120	0.64	158	0.35	196	0.34
7	0.26	45	0.53	83	0.39	121	0.55	159	0.14	197	0.48
8	0.47	46	0.60	84	0.53	122	0.36	160	0.49	198	0.44
9	0.41	47	0.49	85	0.42	123	0.50	161	0.52	199	0.62
10	0.33	48	0.36	86	0.38	124	0.39	162	0.68	200	0.54
11	0.46	49	0.33	87	0.38	125	0.63	163	0.57	201	0.42
12	0.56	50	0.37	88	0.56	126	0.72	164	0.59	202	0.49
13	0.35	51	0.65	89	0.48	127	0.51	165	0.45	203	0.60
14	0.37	52	0.47	90	0.45	128	0.49	166	0.47	204	0.49
15	0.42	53	0.47	91	0.39	129	0.50	167	0.48	205	0.64
16	0.51	54	0.55	92	0.46	130	0.26	168	0.68	206	0.36
17	0.48	55	0.38	93	0.47	131	0.51	169	0.52	207	0.45
18	0.47	56	0.67	94	0.66	132	0.72	170	0.59	208	0.58
19	0.50	57	0.62	95	0.40	133	0.44	171	0.45	209	0.63
20	0.60	58	0.44	96	0.46	134	0.54	172	0.45	210	0.63
21	0.45	59	0.57	97	0.66	135	0.61	173	0.61	211	0.60
22	0.64	60	0.35	98	0.47	136	0.63	174	0.78	212	0.28
23	0.45	61	0.55	99	0.57	137	0.27	175	0.48	213	0.47
24	0.50	62	0.41	100	0.48	138	0.58	176	0.46	214	0.60
25	0.34	63	0.41	101	0.54	139	0.60	177	0.20	215	0.63
26	0.29	64	0.35	102	0.55	140	0.58	178	0.19	216	0.47
27	0.59	65	0.49	103	0.59	141	0.64	179	0.72	217	0.23
28	0.45	66	0.58	104	0.67	142	0.46	180	0.55	218	0.39
29	0.32	67	0.69	105	0.66	143	0.48	181	0.67	219	0.22
30	0.49	68	0.50	106	0.38	144	0.39	182	0.60	220	0.46
31	0.41	69	0.53	107	0.43	145	0.37	183	0.65	221	0.39
32	0.46	70	0.54	108	0.68	146	0.32	184	0.86	222	0.49
33	0.73	71	0.26	109	0.35	147	0.46	185	0.82	223	0.29
34	0.78	72	0.46	110	0.50	148	0.47	186	0.49	224	0.39
35	0.58	73	0.63	111	0.48	149	0.62	187	0.84	225	0.63
36	0.55	74	0.42	112	0.57	150	0.21	188	0.73	226	0.45
37	0.65	75	0.56	113	0.45	151	0.43	189	0.60	227	0.41
38	0.54	76	0.30	114	0.40	152	0.63	190	0.31		

2. 留学生的字母词语知晓度分群测量结果分析比较

在调查中，涉及的变量较多，限于篇幅，不能逐一公布测量结果，择其要者略陈如下。

（1）不同英语水平的留学生字母词语知晓度的测量结果

留学生的英语水平与其字母词语的知晓度呈正相关：英语水平越高的留学生，对字母词语的知晓度越高，反之则低，具体数据见表7－2－6。方差检验结果也表明，不同英语水平群体字母词语知晓度有显著的差异，差异显著性达到 0.000（F = 9.005，P = 0.000），其中高级水平和初中级水平之间差异大。

表7－2－6　　　　　　　　不同英语水平的测量结果

英语水平	平均知晓度
高级	0.5790
中级	0.5023
初级	0.4759

（2）不同汉语水平（HSK）的留学生字母词语知晓度的测量结果

留学生的初中高级汉语水平（HSK）与其字母词语的知晓度在数量上略呈递增趋势，即汉语水平越高，其字母词语的知晓度也越高，见表7－2－7。经方差检验结果表明，不同汉语水平群体字母词语知晓度没有较显著的差异（F = 2.809，P = 0.095 ≥ 0.05），但其中没有参加汉语水平（HSK）考试的群体与通过初级考试的群体差别较大，有统计学意义（F = 2.809，P = 0.008 ≤ 0.05）。

表7－2－7　　　　　　　　不同汉语水平的测量结果

汉语水平（HSK）	平均知晓度
高级	0.5605
中级	0.4962
初级	0.4477
无	0.5121

（3）不同性别的留学生字母词语知晓度的测量结果

同样，控制其他变量，来自不同国家的留学生，男性比女性的字母词语知晓度高，见表 7 - 2 - 8。进行方差检验，统计学上显示有可以分辨的差异（$F = 5.013$，$P = 0.026 \leqslant 0.05$）。

表 7 - 2 - 8　　　　　　　　　不同性别的测量结果

性别	平均知晓度
男	0.5243
女	0.4853

（4）不同国籍的留学生字母词语知晓度的测量结果

不同国籍对留学生字母词语知晓度有一定影响。得分在前 4 位的是来自马来西亚、印度、美国和俄罗斯的留学生；按汉字文化圈和非汉字文化圈国家进行统计，结果显示非汉字文化圈国家留学生知晓度平均值高于汉字文化圈国家留学生，见表 7 - 2 - 9。但方差检验结果表明，在95% 的置信区内，汉字文化圈和非汉字文化圈国家留学生平均知晓度没有统计学上可以分辨的显著差异（$F = 2.646$，$P = 0.105 \geqslant 0.05$）。

表 7 - 2 - 9　　　　　　　　　不同国别的测量结果

国籍	平均知晓度	分区	平均知晓度
韩国	0.4890	汉字文化圈	0.4854
日本	0.5013		
中国（台湾）	0.4658		
马来西亚	0.6507	非汉字文化圈	0.5049
尼泊尔	0.5151		
印度	0.5938		
土耳其	0.4178		
俄罗斯	0.5251		
哈萨克斯坦	0.4366		
吉尔吉斯斯坦	0.3984		
塞尔维亚	0.5103		
瑞典	0.4760		
美国	0.5257		

（5）不同母语的留学生字母词语知晓度的测量结果

操 16 种母语的留学生对字母词语的平均知晓度不同，排在首位的是汉语，最低的是雅库特语，具体见表 7－2－10。分成 1、2、3 类后，可以看出母语是汉语、日语、韩语的得分最高，印欧语系的居其次，其他语系的最低。对汉字文化圈和非汉字文化圈语言进行方差检验，没有统计学上可以分辨的显著差异（F = 1.868，P = 0.173≥0.05）。

表 7 – 2 – 10　　　　　　　　不同母语的测量结果

母语	平均知晓度	系属	平均知晓度	分区	平均知晓度
汉语	0.6507	汉藏语系	0.6507	1	0.5727
韩语	0.4899	系属不明	0.4948		
日语	0.4997	系属不明			
英语	0.4977	印欧语系	0.5323	2	0.5323
印地语	0.6100	印欧语系			
俄语	0.4268	印欧语系			
尼泊尔语	0.5753	印欧语系			
瑞典语	0.4760	印欧语系			
孟加拉语	0.6301	印欧语系			
塞尔维亚语	0.5103	印欧语系			
土耳其语	0.4178	阿尔泰语系	0.4300	3	0.4712
哈萨克语	0.4750	阿尔泰语系			
雅库特语	0.3973	阿尔泰语系			
泰米尔语	0.5719	达罗毗荼语系	0.5334		
铁鲁古语	0.5349	达罗毗荼语系			
蒙达里语	0.4503	南亚语系	0.4503		

（6）不同第二外语的留学生字母词语知晓度的测量结果

第二外语是印欧语系、阿尔泰语系、达罗毗荼语系诸种语言的留学生的字母词语平均知晓度略高于汉语日语，没有学习第二外语的最低，具体见表 7－2－11。进行方差检验，没有统计学上可以分辨的显著差异（F = 2.212，P = 0.122≥0.05）。

表 7 - 2 - 11　　　　　　　　　　　　**不同第二外语的测量结果**

第二外语	平均知晓度	系属	分组	平均知晓度
汉语	0.4785	汉藏语系	1	0.5123
日语	0.5462	系属不明		
俄语	0.4479	印欧语系	2	0.5142
乌尔都语	0.4863	印欧语系		
印地语	0.6045	印欧语系		
英语	0.5249	印欧语系		
西班牙语	0.5514	印欧语系		
哈萨克语	0.4204	阿尔泰语系		
铁鲁古语	0.5993	达罗毗荼语系		
无	0.4989		3	0.4989

（7）不同教育程度的留学生字母词语知晓度的测量结果

表 7 - 2 - 12 显示留学生与中国人字母词语知晓度相比，教育程度的高低都与字母词语知晓度高低成正比。进行方差检验，没有统计学上可以分辨的差异（$F = 2.445$，$P = 0.119 \geqslant 0.05$）。

表 7 - 2 - 12　　　　　　　　　　　**不同教育程度的测量结果**

受教育程度	平均知晓度
中等	0.4729
高等	0.5058

（8）不同年龄段的留学生字母词语知晓度的测量结果

表 7 - 2 - 13　　　　　　　　　　　**不同年龄段的测量结果**

年龄	平均知晓度
17 岁以下	0.5502
18—25 岁	0.4872
26—35 岁	0.5541
36—45 岁	0.4958
46 岁以上	0.5274

从表 7 - 2 - 13 中 5 个年龄段的统计看，年龄段与字母词语的知晓度没有规律性的变化。进行方差检验，也没有统计学上可以分辨的差异（F = 2.238，P = 0.066 ≥ 0.05）。

（9）对英语持不同态度的留学生字母词语知晓度的测量结果

对英语的态度分喜欢和不喜欢两种情况进行调查，不喜欢 77 人，占 33.92%；喜欢 150 人，占 66.08%。平均知晓度分别为 0.4829、0.5077，见表 7 - 2 - 14。但方差检验结果表明，不同英语态度群体字母词语知晓度没有较显著的差异（F = 2.809，P = 0.095 ≥ 0.05）。这与中国人对英语的态度越积极、字母词语知晓度越高的调查结果不同。

表 7 - 2 - 14　　　　对英语持不同态度的测量结果

对英语的态度	平均知晓度
喜欢	0.5077
不喜欢	0.4829

通过分群测量可知，留学生的字母词语知晓度与英语水平、汉语水平（HSK）、性别相关，而与教育程度、英语态度、母语、第二外语、国籍等不相关。这与中国人的字母词语知晓度与教育程度、英语水平、英语态度相关（邹玉华等，2004）与性别、年龄不相关存在差异。

三　知晓度的测量分析结论及教学建议

从本次问卷调查的分析结果，可以得出如下结论：

1. 从总体上看，留学生对汉语汉字背景下出现的字母词语的知晓度比中国人低，并非如我们主观推测的应该比中国人高。

2. 高知晓度字母词语和低知晓度字母词语的折合得分与中国人有别，语义类别存在一定差异。一些与中国人日常生活密切相关的为中国人熟知的字母词语，留学生的知晓度却比较低；而国际化、现代化程度高的字母词语，知晓度较高。

3. 对留学生而言，字母词语的不同结构（含不含汉语词或语素成分）并不是理解字母词语词义的关键。

4. 留学生通过 HSK 的等级高低对字母词语知晓度的影响不大，可能是试题中涉及字母词语数量十分有限有关。

5. 留学生的年龄、母语、国籍、第二语言、HSK 等对其字母词语知晓度都没有显著影响。影响最大的是留学生的英语水平，体现了字母词语的英语来源特征，其次是性别上的差异。

根据对留学生字母词语知晓度的调查和留学生对字母词语学习的认识，我们认为在对外汉语教学中，尤其是报刊阅读、词汇教学等课程中应该及时引入字母词语教学内容。区分基本字母词语、一般字母词语和专业术语，在工具书编纂、教材和教学大纲的编写中应考虑适量引入字母词语。在字母词语教学中应该考虑各种变量对留学生字母词语知晓度的不同影响，有针对性地进行教学。

1. 虽然字母词语的性质目前尚无定论，但部分字母词语已经进入现代汉语词汇系统，并对汉语的语音、词汇、语法、语用各个层面形成一定影响，已经渗透到汉语社会生活的方方面面。应当适时、适量地将字母词语引入对外汉语教学。在问卷中，我们还特意调查了留学生对汉语教师有无必要进行字母词语教学的态度，结果有 153 人认为有必要，占 67.40%；28 人认为无所谓，占 12.33%；46 人认为没必要，占 20.26%，从学习者角度也表明字母词语教学的必要性。

2. 在教材、教学大纲、工具书编写中应当考虑字母词语的筛选、注释等问题。在课堂教学中教师应重视字母词语的讲解和规范使用指导。我们在问卷中了解留学生学习字母词语的途径，在提供的 8 个选项中排在前 5 位的分别是：汉语教材（40.52%）、电视（29.95%）、其他（19.38%）、网络（15.42%）和中文报刊（9.25%），而选英文报刊、工具书、收音机的人数很少。从学习者方面说明，教材是留学生通过课堂学习字母词语的主要途径，电视、网络中文报刊和其他是留学生课外学习字母词语的主要途径。

3. 在教学中应调查留学生的背景情况，把英语水平列在首位，其次是性别，然后再适当考虑其他变量，提高教学的针对性。

4. 在引入时，应综合考虑字母词语的数量、语义类别、结构、来源、词频和知晓度，中国人的高知晓度字母词语应该在初中级阶段引入；在 HSK 试题设计中也应当适量涉及字母词语。

由于研究条件的限制，本调查未能在分群测量时对所设计的所有群体都进行严格的随机抽样和比较分析，所以结论可能带有一定的局限性。

第三节　对外汉语教材中的字母词语

对外汉语教材对字母词语的吸收是伴随着改革开放的深入、字母词语在当代汉语中的激增而变化的，尤其是平面媒体和网络媒体的推动，部分字母词语成为当代社会生活中的常用词语。为了给对外汉语教材编写提供收词依据，本节从共时和历时两个视角考察国内近 30 年 160 种对外汉语教材对字母词语的吸收情况，分析对外汉语教材在不同时期、不同类别的吸收特点，指出教材吸收字母词语存在的问题，提出吸收原则和建议。

一　共时静态考察和历时动态考察

（一）考察对象

我们选取 1978—2010 年出版的 160 种对外汉语教材作为考察对象。这些教材分别由北京大学出版社、北京师范大学出版（集团）社、北京语言大学（北京语言学院/北京语言文化大学）出版社、复旦大学出版社、华语教学出版社、华语教育出版社、New World Press、上海科学普及出版社、上海外语教育出版社、外文出版社、外语教学与研究出版社 11 家出版单位出版；教材类型涉及综合、口语、听力、阅读、写作、文化、翻译等，涵盖初级、中级、高级三个级别（由于篇幅所限，具体书目恕不一一列出）。通过对所调查教材进行穷尽性统计，共得到 257 个字母词语，1021 词次。这些字母词语出现的位置包括：标题、课文、注释、词语例释、课后练习、单元测试、专题知识等；具体呈现方式主要有直用和括注等。尤其是部分教材中出现了对字母词语的专题知识介绍，体现了对外汉语教材的开放兼容。

（二）共时静态考察：2000 年以来对外汉语教材对字母词语的吸收

2000 年以来，对外汉语教材吸收字母词语比较普遍。在我们考察的范围内，不同课程类型、不同级别的教材吸收字母词语存在明显差异。如阅读课、综合课、口语课教材各个级别吸收数量相对较高，其中级阅读教材吸收字母词语的数量高居首位，综合课在高级教材中吸收数量最多，翻译、文化、听力、写作教材吸收字母词语较少。具体情况见表 7 - 3 - 1。

表 7 - 3 - 1　　　　　　　对外汉语教材吸收字母词语情况①

级别 课型	初级	中级	高级
听力	8	6	7
口语	38	70	27
综合	48	30	83
阅读	50	126	13
写作	0	5	11
翻译	0	0	4
文化	0	0	8

（三）历时动态考察：改革开放以来对外汉语教材对字母词语的吸收

改革开放以来，对外汉语教材对字母词语的吸收经历了从无到有、从有到多的发展。在 1978—1989 年、1990—1999 年、2000—2010 年三个阶段中，对外汉语教材对字母词语的吸收具有很大差异：改革开放初期（1978—1989），对外汉语教材中见不到字母词语的踪影；20 世纪 90 年代，对外汉语教材开始吸收少量字母词语；2000 年以来，对外汉语教材吸收字母词语迅速增加，阅读、综合、口语三种课型的教材吸收数量位居前三位（具体见表 7 - 3 - 2）。其中阅读课

---

① 本节数据调查统计由研究生杨媛媛完成，谨致谢忱。

变化最大，第一个阶段为 0 个，第二阶段有 9 个，到第三阶段增加到
213 个；综合课和口语课次之。

表 7 – 3 – 2　　　　不同阶段对外汉语教材吸收字母词语情况

课型/阶段	1978—1989 年	1990—1999 年	2000—2010 年
听力	0	0	21
口语	0	25	147
综合	0	12	166
阅读	0	9	213
写作	0	0	16
翻译	0	0	4
文化	0	1	8

二　吸收字母词语的特点和问题

（一）吸收字母词语的特点

与社会生活中的字母词语相比，对外汉语教材中的字母词语来源
以英语为主，语义类别相对集中，构词成分也比较单纯。

1. 来源明确，以英语为主。汉语中的字母词语来源非常复杂，有
关学者发表的字母词语来源考证论文也证明了字母词语来源的复杂
性。相对而言，对外汉语教材中的字母词语来源比较集中，英源字母
词语占绝对优势，有少量汉语拼音字母词语，还有个别的德语、法
语、希腊语、日语转写的字母词语。具体情况见表 7 – 3 – 3。

表 7 – 3 – 3　　　　　　　字母词语来源情况

来源	英语	德语	法语	希腊语	日语	汉语
数量	244	2	1	3	1	6
例词	CT	Nazi	TCV	ISO	卡拉 OK	HSK

2. 语义类别相对集中。对外汉语教材中的字母词语涵盖组织机
构、经济贸易、文体卫生、科学技术、社会生活、网络通信、其他 7
个领域。语义类别集中在社会生活、文体卫生、组织机构、网络等领

域。具体情况见表 7 - 3 - 4。

表 7 - 3 - 4   语义类别分布情况

语义类别	组织机构	经济贸易	文体卫生	科学技术	社会生活	网络通信	其他	总计
词条数	35	25	63	9	80	31	14	257
百分比（%）	13.62	9.79	24.51	3.50	31.13	12.06	5.45	100

3. 构词成分以拉丁字母为主。字母词语的构词成分主要有拉丁字母、希腊字母、阿拉伯数字、汉字和其他符号，其中字母是必要成分。绝大多数是拉丁字母词语（英、德、法、汉语拼音），个别为希腊字母词语，如 β 胡萝卜素。结构上有英语原形词语、英语字母缩略语、汉语拼音字母词语、汉字和字母混合词语、字母和其他符号的混合词语等。其中以纯字母词语为主，有 214 个，带有汉字构词语素的有 35 个，带有阿拉伯数字的有 8 个。

4. 对外汉语教材对字母词语的吸收数量受出版时间、教材汉语级别、课程类型等多种因素影响。据统计，在初级、中级、高级 3 个层次中，中级教材吸收最多（264 个），其次分别为高级（196 个）、初级（156 个）；在听力、口语、综合、阅读、写作、文化、翻译 7 种课型中，阅读教材吸收字母词语数量居首位（222 个），综合和口语教材分别居第二位、第三位，其数量分别为 178 个、172 个，吸收字母词语数量最少的是翻译教材，只有 4 个字母词语。

（二）吸收字母词语存在的问题

通过具体考察，我们发现，对外汉语教材在吸收字母词语时存在随意、滞后等问题，具体表现在选词、词形、读音、注释解说等方面。

1. 选词问题。在各类教材中字母词语的选词比较随意。哪些应该进入、哪些应该改写成汉字词语没有明确的依据。教材修订时也缺少对字母词语的及时更新，如课文和练习中出现的“BP 机”，作为通信工具，BP 机在日常生活中已经被淘汰了，需要更新。

2. 词形问题。在所调查的对外汉语教材中，存在一些异形字母词语。如：email/E－mail/E－MAIL/e－mail/伊妹儿/电子函件；VCD/VCD 机/VCD 播放机。

3. 读音问题。对外汉语教材吸收的字母词语，都没有读音标注。目前学界对字母词语的读音标准尚无定论，也造成对外汉语教材无据可依。

4. 注释问题。对外汉语教材中字母词语的注释问题比较突出，主要表现在：

第一，缺少相对应的英语全称注释。如《日汉翻译教程》① 将 UFO 注为"飞碟"，且没有英文注释；《现代汉语词典》（第 5 版）② 注为"不明飞行物"，还指明是英语 unidentified flying object 的缩写。比较二者可知，《现代汉语词典》不仅出示了英语来源及全称，而且汉语和英语注释互相对应；教材中的注释缺少相应的英语全称，修订时可以借鉴《现代汉语词典》的注释，再增加"俗称飞碟"的补充。

第二，缺少相对应的汉语和英语全称注释。如《阶梯汉语·中级阅读 2》中的"世贸组织 WTO"，缺少汉语全称"世界贸易组织"，缺少英语全称 World Trade Organization。

第三，机构组织以及其他专名括注过多。机构组织以及其他专有名词常用括注形式，如世界卫生组织（WHO）、亚太经济合作组织（APEC）、美国广播公司（ABC）、全国广播公司（NBC）、国内生产总值（GDP）。但数量过多会影响留学生对汉语词语的认知，括注的字母词语多数因为使用频度低而没有掌握的必要。

三　吸收字母词语的原则和建议

（一）吸收原则

1. 慎重严格，避免随意。在吸收标准、词形选择、释义模式等方面都应避免主观随意，本着慎重严格的原则，严格筛选，进行改写替换。

---

① 邱鸿康：《日汉翻译教程》，北京语言大学出版社 2002 年版，第 53 页。
② 中国社会科学院语言研究所词典编辑室：《现代汉语词典》，商务印书馆 2005 年版，第 1835 页。

2. 必要少量，避免滥用。根据语境和语体的需要，本着必要的原则吸收字母词语。有简明汉语词语的用汉语词语，汉语词语冗长或没有替代词语的字母词语则根据课型、级别进行吸收。对不常用的字母词语，不必增加扩注形式，因为扩注形式会增加留学生的学习负担，也有画蛇添足之嫌。

3. 规范明确，避免失范。对外汉语教材作为对外汉语教学的依据，在吸收字母词语时必须保证词形规范、释义准确，为教师、留学生提供规范明确的语言事实，避免词形不一、释义模糊。

(二) 吸收建议

我们建议，在修订现有的《词汇等级大纲》时，给常用高频字母词语以一席之地，重视对外汉语教学用词表的多元化与动态更新；在HSK 考试中可以出现个别常用字母词语，不能刻意回避。笔者曾问卷调查留学生学习字母词语的途径，在提供的 8 个选项 (对外汉语教材、中文报刊、电视、英文报刊、网络、工具书、收音机、其他) 中排在前 5 位的分别是：对外汉语教材 (40.52%)、电视 (29.95%)、其他 (19.38%)、网络 (15.42%) 和中文报刊 (9.25%) (详见本章第二节)。这从学习者方面说明，教材是留学生通过课堂学习字母词语的首选途径，电视、网络、中文报刊和其他是留学生课外学习字母词语的主要途径。作为留学生学习字母词语首选途径的教材，在编写时应依据《现代汉语词典》等权威工具书对字母词语的收录、《中国语言生活状况报告》及字母词语专题研究成果，根据社会生活需要，本着慎重、严格、规范的原则吸收相对稳定、词频高、表义明确的字母词语。同时，学术界也应加快对字母词语的研究，如研制规范方案、制定读音标准、研制字母词语常用词表等，为对外汉语教材编写吸收字母词语提供依据。在引入时，应综合考虑字母词语的数量、语义类别、结构、来源、词频和知晓度。

本章小结

本章在分析将字母词语引入对外汉语教学中的必要性基础上，阐明字母词语的教学特点和教学原则，呼唤字母词语研究的不断深入；通过来自 13 个国家和地区的 227 名留学生对 146 个字母词语知晓度的总体和分群测量，发现留学生字母词语的知晓度与中国人存在较大差异，为字母词语的对外汉语教学提供直接依据。通过对近 30 年 160 本对外汉语教材中的共时静态考察和动态历时考察，归纳对外汉语教材吸收字母词语的特点和问题，提出吸收原则和建议。

第八章

词典编纂：字母词语的收录与释义

第一节 字母词语的收录与注音问题

20 世纪 80 年代中后期以来，各类词典以不同的编排体例收入了数量不等的字母词语。刘涌泉、沈孟璎、侯敏等还相继出版了字母词语专门词典。但由于缺少明确的规范标准，在实际生活中人们对字母词语读音的随意性很大，不同的学者所持观点不同，各种词典基本上不对字母词语的字母部分注音。本节在回顾学术界对字母词语读音所持的各种读音标准基础上，考察部分词典在实际注音时所采用的方式，针对存在问题提出字母词语注音应遵循的原则。

一 字母词语读音标准的讨论

字母词语的读音，实际上指的是字母词语中字母部分的读音。字母词语的读音标准直接影响着词典编纂中的注音方式和编排体例，继而指导人们在使用时的读音实践；但同时也是一个分歧较大、见仁见智的问题。主要观点有：

（一）采用外语（英语）读音。刘涌泉（2002）主张来自外语的字母词语一律按英文字母读，来自汉语拼音的字母如何读，目前尚无最后定论，但有按英文字母读音的趋向①。李小华（2002）抽取了 19 个涵盖 26 个英文字母的字母词语，对 200 名中国人进行问卷调查，运用语料库进行词频统计，结果显示：大众倾向于用英文字母音读字

---

① 刘涌泉：《关于汉语字母词的问题》，《语言文字应用》2002 年第 1 期。

母词语。虽然大众的读音有差异，但"基本上还是属于中国人拼读外文字母主要是英文字母的差异，是英语字母读音的内部差异，是标准读音与非标准读音的差异"；"即使一些意义来源于汉语的字母词，如'HSK'，人们尽管知道是指'汉语水平考试'，仍然采用英语字母音，并未用汉语拼音"。为了避免问卷调查的片面性，又辅以一个月的电视监听调查，结果与问卷调查一致，只是发音比大众更规范，是标准的英文字母读音。从遵循语音规范的从众性、坚持语音的系统性和维护读音的纯正性出发，基于语言的事实，她确立标准英文字母读音为字母词语的规范读音。① 郭熙（2005）在提出制定字母词语使用规范的总原则的基础上，拟定了字母词语的读音按国际音标、字母词语的书写按汉语拼音的正词法和中文罗马字拼写法等规范要求。②

　　（二）用汉语音或近似的汉语音来读。周一民（2000）主张使用"京音"，即按北京人口语中的英文字母读音，大体上就是按普通话音节来读英文字母，并且给每个字母加上声调，认为这样做可以把英文的字母读音"汉化"，"因为一种语言对音系之外的因素是天然排斥的，不可能共存。读京音可以使英语字母更好地融入汉语，真正成为汉语的组成部分，对吸收外来先进科技文化成果是有利的"。③ 王均（2000）建议："大体依照英语字母的名称，改依中国数理化教员的读音。"④ 贾宝书（2000）认为："如果字母词中字母的读音按西文字母音读的话，那么在字母词内部或者更进一步说在使用字母词的汉语内部就会有不同的语音系统在起作用"，"倘若语音形式未经汉化，那么字母词就可以影响到汉语语音系统的完整性，同时也将否认汉语语音系统的开放性"，并认为字母词语中字母读音有独立的趋势，在汉语中越来越接近西文的实际读音，但接近并不等于就是西文的读音，

　　① 李小华：《再谈字母词的读音问题》，《语言文字应用》2002 年第 3 期。

　　② 郭熙：《字母词规范设想》，《辞书研究》2005 年第 4 期。

　　③ 周一民：《VCD 该怎么读——谈谈英语字母的普通话读音》，《语文建设》2000 年第 6 期。

　　④ 王均：《书〈VCD 该怎么读〉之后——兼谈汉语拼音的字母名称读音》，《语文建设》2000 年第 6 期。

从实际读音出发，绝大多数字母词语可以用汉语拼音来注音。他为除了 W 以外的 25 个英文字母构拟了汉语拼音音读，认为只有这样，字母词语"才真正具备了进入现代汉语普通话词汇系统的条件"。①

（三）分别对待的读音标准。沈孟璎（2001）认为，源于外语的西文字母的读音按西文字母音读，"汉化"读音不必注。对源于汉语的字母词语提出四种处理办法："①严格按汉语拼音字母名称来读；②用注音字母的呼读音来读；③采用西文字母读音，主要是英文字母读音；④在汉语拼音字母词之后，附上括号，括号内写出汉字，只读汉字的全称。如 RMB（人民币）读'人民币'音。"她指出①②读法群众基础不好，不易推广；③把汉语拼音字母混同于西文字母，不伦不类，造成混乱，故倾向于④，认为起码明确它是汉语的，而非外语的，虽不甚理想，没显示出字母自身读音，但总比用西文字母读音好。②刘建梅（2002）就现代汉字系统中外来字母的规范提出应遵守"必要性""普遍性""明确性"原则，并具体阐述了从"定形""定音""定量""定序"四方面加以规范的方法。认为应该以外来字母的本来面目去称呼它们，而不必非要用汉语拼音的读法去读；对少量的由汉语拼音字母缩略而成的形式，认为按英语读从来源上不合适，需作进一步的考察分析。③王吉辉（2003）等则透过纷繁歧异的音读总括出汉语社会在字母词语音读上的规律性分布和字母读法、拼读法、借读法。④吴欣春（2000）特别强调汉语、英语不能混读，提出可供选择的解决方案。⑤

（四）两套标准并行不悖。周健等（2001）认为字母词语的汉语读音有两种，一种是汉化的读音标准，即在广泛调查统计的基础上，参照大多数国人的字母读音习惯，兼顾字母的英语本音，主要依据汉

————————

① 贾宝书：《关于给字母词注音的一点思考与尝试》，《语言文字应用》2000 年第 3 期。

② 沈孟璎：《浅议字母词入典问题》，《辞书研究》2001 年第 1 期。

③ 刘建梅：《现代汉字系统中外来字母规范浅议》，《语言文字应用》2002 年第 1 期。

④ 王吉辉：《字母词语的使用与规范问题》，《汉语学报》2003 年第 4 期。

⑤ 吴欣春：《我们怎么读字母词》，《语文建设通讯》2000 年总第 65 期。

语拼音（允许少量例外）来确定每个字母的拼法和声调，制定出汉语英文字母读音标准；另一种是英语字母自身的读音标准。只要不影响交际，两种方式并行不悖，都可视为规范读音。①

二　字母词语的收录和注音方式

为了解字母词语的注音情况，我们考察了 14 种词典的收录数量、编排体例和注音方式，其中以 2000 年以后出版的 4 部为主。

1. 韩明安：《汉语新词语词典》，山东教育出版社 1989 年版。

2. 诸丞亮、刘淑贤、田淑娟：《现代汉语新词新语新义词典》，中国工人出版社 1990 年版。

3. 雷启良、王玮：《新词新义词典》，湖北教育出版社 1991 年版。

4. 闵家骥、韩敬体、李志江、刘向军：《汉语新词新义词典》，中国社会科学出版社 1991 年版。

5. 于根元：《1991 年汉语新词语》，北京语言学院出版社 1992 年版。

6. 毛信德：《当代中国词库》，航空工业出版社 1993 年版。

7. 李行健：《新词新语词典》，语文出版社 1993 年版。

8. 于根元：《现代汉语新词词典》，北京语言学院出版社 1994 年版。

9. 刘一玲：《1994 年汉语新词语》，北京语言学院出版社 1996 年版。

10. 刘一玲：《当代汉语缩略语词典》，四川人民出版社 1998 年版。

11. 林伦伦、朱永锴、顾向欣：《现代汉语新词语词典》，花城出版社 2001 年版。

12. 刘涌泉：《字母词词典》，上海辞书出版社 2001 年版。

13. 沈孟璎：《实用字母词词典》，汉语大词典出版社 2002 年版。

---

① 周健等：《略论字母词语的归属与规范》，《语言文字应用》2001 年第 3 期。

14. 中国社会科学院语言研究所词典编辑室：《现代汉语词典》，商务印书馆 2002 年版、2005 年版、2012 年版。

以上词典字母词语的体例分集中编排和混合编排两种。集中编排的，除两本字母词语词典外，多采用"附录"或"其他"形式收入字母词语，数量从几个到上百个不等，如《现代汉语词典》。混合编排的，依照汉语拼音字母顺序与汉字词语统一编排，字母词语集中排列在每个拼音字母部的前部或后部，如《新词新语词典》；或分类对待，混合排列，如《现代汉语新词语词典》，将 53 条字母词语中以字母开头的或纯字母的词分列在每个字母部的最前面，把以汉字开头的字母词语按汉字音节排在中间。例如将"BB""BBS""BB 机""BP机""BTV""B 超"编排在汉字词条的前面，而把"卡拉 OK""考G"，依开头的汉字读音分别依次排列在汉字词语中。

注音方法，主要有以下几种：

1. 总体说明。刘涌泉《字母词词典》收录字母词语 2000 余条，未注音，但附录就读音问题进行了探讨，提出带元音字母词语是否连读的问题。沈孟璎主编的《实用字母词词典》，对分别以拉丁字母、希腊字母、数字、汉字开头的字母词语都未注音；对以汉语拼音开头的字母词语仅说明是哪个音节的首字母，也未注音，如"D 版：D 是'盗 dào'的汉语拼音首字母"。其"跋"就不同类别字母词语的注音问题提出一些设想，"凡例"又进一步指出："字母词中的西文字母按西文音读，汉语拼音字母、汉字按汉语拼音读，不再标注。"

2. 分别对待。（1）只注汉字，不注字母。如《现代汉语词典》（2002 年增补本）在词典正文后附"西文字母开头的词语"142 个，页下说明："在汉语中西文字母是按西文的音读的，这里就不用汉语拼音标注读音，词目中的汉字部分仍用汉语拼音标注读音。"对收录的纯字母形式字母词语不注音，对英汉混合形式的字母词语只注汉字部分，例如"ĀQ""AA 制：zhì"。《现代汉语新词词典》《现代汉语新词新语新义词典》和《现代汉语新词语词典》皆采用这种方式。（2）附录、正文分别对待。《现代汉语词典》（2002 年增补本）附录部分有说明，没有为字母部分注音，但对收入正文的"阿 Q"则有读音标注，且为"Q"加了阴平调；到了 2012 年第 6 版，则对正文中的字母词语不再注音。

3. 完全回避。即在词典正文以外无任何注音说明，在正文中也不为字母或汉字注音。如《汉语新词语词典》，只按汉语拼音顺序排列词目，字母、汉字一律未注音。

以上注音方式存在一定问题：总体说明有简明的优势，但字母词语的读音很复杂，是不能依靠简单说明可以解决的问题。大部分字母词语是按字母分读的，但还有可以连读的，如 UFO。字母词语来源不一，词形结构和构词成分丰富，需要给出明确的读音，即使不能逐一标注，也应给出明确的读音细则。分别对待看似必要，但同样存在上面的问题，并且容易自相矛盾，如正文收录的字母词语注音，收入附录中的字母词语不注音。以上方式无论采取哪种，都在不同程度上回避了字母词语的注音问题。

三　字母词语的注音原则和标准

学术界对字母词语读音标准的看法分歧较大，各种词典的注音方式不一，主要原因在于：（1）字母词语来源复杂；（2）没有得到足够重视，一些学者认为字母词语的规范主要考虑的是词形和语义；（3）人们接触和使用字母词语时多通过网络、书刊，"目视"远远多于"耳听"和"口说"，随意性强。注音标准的讨论、词典注音的方式和人们的实际读法，都说明制定字母词语规范读音标准的必要性和迫切性。我们认为，收入字母词语的词典应为字母词语注音，方式可分集中说明和逐条标注。集中说明应以条例形式详细解说，涵盖各类字母词语。

字母词语的注音方式和读音标准应遵循以下原则：

1. 前瞻性原则。字母词语是一个国际性的语言问题。伴随着 20世纪全球拉丁化浪潮的高涨，全球经济一体化进程的加快和高科技的发展，从非汉字文化圈到汉字文化圈，不同的语言文字都受到一定程度的影响，如在《读卖新闻》《朝鲜日报》等日韩（朝）报刊中，SARS、WTO、BBC、NBA、IP、LG 等的使用频率都相当高。新概念、

新术语体现出的公共性，显示出"世界通用词语"的产生和发展已成
为必然。如果日语采用日化的注音，韩语采用韩化的注音，汉语采用
汉化的注音，势必会影响这些"世界通用词语"读音的一致性。20
世纪50年代，我国在制定《汉语拼音方案》时，曾经围绕是采用拉
丁字母还是斯拉夫字母的问题展开讨论，庆幸当时在向苏联一边倒的
政治背景下做了明智选择。选用国际音标按照严格的英语读音为各种
来源的拉丁字母词语注音也是具有前瞻性的选择。

2. 普遍性原则。字母词语中拉丁字母形式的占绝大多数。以《实
用字母词词典》为例，该词典共收各类字母词语1306个（不含附
录），其中以西文字母开头的有1152个，除去20个希腊字母开头的
字母词语，以拉丁字母开头的有1132个，占总量的87%（未排除自
创的英语字母词语）。以拉丁字母开头的字母词语多数源于英语；同
时，人们看到拉丁字母习惯用英语字母的读音来读，即使是由汉语拼
音缩略而成的也如此。基于以上两点，采用标准英语注音具有普遍
性。此外字母词语来源复杂，除多来自英语外，还有源于包括汉语在
内的多种语言。如果依据来源确定读音，势必会导致字母词语读音和
注音的复杂化，一些字母词语只能目视而无法读出。

3. 规范性原则。词典编纂在字母词语的注音方式和体例上都需要
有明确的规范，这样才能真正发挥词典的工具性和示范指导作用，避
免编写的随意性，减少人们读字母词语的盲目性。如：哪些是依照字
母分读的，哪些是一定要连读的，哪些是既可分读又能连读的；对能
产性强的字母词语形成的系列词语，如MP3、MP3音乐、MP3手机、
MP3播放器，是逐条标注，还是只注代表词目。这些具体问题都需要
制定注音细则，以保证注音方式的规范。

4. 开放性原则。主张汉化读音的一些学者，担心采用标准英语为
字母词语注音会影响现代汉语语音系统的纯洁性、整体性。这种担忧
忽视了语言是一个开放系统的事实。语言三要素中，语音虽然没有词
汇发展变化快，但在长期的语言接触与融合中也会发生相应的变化，
汉语古今语音的演变，我国少数民族语言音系对普通话的吸收都是语
音开放性的表现。字母词语在近几十年的大量产生，对汉语各个要素

和层面都产生了不同程度的影响，如对构词法的影响，"e""IT"
"CD""TV""IP"等表现出的语素化倾向。字母词语对语音的影响
也是不可避免的，需要处理好汉语音系的整体性、规范性和开放性之
间的关系。

第二节　字母词语的来源与标注问题

　　字母词语的来源对字母词语的释义有着直接的影响：指明正确的
来源是正确释义的基础，来源考证错误则会导致释义的偏离。因此，
字母词语来源问题的研究应该得到重视。史有为（2004）认为现代意
义上的外来词研究大凡有十端，其中他把"考源流"列在首位，并指
出十项之中，"考源流"是最困难的，也是学者们最注意的。① 从事
考源流研究需要多种语言、多种学科的修养。字母词语来源的考察难
度并不亚于一般外来词，字母词语的来源虽然不像部分汉字外来词那
样历史久远，但考源流同样也是字母词语研究中的难题，也需要多种
语言、多种学科的修养。本节通过对字母词语的来源及十余部工具书
的考察，指出字母词语来源的复杂性、工具书来源标注及释义存在的
问题，希望能引起注意，以增强释义的正确性和科学性。

一　字母词语的复杂来源

　　就目前的研究看，字母词语的来源并非如我们想象的那样简
单——要么源于英语，要么源于汉语拼音。其来源可谓多样、相当
复杂：

　　（一）源于英语。源于英语的字母词语数量最多。以沈孟璎主编
《实用字母词词典》为例，该词典共收各类字母词语 1351 条，其中以
西文字母开头的有 1152 个，除去 20 个以希腊字母开头的字母词语，
以拉丁字母开头的有 1132 个，占总量的 83.8%（含自创的英语字母

---

　　① 史有为：《外来词——异文化的使者》，上海辞书出版社 2004 年版，第 3 页。

词语)，其中绝大多数是源于英语的字母词语。

（二）源于德语。如：F，华氏（德 Fahrenheit 的缩写）。①

（三）源于法语。如：pH 值，氢离子浓度指数。［法 potentield' hydrogène 的缩写］。②

（四）源于俄语。KGB，克格勃，（俄语转写形式 Komitet Gosudarstvennoi Bezopasnosti "国家安全委员会" 的缩写）。③

（五）源于日语、日语成分的转写。如：OPS 是 "欧巴桑"（日语おばさん）的字母转写；OGS 是 "欧吉桑"（日语おじさん）的字母转写；NHK，日本放送（即广播）协会，日语 Nippon hosokyo kai 转写形式的缩写。

（六）源于希腊语。如：ISO，国际标准化组织。从希腊语 "isos"（相同的）得名［英 International Organization for Standardization］。④

（七）源于拉丁语。如：AM，上午（拉丁语 Ante Meridiem）。⑤

（八）源于夏威夷语。如：ALOHA，美国夏威夷大学开发的一种随机访问的广播式计算机网络系统。ALOHA 在夏威夷语中的意思是 "爱"，也用于打招呼或说 "再见"。⑥

（九）源于汉语和汉语方言。如：GB，是 "国家标准" 的汉语拼音缩写。汉语自构英语 KTV，简称 K 房，缩略自台湾自构英语 karaok television。LYG 是闽方言 "老妖精" 的缩写。UK 是闽南语发音 "幼齿" 的缩写，很年轻的意思。

由上可知，字母词语的来源非常复杂，只从字母形体不能推断字母词语的真正来源。

---

① 刘涌泉：《汉语字母词词典》，外语教学与研究出版社 2009 年版，第 87 页。

② 中国社会科学院语言研究所词典编辑室：《现代汉语词典》，商务印书馆 2005 年版，第 1834 页。

③ 刘涌泉：《汉语字母词词典》，外语教学与研究出版社 2009 年版，第 134 页。

④ 中国社会科学院语言研究所词典编辑室：《现代汉语词典》，商务印书馆 2005 年版，第 1833 页。2012 年版出示了希腊语和英语 2 种来源，见第 1752—1753 页。

⑤ 刘涌泉：《汉语字母词词典》，外语教学与研究出版社 2009 年版，第 11 页。

⑥ 同上书，第 10 页。

二　字母词语的来源标注

考察字母词语的来源是释义的依据和基础，否则会导致释义的主观臆断，影响工具书的权威性和工具性。字母词语大多数来源于如上所举西方拼音文字诸种语言，其中以英语为最，兼有德语、法语、俄语等，字母词语的这种外来性决定了对其来源进行说明的必要性。同时，字母词语多用缩略法造词，具有缩略词语形式上的简洁性和语义上的隐晦性，即使是源于汉语和汉语方言词语，字母词语的这种缩略性也决定了有对来源进行说明的必要。

据我们考察，词典编纂者都比较重视字母词语来源的标注和说明。常见体例有两种：

（一）在词条后，先释义，后说明来源

在括号内出示来源语种和原形词语，如：

【hi－fi】高保真度。[英 high－fidelity 的缩写]①

【ICQ】一种国际流行的网络即时通讯软件。[英 I seek you（我找你）的谐音]②

【RMB】人民币。[汉语拼音 rénmínbì 的缩写]③

【NASA】美国国家航空和航天局（National Aeronautics and Space Administration）。④

【MPC】多媒体个人电脑（Multimedia Personal Computer）。美国微软等公司合力开发的多媒体硬件和软件标准。⑤

（二）在词条后，先说明来源，后释义

如：

【SPF】Sun Protection Factor 的首字母缩写，SPF 即 SPF 指数、

① 中国社会科学院语言研究所词典编辑室：《现代汉语词典》，商务印书馆 2005 年版，第 1833 页。

② 同上书，第 1833 页。

③ 同上书，第 1835 页。

④ 刘涌泉：《汉语字母词词典》，外语教学与研究出版社 2009 年版，第 160 页。

⑤ 同上书，第 154 页。

SPF 值，或叫 SPF 系数，中文译为防晒指数或防晒系数。通常的化妆品都标有 SPF 指数，大多数防晒化妆品均以 30 分钟为一个防晒指数。SPF 指数愈高，防晒效果愈强。目前我国还没有对防晒指数的大小作定量的规定。美国规定 SPF 最高为 30，主要用于海滨场所的全身防晒。①

【CT】[名] 英语 Computed Tomography 的缩写，即电子计算机断层扫描，应用于医疗检查。能把透过人体某一部位的 X 线量转换成数字，输入电脑计算处理，再由电脑把该部位的图像重新模拟出来，通过电视系统显示在荧光屏上。//不幸的是，1987 年 10 月，高建民的旧病又复发了，～检查结果证明：胶质瘤又在逞凶了！（《当代》1988 年第 3 期第 114 页）②

【TQC】[名] 英语 Total Quality Control 的缩写，即全面质量管理。//"春子，下班后到我办公室去。""干什么？""干活！我要计算工作量，填写～图表。"（《中篇小说选刊》1987 年第 2 期第 48 页）③

三　来源标注与释义问题

（一）出示来源的原则、范围不确定，随意性大

《现代汉语词典》2002 年增补本共收录 142 个 "西文字母开头的词语"，除去未解释语源的 22 条外，对 120 条字母词语给出了来源，其中来自汉语拼音缩写的 2 条，法语 1 条，希腊语 1 条，英语 116 条，并给出了相应的原文。但哪些应该出示，哪些必须出示，哪些无须出示，在不同的工具书中并无统一的原则可以遵循，随意性较大。在同一部工具书中也没有明确必须出示来源的范围，形成时而有、时而无的现状。

如：

有来源出示例：【OA】办公室自动化。[英语 Office Automation 的

---

① 沈孟璎：《实用字母词词典》，汉语大词典出版社 2002 年版，第 170 页。
② 刘配书：《汉语新词新义》，辽宁大学出版社 1991 年版，第 348 页。
③ 同上书，第 348 页。

缩写]《人民日报》1985.5.12："～热潮席卷日本。"①

无来源出示例：【SOS】国际通用的（船舶、飞机等的）呼救信号。喻指求救、求助。②

据我们的初步考察，在收录字母词语的工具书中都有不出示来源的词条，如：

【A股】指人民币普通股票。由我国境内的公司发行，供境内（不含港、澳、台）投资者以人民币认购和交易。③

【AA制】指聚餐会账时各人平摊出钱或各人算各人账的做法。④

【AB制】剧团排演某剧时，其中的同一主要角色由两个演员担任，演出时如A角不能上场则由B角上场，这种安排叫做AB制。⑤

不出示来源的词条，部分是来源明确或本身就是符号型号标志等的字母词语，也有少数字母词语的来源尚无定论，有待考证。

（二）缺少来源出示

如：

【PCR】临床基因扩增检测。△为了PCR检测技术更好地应用于临床，大连市第六人民医院……（《大连晚报》2003年2月25日）⑥

【TSP】技术规格。△他说，国际上有一个统一衡量大气状况的TSP值，即指悬浮颗粒物的数量，目前伦敦的指标是十几，纽约是37左右，而北京的指标则是纽约的十几倍。（《北京青年报》1999年2月14日）⑦

【WTO】世界贸易组织。世界贸易组织（WTO）成立于1995年1

---

① 诸丞亮、刘淑贤、田淑娟：《现代汉语新词新语新义词典》，中国工人出版社1990年版，第799页。

② 同上书，第821页。

③ 中国社会科学院语言研究所词典编辑室：《现代汉语词典》，商务印书馆2002年版，第1733页。

④ 同上。

⑤ 同上。

⑥ 曲伟、韩明安：《当代汉语新词词典》，中国大百科全书出版社2004年版，第1156页。

⑦ 同上。

月 1 日。1996 年，经过试运转的 WTO 正式取代关贸总协定（GATT），成为统辖货物贸易、服务贸易、知识产权贸易等为一体的国际经济组织。△当然作为外企更是欢迎中国加入 WTO，加入 WTO 直接带来中外交流的增加，对我们也是一个机遇。(《北京青年报》1999 年 4 月 15 日)①

（三）虽说明或指出来源，但未出示原形词语

如：

【MBA】工商管理硕士的英文缩写。△我国每年急需大批工商管理人才，目前的 MBA 还远未达到要求。(《北京青年报》1999 年 3 月 29 日)②

【OEM】"原设备制造商"的英文缩写。意思是我生产的产品，只要获得另外一家公司认证的资质，就可以贴上它的标签，成为另一家公司的品牌产品的一部分或全部。△在高新产业界，你随时可以听到 OEM 这个词。(《光明日报》2002 年 7 月 26 日)③

【STS】科学、技术与社会的英文缩写。即关于科学、技术现象与社会现象的相互作用和相互影响的研究。STS 研究始于美国，属于交叉学科研究领域。△简单说来，到 70 年代初，STS 的许多问题已成为社会和政府普遍关注的焦点。(《新华文摘》1996 年第 12 期)④

【三 P】钢笔、酒杯、方向盘三个词在俄语中的第 1 个字母都是 P，因而写成"三 P"。例：俄罗斯特工有这样一句俏皮话：我们的主要武器是三 P——钢笔、酒杯、方向盘。(《保密工作》2000 年第 7 期，萧山文)⑤

（四）同一词条在不同工具书中是否出示来源，情况不一

如：

---

① 曲伟、韩明安：《当代汉语新词词典》，中国大百科全书出版社 2004 年版，第 1159 页。

② 同上书，第 1155 页。

③ 同上书，第 1156 页。

④ 同上书，第 1157 页。

⑤ 沈孟璎：《实用字母词词典》，汉语大词典出版社 2002 年版，第 220 页。

【CT】1. 计算机体层成像：做～。2. 计算机体层成像仪。［英 computerized tomography 的缩写］①

【CT】电子计算机断层扫描，应用于医疗检查。能把透过人体某一部位的 X 线量转换成数字，输入电脑计算处理，再由电脑把该部位的图象重新模拟出来，通过电视系统显示在荧光屏上。［英语 Computed Tomography 的缩写］②

【CT】指 X 射线电子计算机断层扫描。可通过透视，诊断身体内部的病情。③

《现代汉语词典》和《现代汉语新词新语新义词典》都出示了来源，但《当代汉语新词词典》未出示。

（五）同一词条在不同工具书中均出示了来源，但解说不一

以 "ISO" 为例，我们考察的部分工具书解释如下表：

表 8 - 3 - 1　　　　工具书对 "ISO" 的具体解释

工具书	来源和释义
中国社会科学院语言研究所词典编辑室：《现代汉语词典》，商务印书馆 2005 年版，第 1833 页	国际标准化组织。从希腊语 isos（相同的）得名［英 International Organization for Standardization］
中国社会科学院语言研究所词典编辑室：《现代汉语词典》，商务印书馆 2012 年版，第 1752—1753 页	国际标准化组织［从希腊语 isos（相同的）得名，一说从英语 International Organization for Standardization］
史有为：《外来词：异文化的使者》，上海辞书出版社 2004 年版，第 304 页	国际标准化组织。来自希腊语 isos（义为"同样""同等"），英语称为 International Organization for Standardization；法语称为 Organisation Internationale de Normalisation
刘涌泉：《汉语字母词词典》，外语教学与研究出版社 2009 年版，第 125 页	国际标准化组织（International Standards for Organization）
沈孟璎：《新词新语词典》，四川出版集团/四川辞书出版社 2005 年版，第 345 页	国际标准化组织（英语 International Organization for Standardization 的缩写）

---

① 中国社会科学院语言研究所词典编辑室：《现代汉语词典》，商务印书馆 2002 年版，第 1738 页。

② 诸丞亮、刘淑贤、田淑娟：《现代汉语新词新语新义词典》，中国工人出版社 1990 年版，第 799 页。

③ 曲伟、韩明安：《当代汉语新词词典》，中国大百科全书出版社 2004 年版，第 1151 页。

续表

工具书	来源和释义
商务印书馆辞书研究中心：《新华新词语词典》，商务印书馆 2003 年版，第 440 页	国际标准化组织［英 International Organization for Standardization 的缩写］
史群：《新英汉缩略语词典》，商务印书馆 1997 年版，第 544 页	International Standardization Organization 国际标准化组织
曲伟、韩明安：《当代汉语新词词典》，中国大百科全书出版社 2004 年版，第 1154 页	ISO 是英语 International Standardization Organization 的首字母缩写，是由涉及众多行业的 29 个国际性标准化团体在统一协调基础上形成的质量标准组织

对 ISO 的解释，归纳起来有两种，究竟孰是孰非，给读者造成了麻烦，需要下工夫辨正。据张铁文考证，"ISO"来源于希腊语"isos"（相同、平等；此处的"isos"是希腊语原词的转写形式），"isos"也是前缀"iso-"来源，"iso-"出现在"isometric"（等体积的、等容积的）、"isonomy"（法律平等、法律面前人人平等）等一些词语的前部。并认为国际标准化组织的英语名称是 International Organization for Standardization，英文缩写，按照正常的首字母缩写规则应是 IOS，而不是 ISO。① 但大多数工具书都认为源于英语，出示 ISO 的英语形式是 International Standardization Organization。《现代汉语词典》2012 年版将来源出示改为 2 种，一是源自希腊语，二是源自英语，标明不同意见。

四　相关思考和若干对策

通过考察可知，字母词语的来源十分复杂，工具书中对字母词语的来源标注问题也很多。要提高工具书对字母词语释义的正确性和科学性，建议采取如下措施。

（一）重视字母词语来源的考证和标注。由于字母词语的来源复杂，故来源考证工作需要认真谨慎，以避免主观想象或漏释以及随意拿来的误释。对来源不明者可以阙如；对不能确定者，可以标注不同

---

① 张铁文：《ISO 名称的由来》，《语文建设》2002 年第 7 期。

来源，如当前对"PK"的来源就有不同说法。但不管哪种情况，都应认真对待，不能人云亦云，需要重视对字母词语来源考证，避免标注错误，导致释义偏差。

（二）规范辞书编写体例，统一标注原则。字母词语在汉语中的使用问题很多。研究者和广大读者都需要工具书提供规范依据。无论是专门字母词语工具书还是收录有字母词语的工具书，在进行编写前，一定要调查了解当前工具书存在的相关问题，明确编写体例，统一标注原则，规范使用释义元语言。

（三）注意吸收学术界关于个别字母词语的考证成果，对存在的问题在工具书再版修订中及时改正，从而不断完善字母词语的释义，为字母词语研究提供科学依据，为字母词语的规范使用提供规范依据。

第三节　外向型字母词语学习词典的编纂

改革开放以来，随着汉语中字母词语数量的增多、使用范围的扩大，留学生在学习和生活中遇到的相关问题也越来越多，适时适度地将字母词语引入对外汉语教学很有必要。《现代汉语词典》等收录有字母词语的工具书以及专门的字母词语工具书是针对中国人编写的，在词语的收录、释义等方面不能满足留学生的学习和生活需要。在字母词语工具书编纂中，应该考虑留学生这一特殊用户群体的特定需求。本节在以往研究基础上，考察内向型和外向型词典字母词语的收录等情况，探讨分析外向型字母词语学习词典编纂的必要性，提出外向型字母词语学习词典的编纂原则与个性特征，为编纂实践提供依据。

一　编纂外向型字母词语学习词典的必要性

（一）留学生在日常生活和课堂学习时的实际需要

改革开放以来，字母词语的数量有了显著增加，已经渗透到汉语社会生活的方方面面。虽然字母词语的性质目前尚无定论,但部分字母词语已经进入现代汉语词汇系统,对汉语的语音、词汇、语法、语用各个层面形成一定影响。留学生无论是日常购物,去邮局、医院、银行,还是外出旅游、上网聊天都会遇到字母词语;课堂学习中,尤其是报刊阅读类课程,更无法回避字母词语。因为字母词语在报刊中的出现数量和频率很高,并涵盖了政治、经济、文化、教育、医学、信息、体育等多个领域。

　　留学生从主观上也有学习字母词语的需要。我们曾对大连、西安、新乡5所高校的来自13个国家和地区的227个留学生的问卷调查显示,有153人认为汉语教师有必要进行字母词语教学,占67.40%;28人认为无所谓,占12.33%;46人认为没必要,占20.26%,从学习者角度证明了字母词语教学的必要性。同时我们也对留学生学习字母词语的途径进行了调查,在提供的8个选项中排在前5位的分别是:汉语教材(40.52%)、电视(29.95%)、其他(19.38%)、网络(15.42%)和中文报刊(9.25%),而选工具书、英文报刊等的人数很少。从学习者方面说明,缺少可供查阅的字母词语工具书,教材是留学生通过课堂学习字母词语的主要途径,电视、网络、中文报刊等是留学生课外学习字母词语的主要途径。

　　(二) 留学生的字母词语知晓度与中国人相比存在明显差异

　　我们以中国人的字母词语知晓度调查结果为基础,利用社会语言学的理论和方法,对留学生的字母词语知晓度进行了总体和分群调查,通过与中国人字母词语知晓度的分析比较,发现从总体上看,留学生对汉语汉字背景下出现的字母词语的知晓度比中国人低,并非如我们主观推测的应该比中国人高;高知晓度字母词语和低知晓度字母词语的折合得分与中国人有别,语义类别存在一定差异。一些与中国人日常生活密切相关的为中国人熟知的字母词语,留学生的知晓度却比较低,如"T恤衫""阿Q";而国际化、现代化程度高的字母词语,知晓度较高。对留学生而言,字母词语的不同结构(含不含汉语词或语素成分)并不是理解字母词语词义的关键;留学生的年龄、母语、国籍、第二语言、HSK 等对其字母词语知晓度都没有显著影响。影响最大的是留学生的英语水平，体现了字母词语的英语来源特征，其次是性别上的差异。

根据对留学生字母词语知晓度的调查和留学生对字母词语学习的认识，我们认为应编纂符合留学生实际特点的字母词语学习词典。

（三）相关工具书收录字母词语的现状

我们对 20 世纪 90 年代以来的 20 余部词典进行了调查，其中字母词语的收录情况可以归为以下三类。

1. 一般内向型语文工具书收录字母词语的情况

以《现代汉语词典》为例，从 1978 年正式出版（第 1 版）到 1983 年的第 2 版，都仅在 "阿" 字条下收录了【阿 Q】、"三" 字条下收录【三 K 党】。1996 年的第 3 版在收录【阿 Q】【三 K 党】的基础上于 "卡" 字条下增加了【卡拉 OK】，并首次在正文后以 "西文字母开头的词语" 为题集中收录了 39 个字母词语；2002 年增补本（第 4 版）对 "西文字母开头的词语" 有了较多补充，增至 142 条（不含单字条下收录的 3 个），新增字母词语 107 条，删去 4 条，净增 103 条，并以粉色纸页形式与 "新词新义" 附在词典正文后；2005 年第 5 版对 "西文字母开头的词语" 有了进一步的补充，字母词语增至 182 条（不含单字条下收录的 3 条），新增字母词语 49 条，删去 9 条，比第 4 版净增 40 条。《现代汉语词典》收录字母词语由少到多一方面反映了改革开放后字母词语的迅速发展，另一方面体现了国家权威汉语工具书对字母词语的认可接纳程度的不断提高。

其他内向型语文工具书字母词语的收录情况，如于根元主编《现代汉语新词词典》（北京语言学院出版社 1994 年版）收录词条 3710，其中收录字母词语 20 条，分散排列在每个音序的最前面。商务印书馆辞书研究中心编写的《新华新词语词典》（商务印书馆 2003 年版）正文后附有 "常用字母词" 132 条。沈孟璎主编《新词新语词典》（四川辞书出版社 2005 年版），正文收录 5640 条，其中含 "字母开头的新词新语" 255 条，阿拉伯数字开头的新词新语中含字母成分的 17 条；附录中字母开头的网络流行语 59 条，阿拉伯数字开头的含有字母成分的网络流行语 3 条，域名 44 条。

　　总之，一般语文工具书收录字母词语的特点是在数量上随着时间的推移而递增，但数量十分有限，从几个到几百个不等，在编排体例和释义上存在共性。

　　2. 内向型专门字母词语词典收录字母词语的情况

　　专门收录字母词语的词典，最早出版的有刘涌泉的《字母词词典》（2001）、沈孟璎的《实用字母词词典》（2002）。刘涌泉《字母词词典》的出版标志着字母词语专门工具书的诞生。该词典采用拉丁字母和希腊字母分排的方式，收录了 2000 余条字母词语，并附有《著名 IT 企业》和《国家、地区域名简表》。沈孟璎《实用字母词词典》收录 1300 余条，分西文字母开头（拉丁字母、希腊字母）、汉语拼音字母开头的词语、汉字开头的词语、阿拉伯数字开头的词语。每个词条除解说外，还提供了出自 1998—2001 年书报期刊网络的例证。此外附录有 24 个，涵盖了社会生活的方方面面。刘涌泉于 2009 年在《字母词词典》的基础上修订出版了《汉语字母词词典》。

　　3. 外向型学习词典收录字母词语的情况

　　通过对所见的外向型学习词典的翻检，我们发现此类词典几乎都不收录字母词语，只有个别词典零星收录。如徐玉敏主编《当代汉语学习词典》（初级本）（北京语言大学出版社 2005 年版），主要收录《汉语水平词汇与汉字等级大纲》中的甲、乙级词，共 4337 条，其中收入字母词语仅 1 条，即"T 恤"。外向型学习词典之所以不收录字母词语，原因之一是一般外向型学习词典的收词范围基本上都不超越《汉语水平词汇与汉字等级大纲》。《汉语水平词汇与汉字等级大纲》中未列字母词语，即便是很常用的"HSK""CT""B 超""卡拉 OK"。

二　外向型字母词语学习词典的编纂构想

　　虽然字母词语经历了零星入典、规模化收录到专门工具书的问世，收录词语的语义类别由窄到宽，释义走向开放化、系统化、准确化，但由于阅读对象、词典性质等原因，现有工具书不能满足留学生学习字母词语的需要。我们认为编纂外向型字母词语学习词典需要进行有针对性的思考和论证。

（一）外向型字母词语学习词典的编纂原则

1. 针对性。外向型字母词语学习词典的使用对象是留学生，因此必须锁定这一特定的用户群体在一定范围内所具有的共性需求，从而有针对性地设计词典的各种结构项目。如果对象偏离为中国人，对大多数来自外语的字母词语而言，词典很可能会产生信息冗余；反之，对某些自造字母词语和汉语拼音字母词语的简单注释，则会导致信息缺损。

2. 规范性。虽然字母词语在汉语中的使用历史较长，但大量使用是改革开放后。其读音、词形和使用等方面存在的问题很多，如异形字母词语问题。伴随着字母词语研究的深入，外向型字母词语学习词典应该及时吸收研究成果，做到注释语言、注音、词形的规范，例句出示恰当，释义方法正确。

3. 科学性。在借鉴现有的多种编纂体例基础上实现编排体例的科学化。在词典学、词汇语义学理论指导下，进行同形条目的分化、异形词条的合并，审慎对待目前的释义问题，做好新义位的增加、语域的扩展和限定，做到释义准确无误。字母词语的来源复杂，涉及多个语种，需要认真谨慎的态度、深厚的语言功底考证字母词语的来源，做到来源出示正确。在编纂手段上借助计算机自动统计量化标准，自动选择字母词语入典，避免以往词典收词的随意性、主观化。

4. 国际性。字母词语本身具有国际性（来源于多种语言，部分已经成为全球通用词语），字母词语的使用范围具有国际性，需要有开阔的国际视野。在编纂中需要考虑采用双语注释，考虑跨文化交际中词义的变化、语义色彩的差异。

（二）外向型字母词语学习词典的个性特征

通过与内向型词典的分析比较，我们认为外向型字母词语词典在收词数量与范围、编纂内容与体例、释义方法与模式等方面应该具有适合留学生群体的特点和规律。

1. 收词的标准与范围

字母词语的层次按流通度可划分为核心圈、中间圈和外围圈。核心圈即一般字母词语，包括已经进入通用领域被人们熟知和使用的术语和专名。从使用角度而言是指在多种媒体共同出现的、各媒体中散布度和使用频度高于一定阈值的、符合汉语构词规律的字母词语。①我们认为外向型字母词语学习词典应该收录的是属于核心圈的字母词语，同时还要考虑留学生字母词语的知晓度与中国人的差异。

2. 编纂内容与体例

（1）注音问题。字母词语的注音，实际上是字母部分的读音标准问题，学界讨论颇多，有主张西化者，有主张汉化者，还有持观望态度者。正因如此，现有工具书对字母词语的注音或采取回避，或仅注汉字部分。外向型字母词语学习词典，鉴于目前字母读音尚无定论，可只为汉字加注拼音，字母部分不注音。同时，每个词条出示的汉语注释和例句均需加注汉语拼音，目的是帮助留学生阅读时消除汉字带来的障碍，让留学生易于接受词典的内容。

（2）一词多形。建议作为词目的字母词语选择大家公认、使用频率高的规范词形。鉴于目前报刊等在使用字母词语时异形问题较多，可把不同的词形列在词目之后，作为读者的参考。如"AC 米兰队"作为主词目，"A 米"作为副词目。

（3）来源考证。来源考证直接关系到字母词语的释义。虽然字母词语大多是源于英语的外来词语，但不乏汉语自造的汉语拼音字母词语，还有源于法语、德语、俄语、日语等多种语言的字母词语，虽然通过拉丁字母的转写，但并非真正的英语词语。学界对"ISO""AA制"等的考证就证明了这一点。②不同工具书对同一词条的来源出示不同也证明了字母词语来源的复杂性。外向型字母词语学习词典更应

① 郑泽芝：《大规模真实文本汉语字母词语考察研究》，厦门大学出版社 2010 年版，第 115 页。

② 张铁文：《ISO 名称的由来》，《语文建设》2002 年第 7 期。

该重视来源考证。

（4）外语翻译。目前工具书中普遍采用出示英语原词语的方式来代替对字母词语的解释，这对部分真正源于英语的字母词语的理解有帮助，但对汉语拼音字母词语和一些源于英语等外语的术语的理解还远远不够，因此需要对字母词语的翻译，对解释词语的翻译，对出示例句的翻译。

3. 释义方法与模式

《现代汉语词典》（第6版）对字母词语的释义，非常重视基义解释和原语种词语的对应、外语对应词语出示的准确性，并在第6版为部分词目标注了语域陪义（详见下节）。除了吸收《现代汉语词典》（第6版）的释义方法和模式外，外向型字母词语学习词典应该重视以下问题：

（1）依来源分类释义。即释义方法依据字母词语的不同来源采用不同的方式。如汉语拼音字母词语除了指出汉语拼音来源外，以用英译法释义为主，并用例句补足释义；源于外语的字母词语除了原语种对应词语的出示外，要增加英语和汉语的释义，尤其是留学生知晓度低的词语。

（2）增加简明通俗的例句。《现代汉语词典》《新华新词语词典》《新词新语词典》等收录的字母词语均未出示例句；出示例句的如《实用字母词词典》等，例句多摘引自报刊，结构复杂偏长，语义偏难；《现代汉语新词词典》对个别词目的解释（包括例句）长达数百字，如【BP机】的释义有500余字。外向型字母词语学习词典考虑到阅读对象，应该增加句型简单、形体简短、数量恰当的口语化例句，让留学生借助句内语境和在句子中被释词的反复出现进一步理解词义。

（3）慎重选择释义元语言。词典的释义要求准确、简明，尤其是外向型学习词典，如果释义用词量过多或偏难，被释词则不易被留学生理解，同时还增加了进一步查检的负担。用传统的"随机释义法"释义，用词量大，且涉及语义类型广泛。目前的字母词语释义普遍存在着用词量大，用词生僻等问题，外向型字母词语学习词典应选择数量有限的基元词，语言尽可能简明通俗。

第四节　《现代汉语词典》对字母词语的收录

在汉语中，字母词语①作为一种形体特殊的词语最早大致出现于 19 世纪下半叶，1868 年出版的《格物入门》一书中出现的元素符号可视为目前所知的汉语最早出现的字母词语；1903 年出版的《新尔雅》一书收录了"X 光线"，是汉语工具书首次收入字母词语。此后《辞源》《辞海》等工具书也有数量不等的收录②。《现代汉语词典》（以下简称《现汉》）是一部具有代表性、权威性的规范语文工具书。从 1956 年《中型现代汉语词典编撰法》的发表到 2012 年《现汉》第 6 版的出版，《现汉》已经走过了半个世纪。本节以《现代汉语词典》第 1—6 版在正文和附录中收录的字母词语为考察对象，比较和分析《现汉》在词语的收录数量、语义类别、释义等方面体现出的种种变化，同时通过这些变化映射出字母词语在现代汉语中的发展，并在此基础上提出修订建议。

一　收录数量的变化

"《现汉》的每次修订总是把收词的增删工作当作一项重要内容"，"以能较为全面地反映词汇的新发展，适应读者的需要"③。《现汉》对字母词语也不例外。从 1978 年正式出版（第 1 版）到 1983 年的第 2 版，《现汉》都仅在"阿"字条下收录了【阿 Q】、"三"字条下收录【三 K 党】，1996 年的第 3 版在收录【阿 Q】【三 K 党】的基础上于"卡"字条下增加了【卡拉 OK】，首次在正文后以"西文字

---

① "西文字母开头的词语"是《现汉》对字母词语的称说。

② 张铁文：《词源研究与术语规范——X 射线词族的词源研究》，《术语标准化与信息技术》2005 年第 1 期。

③ 韩敬体：《增新删旧，调整平衡——谈〈现代汉语词典〉第 5 版的收词》，《中国语文》2006 年第 2 期。

母开头的词语"为题集中收录了 39 个字母词语；2002 年增补本（第
4 版）对"西文字母开头的词语"有了较多补充，增至 142 条（不含
单字条下收录的 3 个），新增字母词语 107 条，删去 4 条，净增 103
条，并以粉色纸页形式与"新词新义"附在词典正文后；2005 年第 5
版对"西文字母开头的词语"有了进一步的补充，字母词语增至 182
条，新增字母词语 49 条，删去 9 条，比第 4 版净增 40 条，且恢复使
用白色纸页。2012 年第 6 版"西文字母开头的词语"在第 5 版基础
上又进行了补充，增至 239 条，新增词语 58 条，删去 3 条，比第 5 版
净增 57 条，仍使用白色纸页。《现汉》第 3—6 版收录的共有字母词
语，体现了《现汉》增收新词新义的普遍性、稳定性、合理性原则；
《现汉》第 3—6 版收录的不同字母词语，说明字母词语在这一时期的
发展变化。从表 8-4-1 可知，从第 3 版到第 6 版，《现汉》收录词
条的数量总体上呈递增趋势，其中第 3 版开了以附录收录字母词语的
先河，第 4 版增加数量最多，第 5 版增加的数量和第 3 版基本相同，
趋于稳定，第 6 版又出现了仅次于第 4 版的较大增幅。《现汉》收录
字母词语由少到多，一方面反映了改革开放后字母词语的迅速发展，
另一方面体现了国家权威汉语工具书对字母词语的认可接纳程度的不
断提高，修订工作更为理性科学。

表 8-4-1　　　　《现汉》第 1—6 版收录字母词语的数量

出版时间、版本	正文 单字条下	附正文 西文字母开头的词语	删除	新增	净增
1978 年 12 月第 1 版	2	0	0	0	0
1983 年 1 月第 2 版	2	0	0	0	0
1996 年 7 月第 3 版	3	39	0	40	42
2002 年 5 月第 4 版	3	142	4	107	103
2005 年 6 月第 5 版	3	182	9	49	40
2012 年 6 月第 6 版	3	239	3	58	57

二　语义类别的变化

《现汉》第 1、2 版因仅在正文单字条下收录了 2 个字母词语，从
第 3 版开始才有了专门罗列该类词语的附录，故从第 3 版开始比较

分析：

（一）第 3 版的语义类别

第 3 版收录的 42 条字母词语在语义类别上分属①：

计算机和网络信息：【ASCII】【CAD】【CD】【CPU】【DOS】【DVD】【Internet】【LD】【ROM】【VCD】

通信视频：【BP 机】【FAX】

理化术语：【N 型半导体】【P－N 结】【pH 值】【P 型半导体】【X 光】【X 射线】【α 粒子】【α 射线】【β 粒子】【β 射线】【γ 射线】

医学卫生：【B 超】【CT】【DNA】

文体娱乐：【AB 制】【AB 角】【阿 Q】【KTV】【卡拉 OK】【MTV】【TV】

社会生活：【AA 制】【ABC】【ISO】【OA】【SOS】【SOS 儿童村】【三 K 党】【T 恤衫】【UFO】

（二）第 4 版的语义类别

与第 3 版相比，第 4 版增加的 107 条在语义类别上有较大变化：

1. 新增加的语义类别

经济贸易：【APEC】【ATM 机】【A 股】【B 股】【CBD】【CEO】【CFO】【CGO】【CIO】【CI】【COO】【CPA】【CTO】【GDP】【GNP】【H 股】【OEM】【OPEC】【POS 机】【PT】【QC】【RAM】【RMB】【ST】【T 型台】【VIP】【WAP】【WTO】

教育出版：【CIP】【EQ】【GRE】【HSK】【IQ】【MPA】【MBA】【SCI】

国防军事：【ABS】【C^3I 系统】【C^4ISR】【NMD】【TMD】

环境保护：【API】

房地产建筑：【SOHO】

2. 原语义类别有变化

原语义类别中新增加的有：

---

① 词语意义的认识和分类具有某种主观性；有的词义如何归类也是问题，故这里的意义分类是相对的，参见韩敬体《增新删旧，调整平衡——谈〈现代汉语词典〉第 5 版的收词》，《中国语文》2006 年第 2 期。

计算机和网络信息：【ADSL】【BBS】【CD‒ROM】【CD‒RW】
【CD‒R】【CDMA】【CIMS】【DNA 芯片】【E‒mail】【EDI】【e 化】
【FA】【ICP】【ICQ】【IDC】【internet】【ISDN】【ISP】【ITS】【IT】
【MD】【MP3】【NC】【OCR】【PC】【PC 机】【PDA】【VDR】
【WWW】

通信视频：【AM】【DSL】【EMS】【FM】【GIS】【GPS】【GSM】
【hi‒fi】【IC 卡】【IP 地址】【IP 电话】【IP 卡】【SIM 卡】【Tel】
【VOD】

文体娱乐：【HDTV】【IOC】

医疗卫生：【AIDS】【APC】【B 淋巴细胞】【B 细胞】【ED】
【HIV】【ICU】【PPA】【SBS】【STD】【T 淋巴细胞】【T 细胞】【X
刀】【γ 刀】

社会生活：【DIY】【GMDSS】【HA】【WC】

删去的 4 条为：【ASCII】【N 型半导体】【P 型半导体】【P‒N 结】

（三）　第 5 版的语义类别

与第 4 版相比，第 5 版增加的 49 个词条的语义类别主要包括：

计算机和网络信息：【AI】【FLASH】【MMS】【MPEG】【QQ】
【RS】【SMS】【U 盘】【USB】

通信视频：【AV】【CATV】【DC】【DV】【EBD】【IDD】【LCD】
【PDP】

理化术语：【CCD】【CRT】【LED】

医疗卫生：【GMP】【MRI】【OTC】【RNA】【SARS】【WHO】
【X 染色体】【X 线】【Y 染色体】

教育出版：【CAI】【EMBA】【EPT】【GMAT】【ISBN】【ISRC】
【ISSN】【PSC】

经济贸易：【CCC】【CEPA】【GB】【IMF】【K 线】【QFII】

文体娱乐：【CBA】【MV】【NBA】【SUV】【vs】

社会生活：【LPG】

删去的 9 条为：【CGO】【CIO】【COO】【CTO】【FA】【HA】
【NC】【SBS】【VDR】

其中【CXO】词模只保留了常用的【CEO】。

（四）第 6 版的语义类别

与第 5 版相比，第 6 版增加的 58 个词条的语义类别主要包括：

计算机和网络信息：【HDMI】【IPTV】【PET】【PS】【SNG】【SNS】【SSD】【Wi‒Fi】

通信视频：【BBC】【CCTV】【CMMB】【CMOS】【CNN】【IMAX】【MP4】【NG】【NHK】【OLED】

理化术语：【TNT】【UV】

医疗卫生：【CDC】【PM2.5】【QS】【SPA】

教育出版：【CET】【PETS】【PVC】【Q 版】【WSK】

经济贸易：【AQ】【B2B】【B2C】【C2C】【ECFA】【FTA】【IPO】【K 金】【M0】【M1】【M2】【PE】【PMI】【PPI】【QDII】【SDR】

文体娱乐：【DJ】【F1】【PK】

社会生活：【BRT】【CPI】【ETC】【K 粉】【K 歌】【NCAP】【OL】

政府机构：【CIA】【FBI】【NGO】

删去的 3 条为：【EPT】【internet】【Internet】

其中第 5 版收了 2 个大小写不同形式的"【internet】互联网"和"【Internet】因特网"，"internet""Internet"的首字母大小写上的区别虽有利于显示专业术语，但在实际使用中似无"因特网""互联网"的区别，第 6 版删除了。

第 6 版增加的有关环保的【PM2.5】和毒品【K 粉】格外引人注目；此外，增加的有关美国或国际政府机构也非常突出。

（五）《现汉》第 1—6 版语义类别的相关分析

与第 1、2 版相比，第 3 版开始收录分属计算机和网络信息、通信视频、理化术语、医疗卫生、文体娱乐、社会生活 6 个领域的字母词语。

与第 3 版相比，第 4 版新增经济贸易、教育出版、国防军事、环境保护、房地产建筑 4 个类别，经济贸易类位居首位，多达 28 条，其中有股市行业用语、国际经贸组织机构以及相关活动、企业职务等，反映了中国社会经济的迅猛发展和中国在世界经济舞台上地位的提升；教育出版、军事国防、环境保护、房地产类的从无到有，反映了国际教育对中国的影响、出版领域的繁荣、军事国防现代化水平的提高、环保意识的增强和房地产热的升温。第 4 版词条发生变化的语义类别有：计算机和网络信息、通信视频、文体娱乐、医疗卫生、社会生活等。其中计算机和网络信息、通信视频类增加最多，反映了计算机和网络的广泛使用，现代信息技术的飞速发展，医疗卫生类增加了现代社会威胁人类的重大疾病及现代医疗技术、相关药品；文体娱乐、社会生活类的增加说明字母词语对日常社会生活的影响。删去的 4 条其中 3 条都是和半导体相关的术语，表明半导体时代已被电子计算机时代取代。

与第 4 版相比，第 5 版在计算机网络信息、通信视频、医疗卫生、教育出版、经济贸易、文体娱乐等类别中词条都有增加，反映了字母词语在多个领域的使用；与第 5 版相比，第 6 版在计算机和网络信息、通信视频、经济贸易、社会生活几方面增加最多；与第 4 版对第 3 版的增加相比较而言，第 6 版每种语义类别增加的数量差别不大，体现出均衡性。

从第 3 版到第 6 版的数量收录和语义类别的变化，可以看出《现汉》对字母词语部分的修订体现了《现汉》修订的总原则：注重常用性、分布的科学性；也表明字母词语接受度的提高。

三　词语释义的变化

据张铁文（2006）对第 4 版和第 5 版的统计显示，《现汉》第 4 版的修改条数有 26 条，第 5 版的修改条数多达 47 条，第 5 版虽然新增条数趋缓，但修改力度加大。释义文字部分第 4 版修改的有 15 条，第 5 版修改的有 18 条；第 4 版扩注部分修改 1 条，第 5 版修改 16 条；因体例而修改的第 4 版有 10 条，第 5 版有 13 条[①]。比较第 5 版和第 6

---

① 张铁文：《〈现汉〉"西文字母开头的词语"部分的修订》，《语言文字应用》2006 年第 4 期。

版，我们发现第 6 版修改的有 23 条。其中释义文字部分修改的有 15 条，扩注部分修改的有 6 条，因体例修改的 2 条，如词条顺序改变，【C³I 系统】【C⁴ISR】与第 4 版、第 5 版比较，两词条考虑了数字上角标，排在了【C2C】和【CAD】之间。

比较第 3—6 版，释义上的具体变化体现在以下几个方面：

（一）释义的开放化

1. 增加新义位

【MP3】一种常用的数字音频压缩格式。（第 4 版）

【MP3】一种常用的数字音频压缩格式，也指采用这种格式的音频文件及播放这种格式音频文件的袖珍型电子产品。（第 5、6 版）

按：《现代汉语词典》第 4 版只有第一个义位"一种常用的数字音频压缩格式"，第 5 版增加了采用这种格式的电子产品。

【FAX】传真系统。（第 3 版）

【FAX】①传真件。②用传真机传送。③传真系统。（第 4、5、6 版）

按：第 4 版比第 3 版增加了 2 个新义位"传真件""用传真机传送"，并把它们排在了"传真系统"之前，第 5、6 版延续第 4 版未变。

2. 语域的扩展

【AA 制】指聚餐会账时各人平摊出钱或各人算各人的账的做法。（第 3 版）

【AA 制】指聚餐会账时各人平摊出钱或各人算各人账的做法。（第 4 版）

【AA 制】指聚餐或其他消费结账时各人平摊出钱或各人算各人账的做法。（第 5、6 版）

按：第 3 版、第 4 版的解释基本一样，第 4 版删去了一个"的"语流更顺畅简洁；第 5 版将"会账"改为"结账"；第 5 版扩展了"AA 制"的使用范围，由最早的仅限于聚餐，到后来的各种消费都可以。如：拼车 AA 制、旅游 AA 制、AA 制购物等。第 5、6 版的修订与时俱进，体现了语言的不断发展。

3. 语域的限定

【B股】指人民币特种股票。以人民币标明面值，供投资者以美圆（沪市）或港币（深市）认购和交易。（第4版）

【B股】指我国大陆公司发行的特种股票，在国内证券交易所上市，供投资者以美圆（沪市）或港币（深市）认购和交易。（第5、6版）

按：第5、6版消除了第4版中的歧义，说明是"我国大陆公司发行""在国内证券交易所上市"，不再强调"人民币"，表述更严密。

【CBA】中国篮球协会。也指该协会主办的赛事。（第5版）

【CBA】中国篮球协会。通常也指该协会主办的中国男子篮球职业联赛。（第6版）

按：第6版比第5版在"通常"，将"赛事"具体化为"中国男子篮球职业联赛"。

【CCC】中国强制认证。也叫3C认证。（第5版）

【CCC】中国强制性产品认证。也叫3C认证。（第6版）

按：第6版比第5版在"强制"后加了"性"，认证前加了"产品"加以限定。

【CCD】电荷耦合器件，一种作为光辐射接收器的固态化电子器件。（第5版）

【CCD】电荷耦合器件，一种作为光辐射接收器的固态化电子器件，多用于数字相机、数字摄像机等电子产品。（第6版）

按：第6版比第5版加了应用领域范围。

【CEPA】（我国内地与港、澳地区）更紧密的经贸关系安排。[英 Closer Economic Partnership Arrangement]（第5版）

【CEPA】（我国内地与香港、澳门）关于建立更紧密经贸关系的安排。[英 Closer Economic Partnership Arrangement]（第6版）

按：第6版比第5版加了"关于建立"，并改地区缩略为全称。

【ICU】重症监护病房。（第5版）

【ICU】重症监护治疗病房；重症监护室。（第6版）

按：第6版比第5版加了"治疗"，与相应的英语对应（intensiye－care unit）。并加了另一称说"重症监护室"。

【NBA】（美国）全国篮球协会。也指该协会主办的赛事。（第 5 版）

【NBA】（美国）全国篮球协会。通常也指该协会主办的美国男子篮球职业联赛。（第 6 版）

按：第 6 版比第 5 版加了"通常"，将"赛事"具体化为"美国男子篮球职业联赛"。

【OPEC】石油输出国组织。（第 5 版）

【OPEC】石油输出国组织；欧佩克。（第 6 版）

按：第 6 版比第 5 版增加了汉语异形词"欧佩克"。

（二）释义的系统化

1. 释义模式和元语言的统一

【T 恤衫】一种短袖针织上衣，因略呈 T 形，故称。［恤，英 shirt］（第 3 版）

【T 恤衫】一种短袖套头上衣，因略呈 T 形而得名。恤，英语 shirt 的粤语音译。也称 T 恤。（第 4 版）

【T 恤衫】一种短袖套头上衣，因略呈 T 形而得名。也叫 T 恤。［恤，英语 shirt 的粤语音译］（第 5、6 版）

按：第 3 版的方括号内的语种和原词出示不准确，没有指明粤语音译；4 版未用方括号，同时别称的位置和其他词条不一致，放在了末尾；第 5 版则与其他词条在释义模式上保持一致，把别称、简称都放在方括号内的语种和原词出示的前面，并指明"恤"是英语 shirt 的粤语音译。

2. 注重前后相关词条的联系

【MP3】一种常用的数字音频压缩格式，也指采用这种格式的音频文件及播放这种格式音频文件的袖珍型电子产品。［英 MPEG 1 audio layer 3 的缩写］（第 6 版）

【MP4】一种能播放影音文件的袖珍型电子产品。（第 6 版）

按：第 6 版增加了【MP4】，省略了来源英语标注。

【SOS 儿童村】一种收养孤儿的专门慈善机构。（第 3 版）

【SOS 儿童村】一种专门收养孤儿的慈善机构。［SOS，英 save our souls 的缩写］（第 4 版）

【SOS 儿童村】一种专门收养孤儿的慈善机构。（第 5、6 版）

按：第 4、5 版"专门"的语序调整，使释义明确。第 5、6 版和第 4 版的区别在于从前省略，即从前条【SOS】注释，省略了来源标注：［英 save our souls 的缩写］，更关注前后相关词条的联系。

【X 刀】一种用于放射治疗的设备，采用三维立体定位，X 射线能够准确地按照肿瘤的生长状况照射，使肿瘤组织和正常组织之间形成整齐的边缘，像用手术刀切除一样。（第 5 版）

【X 刀】爱克斯刀。（第 6 版）

按：第 6 版删除第 5 版的具体释义，参照"【X 射线】爱克斯射线"，仅注出"爱克斯刀"。

（三）释义的准确化

1. 重视基义解释和原语种词语的对应。如：

【PC】个人电子计算机。［英 personal computer 的缩写］（第 4 版）

【PC】个人计算机。［英 personal computer 的缩写］（第 5 版）

按：第 4 版中的英语原词语中没有 electric，"电子"没有可以对应的词，故第 5 版删去。

【VCD】激光视盘。［英 video compact disc 的缩写］（第 4 版）

【VCD】激光压缩视盘。［英 video compact disc 的缩写］（第 5、6 版）

按：第 4 版中的中文释义忽略了相应的英语原词语中的 compact，第 5、6 版增加了"压缩"一词。

【QFII】合格的境外机构投资者（制度）［英 qualified foreign institutional investor 的缩写］（第 5 版）

【QFII】合格境外机构投资者［英 qualified foreign institutional investor 的缩写］（第 6 版）

按：第 6 版省去了括号内的"制度"，与英语原词语完全对应。第 6 版还增加相应的词条：

【QDII】合格境内机构投资者［英 qualified domestic institutional investor 的缩写］（第 6 版）

2. 外语对应词语的出示更准确

【SOS】国际上曾通用的紧急呼救信号，也用于一般的求救或求

助。［英 save our souls 的缩写］（第 4 版）

【SOS】莫尔斯电码"…－－－…"所代表的字母，是国际上曾通用的紧急呼救信号，也用于一般的求救或求助。［英 save our souls 的缩写］（第 5、6 版）

按：第 5、6 版在原有基础上追根溯源，说明【SOS】的具体产生方式：莫尔斯电码"…－－－…"所代表的字母，比第 4 版准确。

【pH 值】氢离子浓度指数。［pH，法 potentiel hydrogène 的缩写］（第 4 版）

【pH 值】氢离子浓度指数。［pH，法 potentield' hydrogène 的缩写］（第 5、6 版）

按：第 5、6 版更正了法语原词的拼写。

【GPS】全球定位系统。［英 global positioning system 的缩写］（第 4 版）

【GPS】全球定位系统。［英 Global Positioning System 的缩写］（第 5 版）

【GPS】全球定位系统。［英 global positioning system 的缩写］（第 6 版）

按：第 5 版将第 4 版的英语原词改为大写，第 6 版又恢复了第 4 版的小写。

【GSM】全球移动通信系统。［英 Global System for Mobile 的缩写］（第 5 版）

【GSM】全球移动通信系统。［英 global system for mobile communication 的缩写］（第 6 版）

按：第 6 版将英语原词改为小写，添加了 communication，与汉语翻译对应。

【IDD】国际直拨（电话）。［英 Internationgal direct dial 的缩写］（第 5 版）

【IDD】国际直拨（电话）。［英 Internationgal direct dialing 的缩写］（第 5 版）

按：第 6 版将英语原词 dial 改为 dialing，释义更为确切。

此外，第5、6版还对方括号内语源出示的元语言进行了细分：区分为"……的第一个字母""……的缩写""……的缩略变体""……的缩略形式""……的谐音"。如以下3组：

【BP机】无线传呼机。也叫寻呼机。［BP，英 beeper］（第3版）

【BP机】无线寻呼机。［BP，英 beeper 的缩写］（第4、5、6版）

【PPA】……［英 phenylpropanolamine 的缩写］（第4版）

【PPA】……［英 phenylpropanolamine 的缩略变体］（第5版、第6版）

【Tel】电话（号码）。［英 telephone 的缩写］（第4版）

【Tel】电话（号码）。［英 telephone 的缩略变体］（第5版、第6版）

3. 标注语域陪义

《现汉》第5版为股市字母词语标注了义位的使用领域。如：

【PT】特别转让（股市用语）。

【ST】特别处理（股市用语）。

此外，在释义方法上第5、6版取消了参见法。第3、4版都使用参见法说明与字母词语相应的汉字异形词语的出现页码，第5、6版强调了字母词语的独立性。如：

【α粒子】见1页［阿尔法粒子］。（第3版）

【α粒子】见1页［阿尔法粒子］。（第4版）

【α粒子】［阿尔法粒子］。（第5、6版）

4. 对语源的考证

【ISO】国际标准化组织。［英 International Organization for Standardization 的缩写］（第3版）

【ISO】国际标准化组织。从希腊语 isos（相同的）得名。（第4版）

【ISO】国际标准化组织。从希腊语 isos（相同的）得名。［英 International Organization for Standardization］（第5版）

【ISO】国际标准化组织。［从希腊语 isos（相同的）得名，一说从英语 International Organization for Standardization］（第6版）

按：一条【ISO】，《现汉》从第3版到第6版经历了源于英语，源于希腊语，到两种来源并存，反映了词典修订过程中对词条来源的变化，显示了词条来源考证的不易。

四　思考与修订建议

在《现代汉语词典》半个世纪的不断修订过程中，字母词语的收录经历了从无到有、从少到多，编排体例、释义体系等都逐步科学完善。以下几个方面可在日后的修订中酌情考虑（以下举例为第 5 版和第 6 版）：

（一）词语的筛选收录

1. 收词原则的进一步科学完善。《现汉》主要收入常见常用、稳定、比较规范的字母词语，在收词上比较严格、数量上有所限制，体现了《现汉》的特点。张铁文（2006）列举了《现汉》"西文字母开头的词语"部分收词的 11 条基本原则①，非常全面具体，考虑到收录的多方面因素，由此我们可以看到修订的科学性和严密性。但考虑到字母词语的发展和使用，词语的筛选收录最好能依据大型语料库，以字母词语的流通度、知晓度为收词的基础性标准，再辅以其他原则，尽可能减少筛选收录的主观性。

2. 适当增加以汉字、数字开头的字母词语。在现实语言生活中，以汉字、数字开头的字母词语数量也相当可观，如甲 A、三 C 革命、螺旋 CT、3A、5W。《现汉》应突破"西文字母开头"的限制，增加这两类词语。具体编排方式可以有两种：一是仍沿用现有编排体例，即后附"西文字母开头的词语"，汉字或数字开头的字母词语附在正文汉字单字词条下，一如阿 Q、卡拉 OK；二是把汉字、数字开头的字母词语和西文字母开头的字母词语分成三小类集中在附录中排列。

（二）条目体系的调整

1. 建立二级条目体系。正文分单字条目和多字条目，在单字条目下罗列多字条目。字母词语可以仿照正文设主条目和次条目，主条目

---

① 张铁文：《〈现汉〉"西文字母开头的词语"部分的修订》，《语言文字应用》2006年第 4 期。

下列次条目。如：IP 地址、IP 电话、IP 卡是 IP 构成的词族，可以把
IP 作为主词条，IP 地址、IP 电话、IP 卡等列为下位词条，这样既可
以与正文的汉字词语的编排保持一致，同时也可以适应字母词语的
发展。

2. 词条的合并与减少。对由不同原因形成的异形字母词语进行合
并，列出若干异形字母词语作为一个词条。

（1）纯字母词语和含汉字字母词语可以并为一个词条，如：

【PC】个人计算机。［英 personal computer 的缩写］

【PC 机】个人计算机。［PC，英 personal computer 的缩写］

按："PC" 和 "PC 机" 是等义词，"PC" 已经是个人计算机的意
思，"PC 机" 只是在 "PC" 后添加的汉语羡余语素 "机"，可以合
并为：

【PC、PC 机】个人计算机。［PC，英 personal computer 的缩写］

（2）原形和简称可以并为一个词条。如：

【T 淋巴细胞】一种免疫细胞，起源于骨髓，在胸腺中发育成熟，
再分布到周围淋巴器官和血液中去，占血液中淋巴细胞的 50%—
70%。可分化为辅助细胞、杀伤细胞和抑制细胞。简称 T 细胞。

【T 细胞】T 淋巴细胞的简称。

按："T 细胞" 是 "T 淋巴细胞" 的简称，"T 淋巴细胞" 释语中
已经有 "简称 T 细胞"，不必再列出 "T 细胞" 词条，可并为 1 条。
同理还有 "B 淋巴细胞""B 细胞"。

（3）同形条目的分化、增加。如：

随着字母词语的增多，同样也出现了同音同形词和多义词的问
题。《现汉》可以采用在词目右肩标注阿拉伯数字的形式分立同音形
条目。这样既保持了《现汉》以词为纲的编排体例，也可分化一词多
义和同一个词承载多个词语这两种情况。如：

【GB】国家标准。中国国家标准的代号。

按：GB 还是一个很常见的表示计算机存储器容量的单位，故可
以增加一个词条：

【GB、G】计算机存储器容量的单位，$2^{10}MB = 1GB$。简称 G。

又如：

【ABC】A、B、C 是拉丁字母中的前 3 个。用来指一般常识或浅显的道理（有时也用于书名）：连音乐的～也不懂，还作什么曲？/《股市交易～》。

按：ABC 还有美国或澳大利亚出生的华人，即 America or Australia Born Chinese，又称"香蕉人"（外黄内白）；ABC 还指美国广播公司（American Broadcasting Company），修订时可酌情增加词条。

（三）语源扩注的修订

1. 语源扩注缺失

如：

【DNA 芯片】基因芯片。

建议加语源标注［DNA，英 Deoxyribonucleic acid 的缩写］，并加释义：DNA 芯片又叫作基因芯片（gene chip）或基因微阵列（microarray），寡核酸芯片，或 DNA 微阵列，它是通过微阵列技术将高密度 DNA 片段阵列以一定的排列方式使其附着在玻璃、尼龙等材料上面。由于常用计算机硅芯片作为固相支持物，故称 DNA 芯片。①

【SPA】水疗。

建议加语源标注［SPA，拉丁文 Solus Par Agula 的缩写］，Solus（健康），Par（在），Agula（水中），意指用水来达到健康，健康之水。又指一种英式休闲文化，在矿泉区里享受纯净的空气［SPA，英 Spring pute air］。国际 SPA 协会对 SPA 的定义是：SPA 致力于通过提供鼓励更新观念，身体和精神的各种专业服务，提高人们的整体健康水平。②

2. 语源标注多余

第 6 版中的【IP 地址】【IP 电话】【IP 卡】全都标注了［IP，英 Internet protocol 的缩写］，建议要注重前后相关词条的联系，在最前一个词条标注后，其余使用相同字母语素的词条语源标注可以省略。

---

① 据百度百科改写。

② 同上。

此外，不知何故，【SARS】词条在"严重急性呼吸综合征，即非典型肺炎"汉语注释后多了一个数字"②"，建议删除；英语语源标注首字母是否大写不尽一致，建议统一。

综上所述，在《现代汉语词典》半个世纪的不断修订过程中，字母词语的收录经历了从无到有、从少到多，编排体例、释义体系等都逐步科学完善。从《现汉》第3版到第6版的收录变化和释义比较，我们可以看出《现汉》对字母词语部分的修订体现了《现汉》修订的总原则：注重常用性、分布的科学性；也表明权威工具书对字母词语接受度的提高。

本章小结

本章在回顾学术界对字母词语读音所持的各种读音标准基础上，通过对20余部词典的考察，分析字母词语的收录和注音方式，针对存在问题提出字母词语注音应遵循的原则阐述字母词语的注音原则和标准。从字母词语来源的复杂性，考察工具书中的字母词语标注和释义问题，提出相关对策；在以往研究基础上，考察内向型和外向型词典字母词语的收录等情况，探讨分析外向型字母词语学习词典编纂的必要性，提出外向型字母词语学习词典的编纂原则与编纂构想；分析总结了《现代汉语词典》（第1—6版）对字母词语在收录数量、语义类别、释义模式等方面发生的变化，提出修订建议。

第九章

理论思考：字母词语的规范与汉化

第一节　字母词语的使用和规范

　　字母词语作为一种特殊的新词语大量出现在现代汉语中，这已是不争的事实。完全杜绝，使汉语汉字在多语言文字网络时代保持至纯既不现实也不明智。"水至清则无鱼"，我们认为，正确的态度应该是全面调查、及时引导、明确规范。即对当前字母词语在汉语汉字系统中的使用情况进行多领域、全方位的调查与跟踪，了解字母词语及其使用中存在的问题，确立需要规范的内容和原则标准，及时引导人们在汉语汉字系统中正确规范地使用字母词语，保持和促进汉语汉字在多语言文字网络时代的健康发展。

　　字母词语在使用中确实存在不少问题，这也是部分专家学者极力反对使用字母词语的重要原因之一。鉴于字母词语规范的必要性和迫切性，国家语委将字母词语的规范标准和原则问题列为"语言文字应用研究'十五'资助项目"，一些学者就语音、词形规范进行了相关讨论。本节在已有基础上就所见问题进行归纳和分析，并提出相应的规范原则。

一　字母词语使用中存在的问题

　　要做好字母词语规范工作，调查了解当前的语言文字生活中字母词语的使用到底存在哪些亟待解决的不规范问题，这是必备的工作前提，否则会导致规范工作的盲目性，夸大或缩小字母词语实际存在的不规范问题的范围和程度，影响规范工作的针对性和实际效果。

从近年来学术界的讨论和我们的调查、分析看，字母词语亟待规范的问题很多，概而言之，主要表现在如下几个方面。

（一）读音问题

字母词语的读音，具体而言指的是字母词语字母部分的读音。随着字母词语数量的增加、使用范围的扩大，由于缺少规范标准，字母词语字母部分的读音呈现出较强的随意性。

目前，我们了解到的字母词语读音方式有：

1. 严格按英语读音来读。不管字母词语的来源如何（包括汉语拼音字母词语和其他使用拉丁字母的语言，希腊字母除外），英语原形词按英语原词来读，拉丁字母和拉丁字母缩略词语依英语字母读音读。

2. 用汉化的接近英语的读音读，由于受汉语方言、普通话音系的影响，其中不乏使用汉化程度不同的歧读现象。

3. 非汉语拼音字母词语用英语或接近英语的读音，汉语拼音字母词语用汉语拼音（呼读音）读。

4. 英语读音和汉语拼音读音混读。如 HSK（汉语水平考试）多按英语读音来读；也有人坚持它源于汉语拼音，用汉语拼音呼读音来读。

5. 同一个字母词语有的按英语音节连读，有的用英语字母分读，读法不固定。如 ISO（国际标准化组织）大多按英语字母分读，但也有连读的方式存在。

6. 将字母读为相应的汉字音节。如常见的度量衡国际单位：kg（千克或公斤）、g（克）、m（米）、cm（厘米）、mm（毫米）、m^2（平方米）、l（升）、ml（毫升）。

造成字母词语读音混乱的主要原因有：

1. 字母词语的来源复杂。除了英语来源外，字母词语还有来自非英语的多种语言来源。如在文学作品和科学著作中一些直用原文的人名、地名、术语、器物名称，尽管作者说明是何种语言，但绝大多数读者是不可能都用该语言的读音读出的，非英语来源的词语多数情况下是缺而不读。如余光中的散文，直用原文的字母词语包括了英语、德语、法语、西班牙语、俄语、意大利语，一般读者无法朗读，只能目视跳读。

2. 缺少明确的读音标准。字母词语进入汉语虽然有百余年的历史，但真正大量进入社会生活的时间并不长。目前学术界关于字母词语的读音问题尚在讨论中，仁者见智的观点不少，但未达成共识，国家有关部门尚未出台明确的读音标准。

3. 工具书缺少读音标注。如中国社会科学院语言研究所词典编辑室编《现代汉语词典》从第 3 版开始都在附录中收录了数量不等的以西文字母开头的词语，直至 2012 年第 6 版一直没有为字母注音，仅在页下注做了如下说明："在汉语中西文字母是按西文的音读的，这里就不用汉语拼音标注读音，词目中的汉字部分仍用汉语拼音标注读音。"刘涌泉《字母词词典》（2001）收录字母词语 2000 余条，未注音，在附录中就读音问题进行了探讨，并提出带元音字母词语是否连读的问题。沈孟璎主编的《实用字母词词典》（2002）收录当代各类字母词语 1300 余条，对以拉丁字母开头、以希腊字母开头、以数字或汉字开头的词语都未注音，对以汉语拼音开头的字母词语也未注音，只说明是哪个汉语拼音音节的首字母，如【D 版】D 是"盗 dào"的汉语拼音首字母。在《跋》中著者就不同类别字母词语的注音问题提出不少设想。

4. 感知方式"目视"多于"耳听""口说"。报刊、网络中的字母词语多于广播、电视，同时广播、电视等有声媒体中播音员或主持人的字母词语读音也存在分歧。我们对中央电视台进行了为期一个月的审听，不同栏目、不同年龄、不同性别的主持人在读音上有区别。广播、电视等有声媒体中字母词语的使用数量和传播范围远不及网络、报刊。网络传媒为字母词语的传播提供了快捷的渠道，大众尤其是年轻人新潮、时尚的语用心理得到满足，但实际真正用在口语中的字母词语数量有限。

（二）词形问题

字母词语的词形既有字母部分的书面标写不统一问题，又有汉字部分的不统一问题。①

1. 字母部分全称形式和缩略形式共存。如 WIN2000、WIN-DOWS2000。

2. 字母部分大写和小写形式共存。如 in/IN、E－mail/e－mail、VC/Vc。

3. 有汉字形式和无汉字形式共存。如 Internet、Internet 网。

4. 汉字部分形式不一。如：维生素 C/维他命 C/维它命 C/维 C/维他命 VC。这些形式屡见不鲜：

　　　　雀巢柠檬茶选用上等红茶精制而成，含丰富维生素 C（每杯含 60 毫克），天然柠檬口味，即冲即饮，解渴怡神，热饮同样舒畅。(雀巢柠檬茶说明)

　　　　本品含渗透毛孔高聚物和金缕梅及多种天然氨基酸，能调节油脂分泌，有效消除脸上黑头、污油脂，收缩粗大毛孔，改善肤质；新加入维 C，用后皮肤变平滑，焕发自然健康的光泽，由里到外逐渐美白。(采诗"清除黑头"美白面膜说明)

　　　　小虽小，营养不得了！维它命 C 是苹果的 17 倍，纤维是橙子的 2.6 倍，钙质是香蕉的 4 倍。(陕西周至猕猴桃广告)

　　　　蕴含快速祛斑活性成分 VC、维生素 PP、KAD 曲酸、AMINO 氨基酸活肤肽等……维他命 VC 有效 7 色斑形成和分解黑色素、防止斑点、雀斑、日晒斑、顽固色斑再生，具有唤新肤的功能。(采诗祛斑嫩肤面膜包装盒同一面就有不同形式)

5. 数字和符号有无不一。如：F－16 战斗机/ F 十六战斗机。即使是收入词典中的字母词语也有词形差异，《新词语大词典》词汇检索表内为"CT"，到正文中却成了"C。T。"。

(三) 滥用问题

滥用，即在没有必要使用字母词语之处使用字母词语。特别是对

---

① 有关异形字母词语的具体问题详见下节论述。

一些有汉语说法或写法的专业术语，就不必使用字母形式的专业术语。字母形式的专业术语会给读者增加阅读困难，特别是受众广泛的广告、读者群庞大的报刊等，在没有必要为术语加注之处添加字母词语，一方面增加了字母词语的使用数量，另一方面也带来阅读上不必要的麻烦。如：

> 数字电视系统可以使用户接受到几十至上百套电视节目、调频广播节目和数字音频广播（DAB）节目；可以向用户提供广播式的服务，如图文电视、电视会议、数据信息广播、加密电视、准视频点播（NVOD）等。
>
> （《大连广播电视报》）

上例中的 DAB 和 NVOD，文中已有"数字音频广播"和"准视频点播"的中文表达，再用 DAB 和 NVOD 括注，确实没有必要；如果反过来用，倒有用汉字词语为字母词语括注的必要。

> 女装方面，粉红、蓝和紫色等似水果糖般 CUTE（意为可爱）的色彩会使女性在运动中仍保持魅力。
>
> （《大连广播电视报》）

上例直用原文词，然后又注出汉语意思，一失去了直用原文词的洋化时尚，二注出汉语词语，显得累赘，还不如直说"可爱"效果好。

（四）混用问题

这里"混用"指的不是两种以上的语言混用，而是指字母词语和相应的汉语缩略语、外语原形词等在同一语篇中混用，表现出很大的随意性。如 2003 年 4 月 15 日，世界卫生组织在日内瓦宣布，正式确认冠状病毒的一个变种是引起非典型肺炎的病原体，并将由该病毒引起的疾病命名为严重急性呼吸道综合征，英文为 Severe Acute Respiratory Syndrome，缩写为 SARS。自此，无论是在汉语的书面语、口语还是媒体网络中，就有了多种形式的名称，其中以"非典型肺炎""非典""SARS"为最。三种形式的混用相当严重，随意性很强。以某省教育厅编印下发的《预防非典 珍爱生命》防治手册目录为例：

　　什么是传染性非典型肺炎？

　　传染性非典型肺炎是什么病原微生物引起的？

　　这次"非典"具有什么特征？为什么又称 SARS？

　　如何判断自己是否感染上了传染性非典型肺炎？

　　一旦怀疑自己感染上了"非典"应该怎么办？

　　如何区别自己是感染了 SARS 还是一般感冒发烧或其他疾病引起的上述症状？

　　传染性非典型肺炎有没有病原学诊断方法？

　　SARS 是如何传播的？流行规律是什么？

　　如何预防 SARS？

　　为什么发现"非典"病人和疑似"非典"感染者一定要隔离？

　　本次预防 SARS 为什么强调戴口罩、勤洗手？何时及如何有效的戴口罩和洗手？

　　预防"非典"如何采取消毒措施？

　　吃什么药可以预防"非典"？怎样保护易感人群？

　　与传染性非典型肺炎人员接触后应该怎么办？

　　学校如何预防传染性非典型肺炎？

　　办公室怎样预防"非典"？

　　家庭预防"非典"如何进行消毒？

　　怎样治疗传染性非典型肺炎？

　　传染性非典型肺炎有没有特效药物治疗？

　　传染性非典型肺炎能治愈吗？

　　如何判断传染性非典型肺炎的康复？

　　用坦诚和科学消除对"非典"的恐慌

　　上例中三种说法使用次数不一，"传染性非典型肺炎"10 次，"非典"9 次，"SARS"5 次。我们无意对非常时期紧急印刷的文字材料吹毛求疵，主要是为了了解字母词语与汉语全称、汉语缩略语的混用情况。

　　正式出版发行的报刊也不乏其例。如：《中国剪报》2003 年 6 月11 日第 2 版转载同年 6 月 9 日《中国经营报》李苑立《中国科研为何败北》一文中，非典、非典型肺炎与 SARS 混用次数为，非典 7 次，SARS3 次，非典型肺炎 2 次。

　　（五）错注和缺注问题

　　错注问题如：GDP，指国内生产总值，是 Gross Domestic Product的缩写；GNP 指国民生产总值，是 Gross National Product 的缩写，前者是生产概念，后者是收入概念，二者的关系是：国民生产总值＝国内生产总值＋来自国外劳动者报酬和财政收入－支付给国外劳动者报酬和财政收入。根据国际标准，现已将国民生产总值更名为国民总收入。但在实际应用中，二者常有混淆错注现象。

　　在实际运用中，缺注现象也相当严重，有以下几种类型：

　　1. 缺少汉语注释

　　（1）字母词语源于英语，只注英语，缺少相应的汉语注释。

　　　　从国外的经验来看，房地产中介行业是最应该而且是最早电子商务化的行业之一，而房地产中介行业商务化的最终表现形式是目前流行于欧美国家的 MLS（Multiple Listing Service）理念。

　　　　　　　　　　　　　　　　　　　　　　　　　　（《大连日报》）

　　　　现在经新推出的 3xDry 技术加工过的棉布则避免了这种缺点。

　　　　　　　　　　　　　　　　　　　　　　　　　（《大连广播电视报》）

　　（2）字母词语源于汉语，缺少相应的汉语拼音注释。

　　如中央电视台天气预报刚推出发短信问天气服务时，未对"TQ"加以说明，观众因为不知"TQ"是"天气"的汉语拼音缩写而困惑不解。

2. 缺少英语注释

以下两例虽有括注，但缺少英语全称的出示，大多读者仍可能不解其意：

　　患有孤独症和相关疾病（以下简称 ASD）的人在与他人沟通时存在障碍，缺乏适当的社交技巧，而且表现出反常的重复行为。

（《参考消息》）

　　正当"探索外星智能学会"（SETI）的科学家们密切研究其 SETI@ home（在家里探索外星智能）计划产生的最有希望的无线电信号时，我们利用这个机会回顾对宇宙中其他地方生物进行探索背后的科学。

（《参考消息》）

3. 缺少汉英注释

以下数例中的字母词语皆因缺少必要的英汉注释影响到读者的阅读和理解：

　　医学专家发现，绿茶所含的一种名为 EGCG 的多酚化合物能够增强人体表皮细胞的活性。

（《中国剪报》）

　　慢性肾病、IgA 肾病、多囊肾、肾病综合症等大多数肾病，如原发病不能控制任其发展，则最终将以肾衰竭而告终。

（《中国剪报》）

　　从今年 8 月 1 日开始，消费者购买的米、面、油、酱油、醋等五类产品上必须要有 QS 标志，没有 QS 标志的上述五类产品将被逐出市场——这就是 8 月 1 日将正式启动的食品质量安全市场准入制度。

（《新商报》）

　　我很羡慕那些结婚的朋友，他们能说："我们"昨天去 COST-

CO 了。

(《现代女报》)

二　字母词语的规范原则

针对字母词语使用中存在的若干问题，郭熙（2005）提出了字母词语使用规范的总原则：科学性、兼容性和灵活性①。除此以外，我们认为还应遵守以下几点原则。

（一）明确性原则

非高频字母词语在文中使用应该遵守"首次出现作注"，即在语篇中首次出现时，要注明相应的汉语意义和外语全称，避免误解、歧解。文章标题使用字母词语，也要根据情况，最好在首段出示中外文注释，形式可以采用括注，也可以随文解释。

一些有简洁表达要求的广告、票证等尽量少用字母词语，避免出现误解，造成麻烦和损失。如上海机票案就是违背明确性原则的典型。"PVG""SHA"前者指上海的浦东国际机场，后者指虹桥机场。乘客杨艳辉凭着感觉，将"PVG"误认为虹桥机场，结果延误了航班，造成了经济损失，引发了国内首例有关机票文字的索赔案。杨女士的诉讼代理人吴冬律师认为，这全是机票上的英文标识惹的祸。该律师以《消费者权益保护法》等为据，认为：消费者依法享有了解所接受服务的真实情况的权利。两被告南方航空公司和民惠航空服务公司不用中文标识登机地点，侵犯了消费者在接受服务时的知情权，使乘客造成了错误的判断，两被告对由此发生的损失应该承担责任。该律师引用我国《产品标志标注规定》，认为：机票作为航空服务产品，按规定首先应该使用中文，同时可使用拼音字母或外文。后民航总局采纳法院建议将在机票地名处标注中文。②

---

① 郭熙：《字母词规范设想》，《辞书研究》2005 年第 4 期。
② 徐兀美：《不用中文用英文，乘客走错机场门——上海徐汇区法院庭审国内首例"机票文字案"》，《语言文字周报》2003 年 5 月 28 日第 1 版；徐兀美：《民航总局采纳法院建议机票地名将标注中文》，《语言文字周报》2003 年 7 月 9 日第 1 版。

（二）必要性原则

全球化背景下的国际交流日益频繁，国际合作日益加深，完全排斥字母词语是不现实的，汉语也要保持它的开放性和与时俱进的活力。字母词语的存在，有一定的实用性和合理性。一是有的字母词语在汉语里没有相应简明的词语来称说，如"B超""CT"；二是有的虽然有相应的汉语词语，但存在色彩与风格上的差异，如"bye－bye"（再见），有洋派和新潮的味道；三是字母词语还能活用，如"今天晚餐我们AA制，饭后卡拉OK去"。① 但要防止滥用字母词语。

对待字母词语的正确态度应当是承认现实，恰当管理，"疏"而不"堵"，既有利于吸收先进文化、促进科学文化发展，又有利于维护祖国语言文字健康发展为原则，不能过多使用，要看适用条件，有必要。在一般文章行文中，尽可能不用或少用；在保证明确性原则基础上，一些常用而又稳定的字母词语，新近引入而又暂无汉字词语替代的字母词语，词形较对应的汉字词语简明的字母词语，应属于有必要使用的字母词语。出于专业内容、交际对象和语言风格等因素的需要，使用相关字母词语，也具有必要性。

（三）层级性原则

字母词语的规范不能搞一刀切，应该分层级、分范围，分别对待。

专家认为，对书面语，如政府文件、新闻联播、新华社稿、中小学教材等原则上不使用字母词语；一般报纸杂志要慎用字母词语，在文学作品里为了情节写实、描写人物、烘托气氛、表达准确的修辞需要，恰当使用字母词语；供专业研究人员看的科学文献，文中夹用字母词语，除首次使用要有相应标注外可以适当放宽，悉听尊便；口语中的常用外语词，数量有限，比较随意，

---

① 参见韩敬体、于根元、周洪波等数位专家的观点。《用科学态度维护祖国语言文字主权：我国部分语言专家谈规范使用外文词和字母词的紧迫性》，《中国青年报》2004年9月15日第4版。

不必过于较真；① 对网络使用的字母词语应该根据虚拟空间的表达需要进行有针对性的规范，既要注意控制外溢，又要能保持网络语言的特殊性和创造性。

在规范原则的指导下，及时制定字母词语使用细则。2001 年 1 月 1 日起施行的《中华人民共和国国家通用语言文字法》第十一条规定："汉语文出版物应当符合国家通用语言文字的规范和标准。汉语文出版物中需要使用外国语言文字的，应当用国家通用语言文字作必要的注释。"对新出现的或不常用的字母词语，要考虑读者群的实际情况也需要在语篇中遵守"首次出现括注"原则，在括号内出示相应的注释，或在行文中说明，以便读者理解。对印刷空间有限的广告条幅和各种票证，应尽量少用字母词语，必用的一定用小号字括注，以免引起误解。

总之，语言是发展的、变化的。追求新奇、追求时尚也是一种动力。语言规范应该以不束缚语言发展为前提，对待字母词语需要有开放的胸襟。既不能过于保守，也不能过于随意，把握好度是规范的基础和关键。②

第二节　异形字母词语及其规范

随着汉语中字母词语的增多，新的异形词语——异形字母词语问题日渐凸显。异形字母词语在类型上有字母型、汉字型、数字型、符号型、综合型等多种变体。在成因上，既有时代和地域造成的差异，又有构成成分和造词法不同形成的差异，还有频度和经济性的协同作用以及输入过程引起的差异。本节根据目前字母词语使用中存在的各

---

① 参见韩敬体、于根元、周洪波等数位专家的观点。《用科学态度维护祖国语言文字主权：我国部分语言专家谈规范使用外文词和字母词的紧迫性》，《中国青年报》2004 年 9 月 15 日第 4 版。

② 参见董琨等专家的观点。《光明日报》2004 年 7 月 27 日围绕"汉语文章要不要夹用英文"展开的讨论。

种异形问题，提出异形字母词语规范的若干原则和建议，为媒体应用、辞书编纂、教材编写、日常生活使用提供参考。[①]

异形词语指的是汉语中音同（近）、义同、形异的一组词语。无论是广义还是狭义，传统意义上的异形词语其形式所涉及的都是汉字符号。随着百余年来字母词语在汉语中的萌芽、发展，尤其是改革开放以来汉语中字母词语的激增，新的异形词语类型——异形字母词语问题日渐凸显。由于异形字母词语的词形所涉及的符号超出了汉字范围，我们把凡是义同形异的一组字母词语都看作是异形字母词语；同时原有的汉字词语和字母词语也构成了不同文字符号的异形关系，如：email/E - mail/ E - MAIL/e - mail/伊妹儿。因此本节阐述的对象是广义异形字母词语。鉴于目前字母词语的读音尚无明确标准，且词形长短也影响到读音，故读音不作为判别的必要条件。

异形字母词语与传统意义的异形词语相比，符号类型呈现出多样性，在成因上显示出复杂性，对汉语词汇系统产生了一定影响，成为汉语词汇规范的一个新问题。本文根据目前异形字母词语的使用现状，归纳其主要变体类型，分析形成原因，提出异形字母词语规范的原则和建议，为媒体应用、辞书编纂、教材编写、日常生活使用提供参考。

一　异形字母词语的使用现状

异形字母词语的使用范围遍及社会生活的方方面面，在各种媒体、人群、工具书、汉语教材等都有显现。

（一）2006 年语言生活状况调查

国家语言资源监测与研究中心利用国家语言资源监测语料库（包括平面媒体、有声媒体、网络媒体）对 2006 年语言生活状况的调查显示，异形字母词语使用数量较大：在 1619 个典型字母词语中，异形字母词语有 461 个，占总数的 28.5%；同时，一些异形字母词语的

---

① 本节的主要观点在辽宁省语言学会第十一届学术年会暨学会成立三十周年庆典大会主旨报告，2011 年（锦州）。

使用频次很不均衡，如 MP3/mp3/Mp3/mP3 的使用频次分别为 20827、578、130、2；SOHO/soho/Soho/soHo 的使用频次分别为 1384、42、19、1。①

（二）大学生群体使用情况调查

为了了解各种群体在实际生活中字母词语的使用情况，我们选取大学生群体为代表，对大连 6 所高校的 200 名在校大学生进行问卷调查，让他们在限定时间内写出最常用的 10 个字母词语，共得到 282 个字母词语，1072 个词次，其中有 38 个字母词语呈现有不同词形。如：E‐mail/e‐mail/Email/email/E‐Mail；BASIC/BASIC 语言；Windows98/Win98；Internet/Inter 网；T 形人才/T 型人才。

（三）各类汉语词典抽查

我们对近年出版的十多部汉语词典进行抽查，发现各种词典不仅收录字母词语的数量、范围、体例有别，而且收录词形也不同。如在刘涌泉《汉语字母词词典》中，"hi‐fi" 作为一个词条，有 "HiFi" "hifi" 两个并列词形②；中国社会科学院语言研究所词典编辑室《现代汉语词典》单列词条 "hi‐fi"③。又如 "T 恤衫"，于根元《现代汉语新词词典》收录的 "T 恤"，释义时给出 "T 型衫"④；《现代汉语词典》"T 恤衫" 为正词条，释义时给出 "T 恤"⑤；刘涌泉《汉语字母词词典》分列为两个词条 "T 形衫" "T 恤（衫）"⑥。

（四）对外汉语教材调查

我们对改革开放以来出版的 160 本对外汉语教材进行了调查，通过对所调查教材的穷尽统计，共得到 257 个字母词语，1021 频次，也

---

① 国家语言资源监测与研究中心：《中国语言生活绿皮书·中国语言生活状况报告下编 2006》，商务印书馆 2007 年版，第 37—47 页。

② 刘涌泉：《汉语字母词词典》，外语教学与研究出版社 2009 年版，第 109 页。

③ 中国社会科学院语言研究所词典编辑室：《现代汉语词典》，商务印书馆 2005 年版，第 1833 页。

④ 于根元：《现代汉语新词词典》，北京语言学院出版社 1994 年版，第 693 页。

⑤ 中国社会科学院语言研究所词典编辑室：《现代汉语词典》，商务印书馆 2005 年版，第 1835 页。

⑥ 刘涌泉：《汉语字母词词典》，外语教学与研究出版社 2009 年版，第 239—240 页。

发现了一些异形字母词语。如：email/E–mail/E–MAIL/e–mail/伊妹儿/电子函件；T恤/T恤衫；VCD/VCD机/VCD播放机。

（五）字母词语个案筛查

我们通过对各大银行在街头商场设立的自动取款机进行实地调查发现，自动取款机有4种标识：ATM机/ATM取款机/ATM自动取款机/ATM自动柜员机。我们将"ATM"输入百度进行搜索，共得到65700000个网页，通过对前20个网页的提取筛选，共得到11个不同词形：ATM/ATM机/atm机/ATM取款机/ATM自动取款机/ATM自助存取款机/自动柜员机ATM/ATM自动柜员机/ATM柜员机/自动柜员机（ATM）/ATM（自动存取款机）。

以上多方位的考察显示，对异形字母词语进行规范成为既必要又迫切的问题。

二　异形字母词语的变体类型

异形字母词语的词位变体比汉字异形词语更复杂，既有字母部分的不同，也有汉字部分的不同，还有字母词语和相应汉字词语的差异，形成多种变体类型：

（一）字母型变体

1. 字母部分大小写不同，大写也有全部或部分之分。如：E–mail/e–mail；IN/in；VC/Vc；CALL机/Call机/call机；pH值/PH值。

2. 字母构成不同。如：BP机/BB机；CNY/RMB。

3. 全称或缩略形式共存。如：WIN2000/WINDOWS2000；PentiumⅡ Xeon/PⅡ Xeon。

（二）汉字型变体

1. 是否含有汉字语素。如：Internet/Internet网；DOME–A/冰穹A；ω—3/ω—3脂肪酸。

2. 汉字繁简异形。如：AMS计畫/AMS计划；Y染色體/Y染色体。

3. 汉字部分是否缩略。如：A.J.C拍卖会社/A.J.C拍卖行/

A. J. C 拍卖株式会社；B 肝疫苗/B 型肝炎基因疫苗；H5N1 型禽流感病毒/H5N1 病毒；T 型台/T 台。

4. 汉字部分使用同义语素替换。如：DVD 盘/DVD 碟。

5. 意译和音译并存。如：维生素 C/维他命 C/维它命 C。

6. 纯字母词语和汉字词语共存。如：SARS/非典；FANS/粉丝。

（三）数字型变体

1. 阿拉伯数字和汉字数字。如：F16 战机/F 十六战机；4S 店/四 S 店；3 A/三 A。

2. 罗马数字和阿拉伯数字。如：PⅢ/P3；VⅡ/V2。

（四）符号型变体

1. 有无各类符号。如：Sk－Ⅱ/ SkⅡ；AD－三六病毒/ AD 三六病毒；CT/C。T。；"3＋X"/3＋X。

2. 添加符号不同。如：Sk－Ⅱ/Sk—Ⅱ；A&V/A＋V/A·V。

（五）综合型变体

集以上两种或两种以上的类型于一身，属于综合型变体。如：F－16 战机/ F16 战机/ F 十六战机/F 十六；FBC－飞豹超音速歼击轰炸机/FBC－飞豹歼轰机/FBC－1 飞豹战车机/FBC－1 飞豹/FBC－1。

以上变体类型在文本中的使用主要有共现使用和异现使用两种。共现使用，即共时状态下在同一文本中，各种词形同时使用；异现使用，即在不同地域、不同时期、不同文本中使用各种形式。

三　异形字母词语的成因

异形字母词语的形成有多方面的原因，既有时代和地域造成的差异，又有构成成分和造词法不同形成的差异，还有使用频度和经济性的协同作用以及输入过程引起的差异。

（一）时代引起的差异

字母词语在汉语中的萌芽可以追溯至清末，最早开始收录字母词语的工具书是《新尔雅》（1903）。字母词语在汉语中经历了萌芽、发展、停滞、激增四个时期。在各个时期受社会等因素的影响，发生了很多变化，其中阿拉伯数字、标点符号在汉语书面语中的使用、新的汉语词汇结构的产生等都为异形字母词语的产生创造了条件，使在不同时期产生的字母词语形成异形词语。如"X射线"词族，据张铁文（2005）考证，从1895年年底X射线发现后不久传入中国，汉语中X射线词族的成员从产生至今有37个之多，如：X射线、X光线、X线、栾琴线、爱克斯光、厄克斯射线、伦琴、伦琴射线、栾琴等。其中"X线"出现最早，1898年出版的《光学揭要》二版最后光学附录部分出现了此词，1899年10月1日《知新报》出现了X光。X光，清末至民国时期使用频率并不高，但新中国成立后使用频率相当高，是普通人最熟悉的X射线词族词语。①

（二）地域造成的差异

全球华语背景下的字母词语也存在地域差异，如大陆和台湾。大陆和台湾由于长时间的阻隔，字母词语的差异表现也很突出，如：ATM校园宽带网/ATM校園寬頻網路；Gigabit因特网/Gigabit乙太網路；L39喷气式战斗机/L39噴射戰鬥機。大陆含有数字的字母词语多用阿拉伯数字，而台湾字母词语则以汉字数字居多，如"十八K""KISS九十九点九""F十六战机""十四K帮会""三四五KV""BH九四八""BD三二一二""KE二五八""WAF-三三○""BM八六二"。根据我们对台湾国语会"新词语料汇编1"和"新词语料汇编2"的统计，共有86组表义相同而书写形式不同的字母词语。其中，字母词语中有无汉语语素或者使用不同汉语语素的共21组，字母词语中字母的大小写不同的共21组，字母词语中使用不同的字母或符号的共12组，字母词语中使用省略和缩写的共18组。四种方式在字母词语中综合运用的共12组。以上岛内出现的异形词语和大陆的字母词语随着两岸汉语的交融增加了异形字母词语的数量。② 大陆的南北方也有一定差异，据调查《羊城晚报》有"DVD光碟"，而

---

① 张铁文：《词源研究与术语规范——X射线词族的词源研究》，《术语标准化与信息技术》2005年第1期。

② 原新梅：《台湾的字母词语特点及其与大陆的差异》，《河南大学学报》2005年第6期。

《人民日报》《北京青年报》只有"DVD 光盘"。①

（三）构成成分复杂引起的差异

汉语文本中的字母词语，其构成成分基本上可以分为三大类，一是必要成分，指各种字母，包括拉丁字母、希腊字母等；二是主要成分，有汉字、数字（包括阿拉伯数字、罗马数字）；三是次要成分，包括标点符号以及其他符号。以上各种成分按照不同的方式进行组合，也为多种类型异形字母词语的形成提供了条件。

（四）造词法不同引起的差异

造词法不同也会形成异形字母词语，如：BP 机（缩略法）/BB 机（谐音法）；AAA 级（重叠法）/3A 级（总括法）；BtoB（缩略法）/B2B（谐音法）。

（五）频次和经济性的协同作用

异形字母词语的多个词形往往和使用频次相关，刚开始出现时，词形一般较长，随着时间的推移或在文本中出现频次的增加，人们对该词语的知晓度提高，相应的缩略形式就可能不断出现，如：AC 米兰队/AC 米兰/A 米。

（六）输入过程引起的差异

在汉字文本中输入字母词语时需要转换文字输入。在由中文转换为英文后，为输入方便，很多情况下不进行字母的大小写转换，一些符号也被省去或在错误的输入状态下造成变形，如各种长短不一的连字符，虽然形式上非常相似，但却是不同类的符号（内码不一样）。它们分别属于广义标点连字符号、Unicode 码连字符，小连字符、全形连字符等。②

四　异形字母词语的规范

大量异形字母词语的存在确实对语言生活产生了影响，从计算机自动识别、词典编纂、教材编写、媒体和日常生活应用。究竟应该选

---

① 郑泽芝：《字母词语跟踪研究》，《语言文字应用》2009 年第 1 期。
② 关润芝、杨建国：《字母词语块中"标点"的使用状况考察》，《语言文字应用》2005 年第 1 期。

择哪个词形作为规范，常常因没有规范依据而流于主观随意的选用。当然有些词形使用频次很低可能会自然消退，但使用频次较高的词形需要进行人为干预。

（一）异形字母词语的规范原则

1. 必要性。从各种考察看，异形字母词语的多个词形中，偶发性词形数量较多，特别是一次性使用的变体，说明字母词语在使用时临时性和随意性强，缺乏稳定。显然这些是规范过程中首先应该舍弃的重点。随意性很强的多个书写形式只是词位的无值变体，在实际使用中并没有存在的必要，只会增加阅读负担。

2. 常用性。各个异形字母词语使用频次的不均衡为挑选推荐词形提供了依据，应该选择其中流通度高的作为规范词形，在字母词语规范的定量基础上进行定形。

3. 简明性。在频次相同的情况下，本着简单明确的原则，选择词形短、符号少且没有歧义的作为规范词形。

（二）异形字母词语规范的建议

2002 年，国家语委将字母词的规范标准和原则问题列为"语言文字应用研究'十五'资助项目"；2008 年，教育部调研组曾赴多个省市对"网络语言、外语、字母词使用情况"进行调研；2010 年 4 月，广电总局有关央视屏蔽字母词语的通知和新闻出版总署有关出版物禁用字母词语的通知引发了热议，2012 年《现代汉语词典》第 6 版的出版引发了新一轮的讨论。随着研讨的不断深入，学界和社会对待字母词语的态度更为客观理性。我们认为，字母词语的使用需要规范引导，需要结合实际研制和完善字母词语规范标准。

1. 根据国家语言资源中心对媒体的监测，尽快制订出台字母词语使用规范的系列方案，包括常用字母词语词表、字母词语的规范方案等。常用字母词语词表应根据流通度区分出最常用、常用、次常用等若干级别。字母词语的规范方案应对词形的规范要提出具体明确的要求，使社会和个人使用有据可依，摆脱目前的滥用、随意等问题。

2. 目前已有的字母词语规范研究对词形的说明缺少基于流通

度、词频、学理的具体规范细则。如字母大小写问题，一般意见是在不影响表义的前提下，字母部分应采用大写形式，对大小写表义不同的应区别对待。如 GI 是血糖指数，gi 是非法定容积单位名称；对数字问题则意见不一，有认为都统一成阿拉伯数字，也有认为统括字母词语如"三 C 革命"应该使用汉字数字。标点符号及其他符号的规范是异形字母词语规范最复杂的部分，依据什么标准来决定取舍很棘手。汉字部分有主张保留义标的，但字母词语中的汉字部分不一定都是义标。凡此种种，建议在国家语言文字法指导下，结合汉字异形词整理、出版物上数字用法、标点符号用法等综合考虑。

3. 根据学术界对字母词语的研究成果和规范方案，鉴于工具书的查检示范作用，工具书在收录字母词语时要慎重归纳和分化词条，慎重确定正词条，因为使用者一般会把正词条当作规范词形使用，如果选择不当就可能造成误导。如 CtoC 、C2C 、C – C（指客户对客户的电子商务），有词典把 C2C 作为正词条，我们认为不妥，应选择学理强的 CtoC 作为正词条，2 是对 to 的谐音，适宜在网络中使用。

4. 字母词语在汉语中的使用动态性强，异形字母词语的规范也应该体现出动态性。字母词语在不断出现，也在不断消亡。异形字母词语的规范应该伴随着字母词语的发展变化及时整理、公布规范形式。

第三节　字母词语的汉化与思考

2010 年 4 月广电总局下发通知，要求在央视电视节目中进一步规范用语，屏蔽"NBA""GDP""WTO""CPI"等英文缩写词。消息一出，立即引起热议。同年 11 月 23 日新闻出版总署也下发了《关于进一步规范出版物文字使用的通知》，要求在汉语出版物中，禁止出现随意夹带使用英文单词或字母缩写等外国语言文字。据腾讯、新浪等网站所作的调查显示，理解支持者、强烈反对者、态度中立者皆有。有关专家证实，屏蔽是为了捍卫民族语言纯洁。[①] 国家语委副主任、教育部语信司司长李宇明表示，国家语委对字母词语的使用持比较谨慎的态度，希望能尽快汉语化，以符合中国人的表达习惯。[②]

广电总局和新闻出版总署的通知下发后，字母词语的使用是否就真的不再使用或很少使用了呢？我们从对央视1—5频道2011年5月新闻联播、新闻30分等栏目的跟踪收视看，发现有"ECFA""IMF""NBA""F1"等32个字母词语；我们将"NBA"作为关键词输入人民网进行全文检索：结果发现《人民日报》有787例，《人民日报海外版》有632例，《市场报》有337例，《环球时报》有326例，《国际金融报》有76例。这些抽样从一个侧面表明，全面禁用的后续效应并不乐观。

热议、回应及禁而不止引发了我们的思考：针对字母词语的滥用，规范前提下的汉化有必要，但如何汉化，影响汉化的复杂因素有哪些，汉化应该遵循的原则，汉化的程度和范围等都值得深入探讨。[③]

一 外来词的汉化与字母词语的汉化

（一）外来词的汉化

汉语外来词的历史悠久，最早可追溯至商周。伴随着民族之间各种形态的接触，汉语吸收外来词相继出现了数次高潮。不管是对佛教词语的吸收还是对译入的科学概念，受汉语言系统的作用、汉民族文化的影响，形成了多种翻译方法，诸如音译法、意译法、音兼意法，同时也在引入过程中形成了多个层面的汉化。

1. 语音的汉化

外来词在借入时都经过了不同程度的语音汉化。以英源外来词为

---

① 教育部办公厅编：《教育部、国家语委要求加强对字母词使用的管理》，《教育部简报》2010年第94期。

② 周兆军：《央视屏蔽英文缩略词 国家语委回应：持谨慎态度》，中国新闻网，2010年4月10日。

③ 本节的主要观点曾在第六届全国社会语言学学术研讨会上大会主旨报告，2011年锦州。

例，据于辉（2010）在借词音系学理论框架内的研究显示，汉语中英源借词在借的过程中的音系表现，包括辅音、元音和韵律成分的借用和映射及由于音节结构和音段配置的调整引起的增音、删音现象等。他发现借词音系和本族语音系并不一致；借词音系涉及源语言与目标语音系的交互作用，借词音系反映两种语言的音系系统；两种音系对借词音系的影响力，本族语音系在借用的过程中起着更为重要的作用。① 这种在交互中起着更为重要作用的正是英源外来词语音汉化的体现。

2. 文字符号的汉化

世界文字史经历了原始文字时期、古典文字时期和字母文字时期。② 在各个时期的接触融合中，都存在语言文字符号的融合转换。汉语早在汉唐翻译佛经时就将源自梵文的外来词转换为汉字，使其在书写符号上融入汉语汉字系统，如翻译史上著名的"五不翻"就是对佛经中难以进行翻译处理的词语和文化含义丰富的词语进行文字符号的转换。③ 这种转换一直延续到现当代，不管是源于英、法等的拉丁字母外来词、源于俄语的斯拉夫字母外来词，还是源于希腊语的希腊字母外来词都转写为汉字形式。如：Aminopyrine 转写为"氨基比林"，sofa 转写为"沙发"，ballet 转写为"芭蕾"；большевик 转写为"布尔什维克"、Катюша 转写为"喀秋莎"，платье 转写为"布拉吉"；Αττική转写为"阿提卡语"，αρσενικό 转写为"阳性"。

3. 词形的汉化

外来词的词形汉化有多方面的表现，如佛源外来词的翻译经历了词形方面的"双音化""定型化"。汉字是表意文字，外来词在引入

---

① 于辉：《汉语借词音系学——以英源借词的语音和音系分析为例》，博士学位论文，南开大学，2010 年。

② 周有光：《世界文字发展史》，上海教育出版社 2003 年版，第 4 页。

③ 所谓"五不翻"就是：一秘密故，如陀罗尼（直言、咒语）。二含多义故，如薄伽，梵具六义（自在，炽盛，端庄，名称，吉祥，尊贵）。三此无故，如阎浮树（胜金树），中夏无此木。四顺古故，如阿耨菩提（正偏知），非不可翻，而摩腾以来，常存梵音。五生善故，如般若尊重，智慧轻浅。

时除了进行文字符号的转换外，还通过汉字的表意性来凸显外来词的语义显著度。如音译外来词时选用和词的实际意义相近、相同的字形成音义相关，既适应汉字的认知特点，又形成语义组合。如"jumbo"译作"巨无霸"；还通过利用汉字字符或部件的表意性来实现词形的汉化。如"葡萄"都用草字头的汉字，表明植物类属。

4. 语法形式的汉化

汉语缺乏狭义形态，吸收外来词通常要减省去各种表示语法意义的词形变化。如英语中表示"数"范畴的内部曲折或附加形式到汉语中全部消失，不管单复数只有一种形式；在结构形式上，构词成分的顺序依照汉语进行调整；多音节词汉化为包含两个或两个以上语素的汉语复合词；音兼意译外来词通过仿译或添加汉语语素进行汉化。

5. 语义的汉化

外来词进入汉语后，由于特定符号系统及其使用者的交际情境的制约，必然使其在语义的性质、内容和数量等方面发生相应的调整。语义的汉化分表层和深层，表层汉化主要有六种类型：（1）多义的单义化；（2）所指的偏离；（3）色彩的偏离；（4）语义关系的调整；（5）音节的语素化及构词功能的变化；（6）结构和功能上的调整。深度语义汉化表现为语义范围的扩大、隐喻义的产生及大量新词语的类推等。① 如：carrefour，在法语中本指十字街头、集市，翻译为"家乐福"，语义上更符合汉族文化中"家"的观念，形成所指的偏离。

外来词的汉化方式和过程有助于我们更好地了解汉语自身的特点和规律，推进外来词的合理吸收和规范化进程，为字母词语的汉化提供借鉴。

（二）字母词语的汉化

汉语中字母词语的产生以哥伦布发现新大陆和欧洲新航线的开通后、中西语言较具规模的接触为基础。明嘉靖年间，葡萄牙殖民者租占澳门进行殖民和贸易活动，以拉丁字母为代表的西文字母由此开始

---

① 李艳、施春宏：《外来词语义的汉语化机制及深度汉语化问题》，《汉语学习》2010年第6期。

传入中国。① 鸦片战争后，西学东渐速度加快，汉语出现了字母词语的萌芽，此后的百余年间经历了发展、萎缩和激增等不同的发展演变阶段。字母词语的出现突破了汉语长达数千年以汉字为载体的外来词吸收方式，对现代汉语尤其是当代汉语产生了很大影响，使汉语词汇开始由以纯汉字词语向以纯汉字词语为主体兼容少量非汉字词语的构成形态转变。

字母词语从来源上可分为外源性字母词语和自源性字母词语。无论是外源还是自源，字母词语都具有洋化的外形，各种西文字母尤其是拉丁字母是字母词语的必要构词成分。和传统外来词相比，外源性字母词语的引入更直接，中间省去诸多过程。外源性字母词语既具有传统外来词的共性，又具有不同于传统的以汉字为书写符号外来词的特殊外形。因此字母词语的汉化一方面应借鉴外来词的汉化方式，另一方面又要根据字母词语的个性特征发现适合自身的汉化方式。

二　影响字母词语汉化的主要因素

影响字母词语汉化的因素，除了存在着支持和放任字母词语的固有态度、鞭长莫及的应用领域以及新传入字母词语有效汉化的现实困难等外，② 我们认为，字母词语自身存在着很强的洋化特征，在认知心理、阅读习惯、文字符号转换、语素化、词汇生成、语用功能、语音等方面都使字母词语的汉化难以彻底。

（一）词形简洁醒目，在汉字背景下易于识别

字母词语大都是由各种各样的字母形式为主体构成的缩略语，无论是较之字母原形词语还是较之相应的汉字词语，词形都要简短得多；处在汉字背景下的字母词语数量少于汉字，由于文字符号系统造成的背景差异使其在阅读过程中，尤其是在速视扫描中，极易成为视觉焦点，显得十分醒目。这一点无论是阅读心理学还是认知心理学都不难提供依据。

---

① 张铁文：《字母词探源》，《语文建设通讯》2007 年总第 88 期。

② 汤玫英：《字母词汉化面临的五大障碍》，《语文学刊》2011 年第 7 期。

（二）计量单位的国际化，字母书写相对简单

随着国际化计量单位的普及，加之字母的书写难度低于汉字，故在日常生活中经常看到商品的外包装都倾向于用字母标识重量或容量，如各种瓶装或袋装饮料，一般用 g 或 ml，不用克或毫升（在读出时用）；黄金成色的计量单位，《汉语外来词词典》正词条为四个笔画的汉字词"开"，[①] 而现在大众熟知的是"18k""24k"的"k"，"开"却不为人所知。

（三）一些字母词语具有丰富的摹形功能

虽然汉语中也有丁字尺、工字楼等利用汉字形态的摹形词语，但数量有限。26 个拉丁字母作为摹形构词成分，为描摹事物提供了更为多样的材料。如：A 字裙、B 形瓶、C 形玉雕龙、D 形盒、H 形梁、L 形天线、M 形屋顶、OO 眼保仪、Q 字结、S 形弯道、T 形梁、U 型钢、V 形槽、W 底形态、X 型人才、Y 形楼、Z 字弯道等。此类字母词语弥补了汉字词语在摹形上的不足，很难汉化。

（四）少量字母词语在使用中已经语素化

刘晓梅（2003）依据提取多音节外来语素的 4 条标准：音义结合的确定性、独立性、复现率和该音义结合体不同意义之间的联系性，从《新词语库》（该语库收集了 12 本出版于当代的新词语词典，排除重复项和不符合新词语定义的成分，共计 11669 条）中提取出 7 个外来语素，其中包括 5 个字母语素，即：e、IT、CD、TV、IP，指出这 5 个字母语素是已经完成了语素化过程的外来语素，并预测它们很有可能走入汉语语素系统的稳定部分。同时还认为如果把语素的概念放宽，不限定在构词层面，而是定位在"最小的音义结合体"这个层面，外来语素的数量就会大大增加。[②] 随着字母词语数量的增多，具有能产性的字母语素也会增加。

（五）部分字母词语是否能汉化受到语音的影响

有些字母词语汉化后更能符合汉语的韵律节奏，如东南亚国家联

---

① 刘正埮、高名凯、麦永乾、史有为编：《汉语外来词词典》，上海辞书出版社 1984 年版，第 178 页。

② 刘晓梅：《当代汉语新词语研究》，博士学位论文，厦门大学，2003 年。

盟（Association of Southeast Asian Nations），简称为"东盟"，比 ASEAN 更上口；"英超""意甲"使用非常普遍，而"美篮联"或"美职篮"受语音的影响，读起来非常拗口，远不如"NBA"使用普遍。输入百度搜索，"美篮联""美职篮""NBA"使用的网页文本分别有 3400 个、589000 个、100000000 个。又如"欧佩克"和"APEC"，"APEC"不易采用音译汉化，是由于汉语普通话音系中［ei］不能自成音节。

字母词语在不同的语境中具有特殊的表达效果。如在网络聊天室经常使用谐音、重叠式字母词语传达出轻松俏皮的表达风格，采用借代、大词小用、缩略等方式造成诙谐幽默的效果，如把外国顾客经常出入、OK 声不断的商业街叫作"OK 街"，把为学生复习功课开设的读书场所命名为"K 书中心"等。处在现代汉语系统中的字母词语在表意上还具有含蓄委婉的功能，在不便直说或不宜粗俗化的场景中适应了人们崇尚含蓄的民族文化心理。在学术研究专业领域字母词语又常常地体现出其超越国界、超越民族的国际性。

三　字母词语汉化的原则

2010 年 7 月 6 日《光明日报》设专版，邀请新闻出版总署、全国科技名词审定委员会、中国人民大学胡明扬、中国民航学院周其焕、商务印书馆周洪波等专家学者讨论科技术语字母词的汉化之路。① 结合 2012 年《现代汉语词典》第 6 版出版后引发的热议，《中国语文》组织专家进行《词典收录字母词问题笔谈》，李宇明、刘涌泉、陆俭明、汪惠迪、孙宏开都发表了意见，其中也涉及汉化问题。②

基于专家们的讨论，我们认为，字母词语的汉化应该遵循以下原则：

（一）常用性。基于真实文本的大型语料库对字母词语进行计量

---

① 胡明扬等：《科技术语字母词汉化之路》，《光明日报》2010 年 7 月 6 日第 12 版。

② 《中国语文》2013 年第 1 期。

研究，根据词频高低等划分常用、次常用、非常用、一次性字母词语。其中常用、次常用字母词语是汉化的主要对象；非常用、一次性字母词语因为使用频率低、消失速度快，故不应作为汉化的对象。如百度搜索 "Asia – Pacific Economic Cooperation" 找到相关结果约272000 个，"亚太经济合作组织" 找到相关结果约 522000 个，"亚太经合组织" 找到相关结果约 2170000 个，"APEC" 找到相关结果约 5550000 个。从常用性看，"APEC" 最高，"亚太经合组织" 居其次，"亚太经合组织" 应当作为汉化形式。百度搜索 "Organization of the Petroleum Exporting Countries" 找到相关结果约 146000 个，"石油输出国组织" 找到相关结果约 1190000 个，"OPEC" 找到相关结果约 1820000 个，"欧佩克" 找到相关结果约 2740000 个。"欧佩克" 使用频率最高，是广泛使用的汉化形式。

（二）经济性。对比常用字母词语和所对应的汉语词语的词形长短，结合常用性，选择其中简明的词形。如：MP3，动态影像专家压缩标准音频层面 3 播放器。KAP 调查，为了解人们对某种事物的知识（Knowledge）、态度（Attitude）和实践（Practice）而进行的一种社会调查。三 C 革命，实现通信网络化（Communication）电脑化（Computer）自动控制化（Control）的过程。"MP3" "KAP 调查" "三 C 革命" 从经济性角度看都应作为通用词语，除非有更简明的翻译方法。

（三）变通性。字母词语的汉化在不同的语体和不同的语域应宽严有别，如严肃的政论语体和虚拟的网络空间应当区别对待。根据我们对不同语体中字母词语的分布考察发现，与新闻语体和科技语体相比，政论语体、文学语体、公文语体和日常谈话语体中字母词语的数量和频率较低，相互间差异较大。对字母词语的汉化需要考虑针对不同语体确立汉化的层次和重点，应力求宽严适度、刚柔有别。

（四）规范性。字母词语在使用中存在诸多不规范问题，词形就是其一。国家语言资源监测与研究中心利用国家语言资源监测语料库（包括平面媒体、有声媒体、网络媒体）对 2006 年语言生活状况的调查显示，异形字母词语使用数量较大：在 1619 个典型字母词语中，异形字母词语有 461 个，占总数的 28.5%；同时，一些异形字母词语的使用频次很不均衡，如 MP3、mp3、Mp3、mP3 的使用频次分别为 20827、578、130、2。①

据我们考察，语文工具书、汉语教材、网络和平面媒体都出现有数量不等的异形字母词语，类型多样。字母词语的汉化应该结合词频从中选择规范词形。

以上原则应该综合考虑，不能顾此失彼。

四 字母词语汉化的层面和程度

(一) 汉化的层面

"由于字母词语的特殊性，故其汉化的重点集中在文字符号和词形上。"② 在翻译界及术语界已有成果的基础上，提出用汉语简称将字母词语汉化，既可以实现文字符号转换、词形、语法形式等多方面的汉化，又保留了词形的简明，不失为一种很好的途径。字母词语和传统外来词相比，在书写符号、词形以及翻译方法（引入）上有明显差异。要完成字母词语的汉化，重点也应在这几个方面。

根据字母词语在文字、词形上的特殊性，我们认为字母词语汉化的主要层面有：文字的汉化，词形的汉化；次要层面是读音的汉化，语法的汉化，语义的汉化。

1. 文字和词形的汉化。在字母词语汉化的常用性、经济性、变通性、规范性原则基础上，进行以拉丁字母为主的西文字母的汉字转换，一部分实现全部转换，即无论音译还是意译都使字母词语完全转化为汉字词语；一部分完成部分转换，即形成"字母 + 汉字"的混合词形。

2. 语音的汉化。语音的汉化指的是字母部分读音的汉化。目前学术界有关字母词语的读音标准主要有三种观点：英语的读音标准、汉化的读音标准、两种标准并行不悖。其中汉化的标准争议很大，如王均提议的京音、葛本仪为字母词语所注的音、贾宝书构拟的标准等都

---

① 国家语言资源监测与研究中心：《中国语言生活绿皮书·中国语言生活状况报告（下编 2006）》，商务印书馆 2007 年版，第 37—47 页。

② 祝吉芳：《字母词的汉语化问题》，《中国科技术语》2011 年第 2 期。

有很大差异。虽然读音标准尚无定论、工具书也一般采取不为字母部分注音的回避方式，但字母词语在实际生活中包括中央电视台新闻联播等节目显示，字母词语的汉化读音确实存在，只是汉化的程度和范围不一。鉴于目前的混乱，需要国家有关部门制定相关标准。

3. 语法和语义的汉化。字母词语的字母部分大多数是缩略形式，结构关系不便分析。字母与汉字语素之间一般是偏正关系。在词形的汉化过程中要考虑结合汉语复合词的主要语法结构关系，同时在语义上通过偏离、调整适当进行汉化。

（二）汉化的程度

从静态看，字母词语的汉化应区分汉化的程度，哪些可以完全汉化、哪些可以部分汉化、哪些不能汉化；从动态看，字母词语的汉化程度还要考察哪些已经完成汉化、哪些正在经历汉化的过程，哪些还完全没有汉化的迹象。

前文提到的摹形类字母词语，A 字裙、V 字领、U 形管、T 型台、S 钩等，绝大多数不可以完全汉化，少量可以汉化，如：一些从英语借来的摹形类字母词语选用近似这种字母形状的汉字翻译全词，实现全部汉化，如"I – bar"译为"工字铁"，"U – bolt"译作"马蹄螺栓"；一些已经部分汉化含有字母的只有少量可以全部汉化，如"H 形"汉化为"工字形"，"Z 字弯道"汉化为"之字弯道"；大多数是部分汉化，即保留部分字母，翻译概念或添加"形"或"型"字，如"X – ray"译成"X 射线""IP phone"译成"IP 电话"，"A – frame"译为"A 形架"，"O – ring"译成"O 形环"。

此外，字母词语的汉化程度还有时代差异和区域差异，如 1896 年以来，X 射线词族的名称有 40 种左右，引入方式有形译、音译和意译，其中汉化形式在百余年间有很大差异，如劳忒根光、义光、栾琴线、伦琴射线、透骨电光、爱克斯射线等；[①] 区域差异表现范围也很广，如汪惠迪对新加坡华语字母词语的考察[②]，王敏东对台湾字母

---

① 张铁文：《词源研究与术语规范——X 射线词族的词源研究》，《术语标准化与信息技术》2005 年第 1 期。

② 汪惠迪：《新加坡华语字母词语用简论》，《联合早报》2000 年 8 月 6 日、13 日。

词语的考察都显示出字母词语的汉化存在区域差异，如大陆的"T 恤衫"，在台湾有称为"丁字衫"的。①

五　字母词语汉化的理论思考

语言接触是引发语言借用的前提条件，但语言借用是否能真正带来语言的变化则取决于输入方语言自身的特点和使用该语言民族的文化和心理，这些限制条件决定了语言，尤其是距离遥远的语言，由语言接触所引发的变化既是可能的，同时也是有限度的。②

只要有足够的接触时间和接触强度，一种语言的任何语言成分都可以被另一种语言所借用，对字母词语的汉化需要进行历时和共时的思考。

（一）历时的思考：字母词语的汉化是一个历史性的问题

汉字系统接受非汉字符号，并非仅仅是西文字母。19 世纪末 20 世纪初，进入汉字汉语系统的非汉字符号还有标点符号和阿拉伯数字。

1. 标点符号。殷商以来汉语一直沿用钩识、句读、圈点之法，宋代奠定了传统的标点格局；清末民初受西文标点的影响，新式标点才逐步取代传统标点。王炳耀 1897 出版的《拼音字谱》参照西文标点自拟了一个标点系统。五四时期，推行"新式标点"成为新文化运动的具体内容之一。先是《新青年》讨论并于 1918 年 1 月开始试用了"采用西制，稍加厘订"的新式标点，继而是 1919 年 4 月胡适、钱玄同、周作人等向教育部提交了《请颁行新式标点符号议案》，到 1920年 2 月教育部发布"训令"批准了"议案"，正式颁行新式标点。从 1920 年 8 月起，上海亚东图书馆陆续出版的汪原放使用新式标点、分段编排的《水浒传》等白话小说，成为中国出版史上划时代的壮举。中国科学社于 1915 年创刊的《科学》杂志，此时已经采用横行书写和新式标点符号。《科学》杂志在"创刊号例言"中对于横排和新式

---

① 王敏东《字母词在台湾》，《语文建设通讯》2002 年第 69 期。

② 朱一凡：《翻译与现代汉语的变迁（1905—1936）》，博士学位论文，华东师范大学，2009 年。

标点的采用曾做过这样的说明："本杂志印法，旁行上止，并用西文句读点之，以便插写算术及物理化学程序，非故好新奇，读者谅之。"

新式标点符号首先是受西洋拼音文字和科学文章的影响而提出的。经过清末至文学革命时期 20 多年的讨论和实践，实验心理学、生理学、现代文学的审美层面、自然科学镶嵌西文的实用层面，最终也以得到国家权力机关的认可而得以确定其合法性。

书写形式和标点符号的使用，它与白话文的采用一样，都是使语言朝着通俗化、精确化方向变革的一个很重要的措施。

2. 阿拉伯数字。阿拉伯数字源于印度，经阿拉伯传入欧洲，被称为阿拉伯数字。它经过了欧洲人的改造。"欧洲拉丁文的文献中，最早在 975 年有阿拉伯数码的记载。""阿拉伯数字传到东方可能在中国的明朝或者更早。在日本和中国的教科书中应用，大约开始于日本的'明治维新'（1868）和中国的'辛亥革命'（1911）。清末创办的中国第一个现代大学'京师大学堂的数理化教科书中，还用'甲乙丙丁'、'子子丑寅卯'、'一二三四'，不用 ABCD 和 1234……"① 民国初期的刊物，基本上用的都是汉字数字，随着时间的推移，阿拉伯数字逐渐融入了汉语，成为汉字汉语系统中的各类非汉字符号之一。

随着阿拉伯数字使用范围的扩大，各种出版物上的数字用法十分混乱。为了纠正这种混乱状况，国家语委、国家出版局、国家标准局等部门局于 1987 年 1 月 1 日联合发布了《关于出版物上数字用法的试行规定》。这个规定试行了 8 年，经过修订，1995 年 12 月 13 日国家技术监督局正式作为国家标准颁布，并从 1996 年 6 月 1 日起实施。

非汉字符号进入汉语是语言接触与融合的必然，是汉语顺应社会和科学发展而进行的必要变革，都经历了不接受到接受、西化和汉化的过程。鲁迅曾说："单是提倡新式标点，就会有一大群人'若丧考妣'，恨不得'食肉寝皮。'"② 字母词语的进入同样是语言接触的结果，并且接触的范围和速度大大超出 20 世纪初期。字母词语的汉化

---

① 周有光：《世界文字发展史》，上海教育出版社 2003 年版，第 458—459 页。
② 鲁迅：《忆刘半农君》，《青年界》1934 年 10 月第 6 卷第 3 期。

也需要借鉴其他非汉字符号进入汉语的规律，使汉语朝着丰富化、精确化、国际化的方向发展，更好地为现代社会服务，为多个领域、多种层面服务。

　　（二）共时的思考：字母词语的本族化是一个世界性的问题

　　字母词语是一个国际性的语言问题。伴随着 20 世纪全球拉丁化浪潮的高涨，全球经济一体化进程的加快和高科技的发展，从非汉字文化圈到汉字文化圈，语言文字的接触与融合速度加快，新概念、新术语体现出的公共性，"世界通用词"的产生和发展已成为必然，尤其是在汉字文化圈表现更为突出。如在《读卖新闻》《朝鲜日报》等日韩报刊中，WTO、BBC、NBA、IP、LG 等的使用频率在一定阶段都相当高。因此日语和韩语也同样面临字母词语的本族化问题。

　　据根本晃（2005）对日本现代用语词典《imidas》①的统计显示，《imidas》收录了见于多种书刊媒体的 2004 年度字母词语（日文名：欧文略語）3057 条，构词方式主要有 7 种：纯字母词语、字母 + 汉字、汉字 + 字母 + 汉字、字母 + 片假名词、片假名 + 字母 + 片假名、字母 + 汉字 + 字母、字母 + 片假名 + 字母，还有利用平假名、阿拉伯数字等来构成的字母词语，如 CDエクストラ、無線 IDチップ、FIFAワールドカップ2006 年ドイツ大会，涉及经济、产业、各国情势、国际关系、社会生活、医学/健康、信息通信、文化等多个领域。我们发现其中也有本族化的词形和字母词形共存形成的异形字母词语，如："電子メール"，又有"Eメール"。日本从古至今一直从外国引进新词汇，现在日语的词汇里有了很多来自中国、葡萄牙、荷兰、德国、法国、英国、美国等国家的词汇，通过引进外语词汇吸收新概念。每当引入高潮时，日语的语音系统便随机应变，一边保持自己的语音系统，一边适当增加原来没有的音素或拼合规律。②

　　字母词语在韩语中的使用也很广泛。各种媒体、词典和日常生活中也存在一定的纯字母词（完全用外文字母）或由外文字母与韩语、

---

① 集英社编：《imidas 2004》，东京集英社 2005 年版。

② 根本晃：《日语字母词语的现状》，未刊稿。

数字或符号混合构成的词。为了保存韩语纯粹性，韩国政府从 1992
年开始每年把外来语和外国语改为韩语词汇而公布，并称这些新韩语
词汇叫作"醇化用语"。国立国语研究院自 1999 年至 2000 年规定文
化财经用语、言论外来语、电气电子用语、金融经济用语、农业用
语、地下铁用语和情报通信用语共 2364 个的"醇化用语"。其中的 1
个用语是没有韩语写法的纯粹罗马字，规定 30 个用语只准用"醇化
用语"。虽然没有收到预期的效果，但对规范使用积极引导发挥了作
用，这种具体的操作方法值得借鉴。①

　　综上所述，字母词语无论从共时还是从历时角度而言，都是社
会发展、语言接触、科学进步的必然现象，需要我们站在宏观的高
度审视字母词语问题，又需要结合汉语实际从微观角度，借鉴汉字
圈国家的应对策略，顺应时代的发展需求，具体探讨字母词语的汉
化问题。

本章小结

　　本章基于真实文本的调查，发现字母词语在应用中存在读音、词
形、滥用、误用、缺注、错注等不规范问题；以异形字母词语为例，
重点考察异形字母词语的使用现状、变体类型，分析生成动因，提出
规范原则。针对字母词语的汉化问题，根据字母词语在文字、词形上
的特殊性，我们认为字母词语汉化的主要层面是文字的汉化，词形的
汉化；次要层面是读音的汉化，语法的汉化，语义的汉化。

　　从静态看，字母词语的汉化应区分汉化的程度，哪些可以完全汉
化、哪些可以部分汉化，哪些不能汉化；从动态看，字母词语的汉化
程度还要考察哪些已经完成汉化、哪些正在经历汉化的过程，哪些还
完全没有汉化的迹象。

　　从历时角度进行思考，认为字母词语的汉化是一个历史性的问

---

① 文美振：《略谈韩语中的字母词》，《术语标准化与信息技术》2003 年第 2 期。

题，需要结合汉语史，结合外来词、阿拉伯数字、标点符号等的引入进行分析；从共时角度进行思考，认为字母词语的本族化是一个世界性的问题，需要结合日语、韩语对字母词语的吸收，对字母词语的汉化进行理论思考。

附录一

1982—2015 年字母词语研究文献汇编

字母词研究文献

（按照发表时间排序①）

[1] 贾德霖：《妙趣横生的"字母词"》，《现代外语》1982 年第 4 期。

[2] 文军、唐林：《As Easy As ABC？——英语字母词小议》，《南外学报》1985 年第 2 期。

[3] 毛荣贵：《英语字母词拾趣》，《大学英语》1989 年第 5 期。

[4] 戚九皋、曹振铎、王凤仙：《首字母缩合词、首字母词和缩写词词典》（第九版），《上海科技翻译》1990 年第 3 期。

[5] 刘涌泉：《谈谈字母词》，《语文建设》1994 年第 10 期。

[6] 慧生：《也谈字母词》，《语文建设》1995 年第 7 期。

[7] 郭伏良：《字母词与词典二题》，《河北大学学报》1997 年第 2 期。

[8] 王彪：《略说字母词的规范问题》，《大庆高等专科学校学报》1997 年第 1 期。

[9] 冯志伟：《字母词的使用要看对象》，《术语标准化与信息技术》1998 年第 3 期。

[10] 陈正瑜：《也谈字母词的使用》，《术语标准化与信息技术》1999 年第 1 期。

---

① 全部文献汇编依据为中国知网。

[11] 徐靖:《谈西文字母词》,《中学语文》1999 年第 2 期。

[12] 宋红波:《汉语中的西文字母词面面观》,《武汉冶金管理干部学院学报》2000 年第 3 期。

[13] 沈孟璎:《浅议字母词的入典问题》,《中国辞书论集 2000》,2000 年。

[14] 鲁金华:《汉语"含字母词"及其译成方式刍议》,《山东外语教学》2000 年第 1 期。

[15] 贾宝书:《关于给字母词注音问题的一点思考与尝试》,《语言文字应用》2000 年第 3 期。

[16] 刘云汉:《正确对待汉语中的字母词》,《汉字文化》2001 年第 1 期。

[17] 沈孟璎:《浅议字母词的入典问题》,《辞书研究》2001 年第 1 期。

[18] 沈孟璎:《字母词的称名与音读问题》,《中国辞书论集 2001》,中国辞书学会,2001 年。

[19] 王崇:《字母词问题综述》,《语言学论文选集》,黑龙江省语言学会,2001 年。

[20] 顾志芹:《浅议中文报刊中的字母词》,《新闻采编》2002 年第 6 期。

[21] 金棣生:《字母词的崛起》,《语文学习》2002 年第 12 期。

[22] 杨金菊、凌如珊:《英语字母词及其翻译》,《绍兴文理学院学报》(教育教学版) 2002 年第 11 期。

[23] 刁晏斌:《一部独特的词语工具书——评〈字母词词典〉》,《中国图书评论》2002 年第 4 期。

[24] 周阿根:《"字母词"初论》,《川北教育学院学报》2002 年第 2 期。

[25] 周玉琨:《"GB""HSK"是"字母词"吗?》,《汉字文化》2002 年第 1 期。

[26] 刘涌泉:《关于汉语字母词的问题》,《语言文字应用》2002 年第 1 期。

［27］王艺玲：《汉语字母词概说》，《伊犁师范学院学报》2002年第 2 期。

［28］李小华：《现代汉语字母词及其形音规范的探讨》，《龙岩师专学报》2002 年第 2 期。

［29］胡明扬：《关于外文字母词和原装外文缩略语问题》，《语言文字应用》2002 年第 2 期。

［30］李小华：《再谈字母词的读音问题》，《语言文字应用》2002 年第 3 期。

［31］沈孟璎：《解读字母词的表达功用》，《平顶山师专学报》2002 年第 6 期。

［32］陈佳璇：《我国新闻语言中字母词的易读性研究》，硕士学位论文，华东师范大学，2003 年。

［33］武丽梅：《网络语言中的字母词构词特点分析》，《广州大学学报》（社会科学版）2003 年第 1 期。

［34］吴登堂：《关于字母词的思考——兼谈中文信息处理对字母词自动切分的构想》，《丹东师专学报》2003 年第 2 期。

［35］付义荣：《略论汉语中的字母词》，《南京社会科学》2003年第 2 期。

［36］沈孟璎：《字母词的称名与音读问题》，《集美大学学报》（哲学社会科学版）2003 年第 3 期。

［37］周晓林：《外文字母词应规范使用》，《语言文字应用》2003 年第 3 期。

［38］陈佳璇、胡范铸：《我国大众传媒中字母词使用状况的调查与分析》，《修辞学习》2003 年第 4 期。

［39］郑献芹：《字母词的使用与母语的纯洁性》，《殷都学刊》2003 年第 4 期。

［40］周殿龙：《语文规范中的冷静思考——关于汉语中的字母词使用问题》，《吉林师范大学学报》（人文社会科学版）2003 年第 6 期。

［41］周骅：《字母词的读音暂无国家标准》，《光明日报》2003

年 12 月 13 日。

　　[42] 常霞：《字母词研究》，硕士学位论文，天津师范大学，2003 年。

　　[43] 王全瑞、王成志：《也谈汉语中的字母词问题》，《河西学院学报》2003 年第 4 期。

　　[44] 赵雪：《也谈字母词》，《中国语文现代化学会 2003 年年度会议论文集》，中国语文现代化学会，2003 年。

　　[45] 文美振：《略谈韩语中的字母词》，《术语标准化与信息技术》2003 年第 2 期。

　　[46] 李朝虹：《汉语字母词现象及其成因探析》，《广西师范学院学报》2003 年第 2 期。

　　[47] 顾志芹：《中文报刊中的字母词》，《新闻出版交流》2003 年第 1 期。

　　[48] 俞思义、蔡蓓：《浅谈流行语和字母词》，《南京晓庄学院学报》2003 年第 1 期。

　　[49] 黄弋桓：《外语词与外来词中的字母词》，《四川大学学报》（哲学社会科学版）2004 年第 S1 期。

　　[50] 周其焕：《字母词在科技术语中的借用及其有关问题》，《术语标准化与信息技术》2004 年第 4 期。

　　[51] 赵贤德：《字母词的滥用及其他》，《高等函授学报》（哲学社会科学版）2004 年第 6 期。

　　[52] 周建云：《字母词探微》，《黄石教育学院学报》2004 年第 4 期。

　　[53] 李小华：《字母词的语法特征初探》，《龙岩师专学报》2004 年第 5 期。

　　[54] 李小华：《试论汉语字母词形成的原因》，《宜春学院学报》2004 年第 5 期。

　　[55] 周洪波：《字母词的使用要区别对待，"疏"而不"堵"》，《科技术语研究》2004 年第 3 期。

　　[56] 周其焕：《字母词在汉语中的地位及相关问题的探讨》，

《科技术语研究》2004 年第 3 期。

[57] 马大猷：《对"外文字母词"的看法》，《科技术语研究》2004 年第 3 期。

[58] 安胜昔：《从"SARS"看汉语中的字母词》，《新疆教育学院学报》2004 年第 3 期。

[59] 顾雪林、潘国霖：《用科学态度维护祖国语言文字主权》，《中国教育报》2004 年 9 月 15 日。

[60] 王素平：《字母词：汉语词汇家族中的新成员——快读〈字母词词典〉》，《高等函授学报》（哲学社会科学版）2004 年第 4 期。

[61] 王素平：《字母词：汉语词汇家族中的新成员——解读〈字母词词典〉》，《嘉兴学院学报》2004 年第 4 期。

[62] 周庆生：《主流媒体应慎用字母词》，《科技术语研究》2004 年第 2 期。

[63] 祝吉芳：《英源性字母词及英源性原语词对汉语词汇的渗透》，《科技术语研究》2004 年第 2 期。

[64] 胡明扬：《说说"洋文字母词"》，《科技术语研究》2004 年第 2 期。

[65] 谭学纯：《简评〈实用字母词词典〉》，《语言科学》2004 年第 3 期。

[66] 郑献芹：《慎用字母词》，《汉字文化》2004 年第 1 期。

[67] 周其焕：《两本字母词词典的简析》，《辞书研究》2004 年第 1 期。

[68] 闻静：《汉语字母词研究》，硕士学位论文，武汉大学，2004 年。

[69] 周琳娜：《近十年字母词研究述评》，《牡丹江教育学院学报》2004 年第 4 期。

[70] 皇甫素飞：《从〈文汇报〉看汉语字母词的历史演变》，《修辞学习》2004 年第 5 期。

[71] 徐来娣：《也谈汉语"字母词"的读音问题——由外语"字母词"相关情况得到的启发》，《南京社会科学》2004 年第 4 期。

[72] 李君:《字母词的界定及其构成类型》,《学术交流》2004年第 11 期。

[73] 戴卫平、高丽佳:《现代汉语英文字母词刍议》,《语言与翻译》2005 年第 3 期。

[74] 邹玉华、马广斌、刘红、韩志湘:《关于汉语中使用字母词的语言态度的调查》,《语言教学与研究》2005 年第 4 期。

[75] 郭熙:《字母词规范设想》,《辞书研究》2005 年第 4 期。

[76] 原新梅:《字母词的收入与注音问题》,《辞书研究》2005 年第 4 期。

[77] 廖礼平:《谈当代我国新闻传媒中"E"字母词的使用》,《徐州师范大学学报》2005 年第 6 期。

[78] 李泓萍:《现代汉语中外来词的新形式——字母词》,《甘肃政法成人教育学院学报》2005 年第 4 期。

[79] 聂桂兰、冷和平、陈佳璇:《汉语新词中的一枝独秀——字母词》,《井冈山学院学报》2005 年第 6 期。

[80]《字母词的应用》,《现代语文》2005 年第 10 期。

[81] 曹娜:《现代汉语字母词浅谈》,《理论界》2005 年第 9 期。

[82] 于虹:《关注字母词在中文中的渗透》,《中国教育报》2005 年 7 月 24 日。

[83] 鲁志荣:《现代汉字系统中外来字母词翻译浅译》,《沙洋师范高等专科学校学报》2005 年第 3 期。

[84] 王银泉、钱叶萍:《字母词在中文媒体中的使用:纯洁语言还是兼纳并蓄》,《南京农业大学学报》(社会科学版)2005 年第 2 期。

[85] 李增顺:《论字母词》,硕士学位论文,中国海洋大学,2005 年。

[86] 陈小宁:《汉语字母词研究》,硕士学位论文,武汉理工大学,2005 年。

[87] 杨策:《当代字母词的使用状况与界定原则初探》,《绥化学院学报》2005 年第 2 期。

［88］曹钦明：《字母词的社会流通度考察》，《广西社会科学》2005 年第 4 期。

［89］许多会：《谈字母词的分类与语用内涵》，《和田师范专科学校学报》2005 年第 1 期。

［90］钮葆：《对现代汉语语文词典中收录"字母词"的一些思考（论文提要）》，《现代语文》2005 年第 1 期。

［91］刘宇亮：《汉语字母词使用中存在的问题及其规范化途径》，《社会科学家》2006 年第 S1 期。

［92］周国祥：《关于字母词的几个问题》，《德州学院学报》2006 年第 6 期。

［93］沈刚：《试谈汉语中字母词的使用》，《黔东南民族师范高等专科学校学报》2006 年第 5 期。

［94］廖礼平：《谈当代我国新闻传媒中字母词的使用与规范》，《盐城师范学院学报》（人文社会科学版）2006 年第 5 期。

［95］罗凤文：《对汉语外来语中字母词的探究》，《理论界》2006 年第 10 期。

［96］邹玉华、瞿国忠：《术语字母词在当代汉语中的使用状况考察》，《术语标准化与信息技术》2006 年第 3 期。

［97］王梦纯：《汉语中字母词使用现状的考察》，《江西社会科学》2006 年第 9 期。

［98］纪飞、孙凡：《字母词研究现状述评》，《伊犁教育学院学报》2006 年第 3 期。

［99］张慧、朱学佳：《维吾尔族对高频字母词的知晓状况研究》，《新疆大学学报》（哲学社会科学版）2006 年第 5 期。

［100］刘宇：《字母词——现代汉语词汇的新类型》，《吉林师范大学学报》（人文社会科学版）2006 年第 4 期。

［101］李彬、周芸：《流行字母词四则》，《阅读与写作》2006 年第 8 期。

［102］王小郴：《汉语字母词流行的语言经济性理据》，《聊城大学学报》（社会科学版）2006 年第 4 期。

［103］肖宁：《体育新闻中字母词的使用与规范》，《新闻爱好者》2006 年第 7 期。

［104］刘颖、刘洪泉：《现代汉字系统中外来字母词翻译浅议》，《科技资讯》2006 年第 18 期。

［105］周其祥：《汉语中的英语字母词现象》，《厦门教育学院学报》2006 年第 2 期。

［106］钮葆、张万有：《对现代汉语语文词典中收录"字母词"的一些思考》，《赤峰学院学报》（哲学社会科学版）2006 年第 3 期。

［107］苍海：《曲中杂音：谈汉语文本中不和谐的字母词》，《语言文字周报》2006 年 6 月 14 日。

［108］韩惊鸣：《试谈对汉语字母词范围的界定》，《邵阳学院学报》2006 年第 2 期。

［109］苏培成：《在争论中前行的字母词》，《科技术语研究》2006 年第 2 期。

［110］邹玉华、瞿国忠、董春平：《术语字母词在当代汉语中的使用状况考察》，《科技术语研究》2006 年第 2 期。

［111］连真然：《字母词的使用必须规范化》，《科技术语研究》2006 年第 2 期。

［112］江艳丽：《从"PK"现象看字母词的使用和规范》，《郧阳师范高等专科学校学报》2006 年第 2 期。

［113］江贤泉、谭红：《字母词与语言纯洁》，《新世纪论丛》2006 年第 1 期。

［114］李云云：《从〈字母词词典〉看新时期字母缩略语》，《内江师范学院学报》2006 年第 1 期。

［115］陈佳璇、聂桂兰：《试论我国新闻语言中字母词的易读性测量》，《韩山师范学院学报》（社会科学版）2006 年第 1 期。

［116］崔军民：《字母词研究论略》，《绵阳师范学院学报》2006 年第 1 期。

［117］刘合柱：《字母词"PK"初探》，《现代语文》2006 年第

1 期。

［118］巩丽静：《试析汉语中的字母词》，《语文学刊》2006 年第 1 期。

［119］柴静：《试论汉语字母词》，硕士学位论文，陕西师范大学，2006 年。

［120］薛笑丛：《字母词研究述评》，《语言与翻译》2006 年第 1 期。

［121］钟志平：《关于来自汉语词语的字母词的规范问题》，《修辞学习》2006 年第 1 期。

［122］李海洋：《字母词与现代汉语书写系统》，《北华大学学报》（社会科学版）2006 年第 1 期。

［123］潘雪莲：《略论字母词的定义与定位》，《科技术语研究》2006 年第 2 期。

［124］邹玉华、马广斌、马叔骏、刘哲、马宇菁：《字母词知晓度的调查报告》，《语言文字应用》2006 年第 2 期。

［125］李敏：《从"N"看汉语里的另一种字母词》，《修辞学习》2006 年第 2 期。

［126］余桂林：《关于字母词的几个问题——兼评两本字母词词典》，《辞书研究》2006 年第 3 期。

［127］邹玉华、瞿国忠、董春萍：《字母词在当代汉语中使用状况的分析》，《佛山科学技术学院学报》（社会科学版）2007 年第 2 期。

［128］薛笑丛：《现代汉语中字母词研究综述》，《汉语学习》2007 年第 2 期。

［129］樊友新：《历时视野里的字母词及其研究新视角》，硕士学位论文，华东师范大学，2007 年。

［130］付妮妮：《汉语拼音字母词研究》，硕士学位论文，辽宁师范大学，2007 年。

［131］王颖：《字母词和其他外来词的比较研究》，硕士学位论文，吉林大学，2007 年。

［132］陈佳璇：《字母词概念的重新界定》，《修辞学习》2007年第 3 期。

［133］王崇：《字母词的定义及归属》，《中国科技术语》2007年第 6 期。

［134］裴昕月：《大学生使用字母词情况调查》，《中国科技术语》2007 年第 6 期。

［135］金忍冬：《试论字母词对网络语言的作用》，《中国科技术语》2007 年第 6 期。

［136］周蒙：《从谜米角度分析字母词的流行》，《南宁职业技术学院学报》2007 年第 4 期。

［137］韩莎莎：《混入"土豆"里的"洋葱"——谈谈汉语中的字母词》，《现代语文》（语言研究版）2007 年第 12 期。

［138］余秀忠：《对汉语字母词使用及其规范化的思考》，《桂林师范高等专科学校学报》2007 年第 4 期。

［139］朱学佳：《媒介接触对维吾尔语知晓字母词的影响》，《当代传播》2007 年第 6 期。

［140］庄洁：《从字母词"MP4"的读法说开去——谈文化心理因素在字母词的形成和使用中的作用》，《语文学刊》2007 年第 19 期。

［141］高剑华：《谈外来字母词的汉化及影响》，《现代教育科学》2007 年第 10 期。

［142］王洁辉：《网络字母词流行原因的分析》，《文教资料》2007 年第 29 期。

［143］李明洁：《语言事实：正常现象抑或病态现象——从社会语言学的立场看字母词、网络语言及相关现象》，《中国文字研究》2007 年第 1 期。

［144］李清福、王新启：《浅谈字母词"N"》，《现代语文》（语言研究版）2007 年第 9 期。

［145］刘丽梅：《论汉语字母词在媒体的应用》，《新闻爱好者》（理论版）2007 年第 9 期。

［146］袁志勇：《"字母词"走进日常生活》,《科技日报》2007年9月20日。

［147］康健：《现代汉语字母词面面观》,《喀什师范学院学报》2007年第4期。

［148］黄琼英：《基于语料库的鲁迅作品字母词的历时调查与分析》,《曲靖师范学院学报》2007年第4期。

［149］张院利：《浅谈新兴字母词"N"》,《西藏民族学院学报》(哲学社会科学版) 2007年第4期。

［150］王倩文：《字母词在汉语中的使用、规范及相关问题探讨》,《现代语文》(语言研究版) 2007年第6期。

［151］李晓燕：《从 Pk 看现代汉语中的字母词》,《和田师范专科学校学报》2007年第3期。

［152］夏立新：《基于字母词构成的字母词翻译》,《宁波职业技术学院学报》2007年第3期。

［153］李卉、陈丽琴：《汉语词汇中的特类——字母词》,《法制与经济》(下半月) 2007年第6期。

［154］张元：《字母词的盛行及汉语对待外来语态度变化之原因探究》,硕士学位论文,南京农业大学,2007年。

［155］郝红艳：《汉语字母词研究概况及述评》,《河南社会科学》2007年第3期。

［156］刘哲:《字母词的认知分析研究》,硕士学位论文,太原理工大学,2007年。

［157］张译方：《字母词 N 的认知语义分析》,《中北大学学报》(社会科学版) 2007年第2期。

［158］艾璐璐、李梅：《网络字母词在当代大学生中使用原因的调查报告》,《考试周刊》2007年第13期。

［159］孙一能:《浅谈字母词对中文的渗透现象》,《湖北教育学院学报》2007年第3期。

［160］陈宗伦:《汉语中"字母词"的流行及其驯化》,《齐齐哈尔大学学报》(哲学社会科学版) 2007年第2期。

［161］赵京武、李秋果：《浅谈字母词》，《邢台学院学报》2008年第1、3期。

［162］周建民：《网络语言中的汉语拼音字母词》，《语文现代化论丛（第八辑）》，中国语文现代化学会，2008年。

［163］张锦文：《"字母词"作为术语使用的问题》，《术语标准化与信息技术》2008年第3期。

［164］李智刚：《灾难还是必然？——小议汉语中的英文字母词》，《科教文汇》（中旬刊）2008年第9期。

［165］曹霞：《字母词的活用现象分析》，《教学与管理》2008年第21期。

［166］朱春敬：《试论汉语拼音字母词》，《通化师范学院学报》2008年第7期。

［167］王保辉、卢海滨：《谈谈汉语字母词的特点》，《文教资料》2008年第19期。

［168］刘云汉：《透视汉语中的字母词》，《廊坊师范学院学报》（社会科学版）2008年第3期。

［169］曹霞：《"字母词"来了》，《新西部》（下半月）2008年第3期。

［170］王崇：《字母词的定义及归属》，《现代语文》（语言研究版）2008年第3期。

［171］邹黎：《浅论字母词和英语缩略词的区别》，《读与写》（教育教学刊）2008年第10期。

［172］侯晓虹：《汉语字母词问题小议》，《科技资讯》2008年第16期。

［173］李增顺、张秀荣：《动态地看待字母词的性质》，《湖北第二师范学院学报》2008年第5期。

［174］李雯：《谈中日字母词和外来语》，《教育前沿》（理论版）2008年第5期。

［175］石磊：《谈汉语中的英语字母词规范》，《科教文汇》（上旬刊）2008年第5期。

[176] 张仰奋：《字母词在汉语中流行的根据及存在的问题》，《嘉应学院学报》2008 年第 2 期。

[177] 赵焱：《浅议现代汉语中字母词的读音及其规范》，《吉林省教育学院学报》（学科版）2008 年第 4 期。

[178] 刘娟、马晓阳：《汉韩字母词对比研究》，《现代语文有》（语言研究版）2008 年第 4 期。

[179] 李琢：《字母词初探》，《现代语文》（语言研究版）2008 年第 4 期。

[180] 陈莉：《现代汉语字母词研究》，硕士学位论文，吉林大学，2008 年。

[181] 周蒙：《谜米视角下的字母词研究》，硕士学位论文，南京师范大学，2008 年。

[182] 钱玉湘：《字母词时代来临 汉语"纯度"受污染?》，《中学生英语》（高中版）2008 年第 Z3 期。

[183] 晏微微、刘升民：《谈谈外来词中的字母词》，《考试周刊》2008 年第 8 期。

[184] 张虹：《关于作动词使用的外文字母词规范的思考》，《内蒙古农业大学学报》（社会科学版）2008 年第 1 期。

[185] 李国峰：《浅谈字母词形式在汉语言中的使用》，《科技资讯》2008 年第 5 期。

[186] 巴晓芳：《"字母词"的冲击——媒体用字洋化倾向思考》，《新闻前哨》2008 年第 1 期。

[187] 胥爱珍：《汉语字母词研究三十年》，硕士学位论文，山东大学，2008 年。

[188] 王立：《论汉语拼音字母词读音的民族性与国际化》，《北华大学学报》（社会科学版）2008 年第 4 期。

[189] 彭家海、庞雯：《字母词的文化特征——兼议中文里字母词的规范化》，《湖北工业大学学报》2008 年第 6 期。

[190] 邹玉华：《外文原词能否成为汉语借形词——兼谈原词性质的字母词》，《术语标准化与信息技术》2009 年第 4 期。

［191］王小郴：《汉语字母词与英语全球化》，《聊城大学学报》（社会科学版）2009 年第 6 期。

［192］周建民：《网络语言中的汉语拼音字母词》，《江汉大学学报》（人文科学版）2009 年第 6 期。

［193］李明月：《字母词现象盛行原因探究》，《牡丹江大学学报》2009 年第 11 期。

［194］杨丹：《释"形"与"型"——兼论字母词"X 形/型"的规范化》，《现代语文》（语言研究版）2009 年第 11 期。

［195］明瑞光：《校园字母词的特征探微》，《中国集体经济》2009 年第 30 期。

［196］张燕萍、雷莉：《汉语中的字母词》，《语文学刊》2009 年第 18 期。

［197］薛笑丛、刘学：《汉语中字母词的使用与译者职责》，《现代语文》（语言研究版）2009 年第 9 期。

［198］黄维：《字母词浅析》，《商业文化》（学术版）2009 年第 7 期。

［199］刘素祎：《现代汉语中字母词分析》，《安庆师范学院学报》（社会科学版）2009 年第 7 期。

［200］连登岗：《论汉语文杂用外文与字母词》，《中国文字研究》，2009 年。

［201］曾德万：《小论汉语对字母词吸收的原则》，《长春教育学院学报》2009 年第 2 期。

［202］郝晓瑞：《汉语中的字母词及其翻译》，硕士学位论文，山西大学，2009 年。

［203］张喜洪：《论汉语词汇中的新族群——字母词》，《湖北成人教育学院学报》2009 年第 3 期。

［204］张喜洪：《"HSK"不是汉语字母词》，《科教文汇》（下旬刊）2009 年第 4 期。

［205］司加飞：《也谈字母词》，《巢湖学院学报》2009 年第 2 期。

［206］曾德万：《字母词读音管见》，《牡丹江教育学院学报》2009 年第 2 期。

［207］李春晓：《论字母词的构词特点及流行原因》，《和田师范专科学校学报》2009 年第 2 期。

［208］张玲：《汉语中字母词使用的语用理据分析》，《西安外国语大学学报》2009 年第 1 期。

［209］孙智慧：《字母词及其相关问题的研究》，硕士学位论文，天津师范大学，2009 年。

［210］曾德万、隋晓蕾：《汉语字母词的定义小论》，《辽宁工业大学学报》（社会科学版）2009 年第 1 期。

［211］杨松柠：《关于汉语字母词的几个问题的再探讨》，《大庆社会科学》2008 年第 6 期。

［212］王倩文：《现代汉语中的字母词研究》，硕士学位论文，上海交通大学，2009 年。

［213］王秋萍：《属性、隶属度与字母词典型性》，《吉林师范大学学报》（人文社会科学版）2010 年第 6 期。

［214］卢丹怀：《汉语中的字母词、音译词和混合语码》，《外国语》（上海外国语大学学报）2010 年第 5 期。

［215］何干俊：《当代汉语字母词功能及产生动因》，《文学教育》（上）2010 年第 11 期。

［216］崔学勤：《汉语字母词研究》，硕士学位论文，安徽大学，2010 年。

［217］陈卫阳：《现代汉语中字母词的语用分析》，硕士学位论文，中南大学，2010 年。

［218］魏晶、钟玉琴：《试论英语教学中的字母词教学》，《琼州学院学报》2010 年 5 期。

［219］代晓明：《光明日报就"科技术语字母词汉化问题"采访全国科技名词委孙寿山副主任》，《中国科技术语》2010 年第 5 期。

［220］余波：《教育行政公文的字母词使用及规范》，《大家》2010 年第 20 期。

［221］王琳:《中文报刊中的字母词研究》,硕士学位论文,中央民族大学,2010年。

［222］楼咪莉、马玲女、魏静:《广电总局限用字母词的后效研究》,《科技信息》2010年第29期。

［223］夏新蓉:《模因视角下字母词在现代汉语中的传播》,《西南农业大学学报》(社会科学版)2010年第5期。

［224］时可:《关于字母词危机的思考》,《考试周刊》2010年第39期。

［225］魏晶:《汉语中英文字母词研究》,《琼州学院学报》2010年第4期。

［226］胡凤国:《字母词的全/半角形式对中文分词的影响及对策初探》,《中国科技术语》2010年第4期。

［227］王秋萍:《现代汉语字母词应用研究综述》,《现代语文》(语言研究版)2010年第8期。

［228］高慧臣:《字母词的滥用对汉语教学的影响》,《语言与翻译》2010年第3期。

［229］孙翠兰、石华卫:《字母词分类探析》,《山东社会科学》2010年第8期。

［230］湖北省人民政府办公厅转发国务院办公厅秘书局:《关于加强对行政机关公文中涉及字母词审核把关的通知》,《湖北省人民政府公报》2010年第15期。

［231］杜永道:《怎样正确看待外来"字母词"的"入侵"?》,《语言文字周报》2010年7月21日。

［232］本报记者张蕾、全国科技名词委专职副主任刘青、全国科技名词委员会术语研究所副所长温昌斌、中国人民大学教授胡明扬、中国民航学院教授周其焕、商务印书馆副总编辑周洪波:《科技术语字母词汉化之路》,《光明日报》2010年7月6日。

［233］张立丹:《对汉语字母词的再界定》,《语文学刊》2010年第12期。

［234］刘可:《论汉语拼音字母词的分类、存在原因及规范》,

《传奇·传记文学选刊》（理论研究）2010 年第 6 期。

[235] 李彦：《混沌学视角下字母词与语言系统的关系》，《吉林省教育学院学报》2010 年第 6 期。

[236] 贺庆：《试论现代汉语拼音字母词》，《文学界》（理论版）2010 年第 5 期。

[237] 江西省人民政府办公厅转发国务院办公厅秘书局《关于加强对行政机关公文中涉及字母词审核把关的通知》，《江西省人民政府公报》2010 年第 10 期。

[238] 罗江婷、朱文明：《字母词情况简析》，《企业家天地》2010 年第 5 期。

[239] 王丹：《网络语言中的字母词探析》，《吉林省教育学院学报》2010 年第 5 期。

[240] 陈勇：《从构词角度看"HSK"是汉语字母词》，《中国科技信息》2010 年第 9 期。

[241] 郑强：《字母词遴选及其对外汉语教学》，硕士学位论文，广州大学，2010 年。

[242] 杨斌：《浅析汉语中字母词及其定位》，《语文学刊》2010 年第 8 期。

[243] 李彦：《字母词语音的混沌学阐释》，《现代语文》（语言研究版）2010 年第 4 期。

[244] 张立丽：《字母词的结构与翻译》，《当代教育理论与实践》2010 年第 2 期。

[245] 胡明亮：《字母词对汉语的影响》，《湛江师范学院学报》2010 年第 2 期。

[246] 李彦：《字母词与汉语书写系统的混沌学阐释》，《文教资料》2010 年第 11 期。

[247] 李君：《试论汉语中的字母词现象》，《学术交流》2010 年第 4 期。

[248] 沈娟：《汉语字母词的类别及成因》，硕士学位论文，华中师范大学，2010 年。

[249] 陈勇：《也说汉语字母词 CEO》，《语文学刊》2010 年第 6 期。

[250] 王金平：《字母词在现代汉语中的问题及规范化》，《考试周刊》2010 年第 11 期。

[251] 迟文敬：《汉拼字母词探弊》，《中国科教创新导刊》2010 年第 8 期。

[252] 智慧：《汉语标记字母词的认知语用功能解析》，《中州学刊》2010 年第 1 期。

[253] 周显峰：《字母词结构类型及其规范》，《学术交流》2010 年第 1 期。

[254] 宋美凤：《也谈字母词的使用和规范问题》，《文学教育》（下）2011 年第 12 期。

[255] 张昊远：《对字母词读音规范性的探讨》，《安徽文学》（下半月）2011 年第 12 期。

[256] 武文翔：《浅议字母词的规范问题》，《兰州教育学院学报》2011 年第 06 期。

[257] 廖红、高朝阳：《"字母词"译还是不译》，《飞天》2011 年第 24 期。

[258] 郝晓瑞：《字母词现象对思维和文化的影响》，《咸宁学院学报》2011 年第 12 期。

[259] 向群飞：《由当前字母词的流行论汉译英过程中的创造性》，《漯河职业技术学院学报》2011 年第 6 期。

[260] 栗臻：《当代汉语字母词分析》，《山西大同大学学报》（社会科学版）2011 年第 5 期。

[261] 顾晓微：《常用字母词的语音特点》，《中国科技术语》2011 年第 5 期。

[262] 茆婷婷：《近十年来的汉语字母词研究综述》，《苏州教育学院学报》2011 年第 5 期。

[263] 李海洋：《浅议字母词规范的原则及途径》，《喀什师范学院学报》2011 年第 5 期。

[264] 衣玉敏:《现代汉语中的字母词读音问题探新》,《赤峰学院学报》(汉文哲学社会科学版) 2011 年第 9 期。

[265] 吴建平、谢君:《内向型汉英词典的字母词收录、释义、排序问题——兼评〈新时代汉英大词典〉和〈新世纪汉英大词典〉》,《辞书研究》2011 年第 5 期。

[266] 顾晓微:《简谈英源性字母词对汉语普通话音节结构的扩充》,《中国轻工教育》2011 年第 4 期。

[267] 魏光灿:《汉语字母词现象的成因及其规范化》,《内蒙古电大学刊》2011 年第 4 期。

[268] 刘三丽:《模因论视角下的现代汉语字母词研究》,硕士学位论文,西安外国语大学,2011 年。

[269] 苏立昌:《外来词、字母词的使用和规范化研究》,《新规划·新视野·新发展——天津市社会科学界第七届学术年会优秀论文集〈天津学术文库〉(上)》,天津市社会科学界联合会,2011 年。

[270] 曲星竹:《完形对汉语拼音字母词的解释力》,《现代语文》(语言研究版) 2011 年第 6 期。

[271] 高青:《现代汉语字母词调查研究》,硕士学位论文,中央民族大学,2011 年。

[272] 刘三丽:《模因论视角下的现代汉语字母词》,《西安工程大学学报》2011 年第 2 期。

[273] 祝吉芳:《字母词的汉语化问题》,《中国科技术语》2011 年第 2 期。

[274] 谢晓红:《汉语中英文字母词的初探》,《福建金融管理干部学院学报》2011 年第 2 期。

[275] 汤玫英:《字母词汉化面临的五大障碍》,《语文学刊》2011 年第 7 期。

[276] 刘宏宇:《汉语字母词与英语缩略语的对比研究》,硕士学位论文,扬州大学,2011 年。

[277] 郭择汗:《浅析字母词的分类及其应用》,硕士学位论文,辽宁师范大学,2011 年。

[278] 伍洋：《汉语中字母词探究》，《桂林航天工业高等专科学校学报》2011 年第 1 期。

[279] 化长河：《汉化是英文字母词的必然归宿》，《语文学刊》2011 年第 5 期。

[280] 赵婕：《字母词使用态度调查分析——以新疆师范大学在读研究生为例》，《语文学刊》2011 年第 5 期。

[281] 张怡春：《字母词本土化的可行性分析》，《盐城师范学院学报》（人文社会科学版）2012 年第 6 期。

[282] 郑张尚芳：《无须杞忧字母词》，《中国社会科学报》2012 年 11 月 26 日。

[283] 陈然：《小议字母词》，《青春岁月》2012 年第 22 期。

[284] 计金凤：《字母词浅析》，《金田（励志）》2012 年第 11 期。

[285] 黄婧、欧阳东：《汉语字母词界定和成因》，《信阳师范学院学报》（哲学社会科学版），2012 年第 6 期。

[286] 汪惠迪：《字母词已有百余年的历史》，《咬文嚼字》2012 年第 11 期。

[287] 何伟渔：《汉字中夹入字母词，并不影响美观》，《咬文嚼字》2012 年第 11 期。

[288] 袁诹：《字母词的使用，合乎语言的经济原则》，《咬文嚼字》2012 年第 11 期。

[289] 陈光磊：《字母词丰富了汉语的修辞性能》，《咬文嚼字》2012 年第 11 期。

[290] 沈锡伦：《全字母词是外语词》，《咬文嚼字》2012 年第 11 期。

[291] 王召妍：《对于冷僻的字母词，媒体应慎用》，《咬文嚼字》2012 年第 11 期。

[292] 徐默凡：《警惕字母词的滥用》，《咬文嚼字》2012 年第 11 期。

[293] 雷颐：《词典收录"字母词"理所当然》，《杂文选刊》

（上旬版）2012 年第 11 期。

［294］张清俐、胡楠：《确立对字母词的科学态度》，《中国社会科学报》2012 年 10 月 24 日。

［295］陈光磊：《字母词的修辞观》，《当代修辞学》2012 年第 5 期。

［296］潘文国：《字母不是汉字，字母词可有限收录》，《当代修辞学》2012 年第 5 期。

［297］陶寰：《字母词的收录和读音》，《当代修辞学》2012 年第 5 期。

［298］仲余：《新版〈现代汉语词典〉收字母词惹争议》，《中学语文》2012 年第 29 期。

［299］高昕昕（英语世界杂志社）：《"因噎废食"的逻辑》，《中国图书商报》2012 年 10 月 9 日。

［300］李景端：《可用不可滥，翻译要到位》，《人民日报》2012 年 10 月 5 日。

［301］张怡春：《媒体字母词的规范性标注——以〈北京晚报〉〈新民晚报〉〈羊城晚报〉为例》，《现代语文》（语言研究版）2012 年第 9 期。

［302］沈刚：《多维视角下汉语字母词的使用动因探析》，《安徽理工大学学报》（社会科学版）2012 年第 3 期。

［303］肖健：《用发展的眼光看待字母词入典》，《中国社会科学报》2012 年月 9 月 14 日。

［304］金涛：《西文字母词与文化危机的蝴蝶效应》，《中国艺术报》2012 年 9 月 14 日。

［305］章振邦：《也谈汉语词典中的字母词问题》，《文汇报》2012 年 9 月 14 日。

［306］袁向宁：《新闻语言中的字母词应用研究》，硕士学位论文，山东大学，2012 年。

［307］张兴德：《网络时代与"字母词"的兴起》，《学习时报》2012 年 9 月 10 日。

［308］李雪萌:《英语蚂蚁正在汉语长堤上打洞?》,《济南日报》2012 年 9 月 10 日。

［309］江蓝生:《〈现汉〉收录字母词违法之说不值一驳》,《中国社会科学报》2012 年 9 月 5 日。

［310］傅振国:《左看右看字母词》, 《文汇报》2012 年 9 月 4 日。

［311］赵昂:《词典收录字母词有何不可?》,《工人日报》2012 年 9 月 2 日。

［312］邹玉华:《字母词入词典,既不违法又不违理》,《检察日报》2012 年 8 月 31 日。

［313］刘洋:《破坏汉字还是顺应需求》,《检察日报》2012 年 8 月 31 日。

［314］王坤宁:《字母词不能禁用也不能滥用》,《中国新闻出版报》2012 年 8 月 31 日。

［315］庄建、杜羽:《〈现汉〉收录字母词引专家争议》,《光明日报》2012 年 8 月 30 日。

［316］苏培成:《以开放心态看待〈现汉〉收录字母词》,《光明日报》2012 年 8 月 30 日。

［317］徐宁、贾梦雨:《汉字保卫战,硝烟背后冷思考》,《新华日报》2012 年 8 月 30 日。

［318］张安澜:《字母词应该怎样读》,《文学界》(理论版)2012 年第 8 期。

［319］刘茹:《试论字母词盛行的原因》,《语文学刊》2012 年第 16 期。

［320］莫娲:《苏州方言中字母词的语音变异》,《常熟理工学院学报》2012 年第 7 期。

［321］徐国秀:《翻译与交际下的字母词》,《时代教育》2012 年第 13 期。

［322］吴青:《浅析字母词流行的原因及其局限性》,《红河学院学报》2012 年第 3 期。

［323］王超：《我国主流报纸中字母词接受度的测试——以〈人民日报〉和〈南方都市报〉为例》，《现代语文》（语言研究版）2012 年第 5 期。

［324］巩姝言：《字母词与外来词的关系及字母词在使用中的语言态度》，《现代语文》（语言研究版）2012 年第 4 期。

［325］孙俊：《对外汉语教学中的字母词教学》，《北京广播电视大学学报》2012 年第 2 期。

［326］刘学、薛笑丛：《字母词在汉语中的使用及其规范探析》，《大家》2012 年第 12 期。

［327］郭林花：《字母词在媒体语言中渗透的社会语言学分析》，《理论月刊》2012 年第 4 期。

［328］张朗峰：《对外汉语字母词教学研究》，硕士学位论文，吉林大学，2012 年。

［329］茆婷婷、季微微：《汉语字母词使用规范问题探讨》，《淮海工学院学报》（人文社会科学版）2012 年第 4 期。

［330］李海洋：《汉语书写系统变革的里程碑——从另一角度解读字母词》，《现代语文》（语言研究版）2012 年第 2 期。

［331］孔开朝：《字母词能否真正融入现代汉语词汇系统》，《新余学院学报》2012 年第 1 期。

［332］张青荣：《文化碰撞背景下对英文字母词的重新审视》，《郑州大学学报》（哲学社会科学版）2012 年第 1 期。

［333］迟文敬：《地名字母词说弊》，《文化学刊》2012 年第 1 期。

［334］周红照：《对 2006—2009 年字母词的解读》，《文教资料》2012 年第 1 期。

［335］王超：《我国主流报纸字母词使用现状研究》，硕士学位论文，宁波大学，2012 年。

［336］《字母词论坛》，《中国社会语言学》2012 年第 2 期。

［337］李宇明：《字母词与国家的改革开放》，《中国社会语言学》2012 年第 2 期。

［338］苏培成：《以开放心态看待〈现汉〉收录字母词》，《中国社会语言学》2012 年第 2 期。

［339］侯敏：《〈现汉〉收字母词是尊重语言事实的表现》，《中国社会语言学》2012 年第 2 期。

［340］郭熙：《字母词的使用是语言接触中的自然现象》，《中国社会语言学》2012 年第 2 期。

［341］刘丹青：《描写　记录　规范——谈〈现汉〉收字母词》，《中国社会语言学》2012 年第 2 期。

［342］周明鉴：《"字母词"会毁灭汉语?》，《中国社会语言学》2012 年第 2 期。

［343］王宁：《选择一部分字母词进词典是合理的》，《中国社会语言学》2012 年第 2 期。

［344］汪惠迪：《字母词是汉语词汇的一部分》，《中国社会语言学》2012 年第 2 期。

［345］孙茂松：《对字母词问题的几点认识》，《中国社会语言学》2012 年第 2 期。

［346］厉兵、周洪波：《记录字母词是词典自身功能的要求》，《中国社会语言学》2012 年第 2 期。

［347］江蓝生：《汉语词语书写形式的革新——谈谈字母词的身份与规范》，《中国社会语言学》2012 年第 2 期。

［348］陈章太：《社会语言生活与字母词》，《中国社会语言学》2012 年第 2 期。

［349］胡逸君：《大学生使用字母词现状及态度调查》，《中国社会语言学》2012 年第 2 期。

［350］《关于字母词风波的思考》，《中国社会语言学》2012 年第 2 期。

［351］连晓霞：《字母词的收录与规范——以〈现代汉语词典〉和〈辞海〉为例》，《语言教学与研究》2012 年第 2 期。

［352］刘大为：《字母词：语码转换与外来词的角色冲突》，《当代修辞学》2012 年第 5 期。

［353］王馥芳：《字母词会威胁汉语纯洁?》，《社会科学报》2012 年 10 月 18 日。

［354］宋晖：《多视角看字母词》，《文汇报》2012 年 10 月 13 日。

［355］苏培成：《谈汉语文里字母词的使用和规范》，《中国语文》2012 年第 6 期。

［356］牛小虎：《字母词新论》，硕士学位论文，南京大学，2012 年。

［357］李宇明：《形译与字母词》，《中国语文》2013 年第 1 期。

［358］苏新春、吴晓芳：《字母词的生命力与局限性——兼论〈现代汉语词典〉处理字母词的慎重做法》，《北华大学学报》（社会科学版）2013 年第 2 期。

［359］田静：《由字母词"入典"之争想到的——浅析字母词及字母词入典的利与弊》，《现代语文》（语言研究版）2013 年第 3 期。

［360］倪佳：《浅说字母词在现代汉语中的发展——以〈现代汉语词典〉收录的字母词为例》，《学语文》2013 年第 6 期。

［361］胡月：《谈谈字母词》，《佳木斯教育学院学报》2013 年第 11 期。

［362］丁立福：《辑录字母词入"典"规范四题》，《出版科学》2013 年第 6 期。

［363］徐国珍、朱磊：《论字母词产生的话语动因及其生成规则》，《语言科学》2013 年第 6 期。

［364］魏晖：《从字母词使用视角再议汉语的规范》，《第八届全国语言文字应用学术研讨会论文集》，中国应用语言学会、教育部语言文字应用研究所，2013 年。

［365］李宏伟、李学辉：《汉语中字母词的社会认同规律探究》，《第二届国际语言传播学前沿论坛论文集》，全球修辞学会（The Global Rhetoric Society）、国际语言传播学会（International Language Communication Society），2013 年。

［366］冯然然：《生态语言学视角下的现代汉语字母词现象探析》，《西南农业大学学报》（社会科学版）2013 年第 10 期。

[367] 侯明午：《汉语字母词问题研究综述》，《语文学刊》2013年第18期。

[368] 王忠志：《亟待规范使用英文字母词》，《吉林日报》2013年8月26日。

[369] 张静：《我看洋泾浜和字母词》，《当代修辞学》2013年第4期。

[370] 黄越：《浅谈〈现代汉语词典〉第6版所收字母词》，《现代语文》（学术综合版）2013年第8期。

[371] 李子红：《字母词定义与分类新探析》，《湖北函授大学学报》2013年第7期。

[372] 林美宇：《大陆与台湾报刊字母词使用情况考察——以〈北京青年报〉与〈中国时报〉为例》，《现代语文》（语言研究版）2013年第7期。

[373] 李宏伟、王伟思：《汉语中字母词社会认同群体研究》，《通化师范学院学报》2013年第7期。

[374] 北京大学中文系陆俭明：《字母词的使用不会引发汉语危机》，《中国社会科学报》2013年7月17日。

[375] 牛国华：《规范使用字母词探析》，《金田》2013年第7期。

[376] 丁立福：《字母词进入词典考论》，《南京师范大学文学院学报》2013年第2期。

[377] 周利娟、郭涛：《从音位学和语言经济原则看英源字母词的自控性及人为可控性》，《北方工业大学学报》2013年第2期。

[378] 李晓楠：《正确对待汉语字母词及其入典》，《安徽职业技术学院学报》2013年第2期。

[379] 王文英：《字母词入典风波述评》，《南昌航空大学学报》（社会科学版）2013年第2期。

[380] 盛弘：《字母词研究述评》，《考试周刊》2013年第47期。

[381] 赵艳丽：《字母词在媒体语言中渗透的社会语言学浅谈》，《青年文学家》2013年第16期。

［382］袁庆：《浅谈字母词运用中的规范性问题》，《文学教育》（上）2013 年第 6 期。

［383］侯明午：《争议中的汉语字母词》，《文教资料》2013 年第 16 期。

［384］徐丽丽：《对外汉语教学视野下的字母词研究》，硕士学位论文，江西师范大学，2013 年。

［385］张磊：《基于模因理论的字母词研究》，硕士学位论文，渤海大学，2013 年。

［386］申珊珊：《〈现代汉语词典〉第 6 版字母词研究》，《北京地区对外汉语教学研究生论坛论文集》，北京大学对外汉语教育学院研究生院，2013 年。

［387］韩立珺：《关于汉语中字母词现象的综述》，《中国科教创新导刊》2013 年第 13 期。

［388］武莹莹：《社会语言学视角下的现代汉语拼音字母词研究》，硕士学位论文，华中师范大学，2013 年。

［389］张艳：《经济新闻中字母词的使用状况与公众态度调查研究》，硕士学位论文，河北大学，2013 年。

［390］耿淑娟：《字母词与对外汉语教学初探》，硕士学位论文，陕西师范大学，2013 年。

［391］付开琦：《字母词收入汉语词典出版活动研究》，硕士学位论文，华中科技大学，2013 年。

［392］汤琪：《试析字母词与英汉语码混用的异同——以网络流行词"hold 住"的分析为例》，《课外语文》2013 年第 8 期。

［393］邢福义：《辞达而已矣》，《光明日报》2013 年 4 月 22 日。

［394］徐洁：《字母词可入典浅谈》，《淮北职业技术学院学报》2013 年第 2 期。

［395］马晶晶：《字母词探析》，《语文学刊》2013 年第 8 期。

［396］苏宝荣：《字母词的"风波"与汉语的规范化》，《北华大学学报》（社会科学版）2013 年第 2 期。

［397］汪磊：《网络交际中的字母词及其发展走势说略》，《北华

大学学报》（社会科学版）2013 年第 2 期。

[398] 张铁文：《字母词使用是语言接触的正常现象》，《北华大学学报》（社会科学版）2013 年第 2 期。

[399] 刘伟：《现代汉语混合型字母词研究》，硕士学位论文，河南大学，2013 年。

[400] 江蓝生：《汉语词语书写形式的革新》，《人民政协报》2013 年 3 月 18 日。

[401] 董琼瑜：《浅谈字母词的规范问题——以沈阳房地产业字母词为例》，《现代语文》（语言研究版）2013 年第 2 期。

[402] 张帅旗：《如何运用汉语中的字母词》，《中州大学学报》2013 年第 1 期。

[403]《字母词入典是非之争》，《晚霞》2013 年第 4 期。

[404] 胡异源：《“消化不良”与“加速消化”》，《语言文字周报》2013 年 2 月 20 日。

[405] 李宏伟、王伟思：《论汉语中字母词的社会认同心理》，《长春理工大学学报》（社会科学版）2013 年第 2 期。

[406] 田雷：《汉语吸收字母词过程中的文化心理探究》，《产业与科技论坛》2013 年第 3 期。

[407] 柴清华：《浅议汉语中“字母词”的研究》，《科技创新导报》2013 年第 4 期。

[408] 纪丽丽：《试析汉语中的字母词》，《长春教育学院学报》2013 年第 1 期。

[409] 徐可馨：《汉语“字母词”探究》，《现代语文》（语言研究版）2013 年第 1 期。

[410] 傅振国：《警惕字母词侵蚀汉语》，《云南教育》（视界综合版）2013 年第 1 期。

[411] 刘涌泉：《汉语拼音字母词全球化》，《中国语文》2013 年第 1 期。

[412] 汪惠迪：《欢迎字母词时代的来临》，《中国语文》2013 年第 1 期。

［413］蒋壹丞：《〈现代汉语词典〉收录西文字母词刍议》，《编辑之友》2013 年第 1 期。

［414］段业辉、刘树晟：《权威媒体字母词使用状况的调查与分析》，《语言文字应用》2014 年第 1 期。

［415］李小华：《论大众媒介中字母词的分级界定与使用》，《语言文字应用》2014 年第 1 期。

［416］李小华：《浅议字母词收入辞书问题——以〈现代汉语词典〉为例》，《现代语文》（语言研究版）2014 年第 6 期。

［417］杨林凤：《留学生字母词认知情况的调查》，硕士学位论文，河北师范大学，2014 年。

［418］徐秀玲：《字母词在新闻中使用情况的语料库考察》，《文教资料》2014 年第 15 期。

［419］赵爱芸：《〈现代汉语词典〉（第六版）与字母词》，《青春岁月》2014 年第 9 期。

［420］刘青：《关于科技名词中字母词问题的探讨》，《中国科技术语》2014 年第 2 期。

［421］韩燕、董耐婷：《字母词的现状及未来——基于第 5 版和第 6 版〈现代汉语词典〉的比较研究》，《苏州教育学院学报》2014 年第 2 期。

［422］汤玫英：《国家对英文字母词规范管理使用的决策建议》，《管理观察》2014 年第 11 期。

［423］付佳：《汉拼字母词研究》，硕士学位论文，辽宁师范大学，2014 年。

［424］董明：《汉语字母词存在的合理性》，《浙江工商大学学报》2014 年第 2 期。

［425］唐晶琼：《字母词入〈现代汉语词典〉——基于第 6 版的个案研究》，《苏州科技学院学报》（社会科学版）2014 年第 2 期。

［426］陈柳君：《浅谈字母词的产生原因》，《现代企业教育》2014 年第 4 期。

［427］柏程伟：《字母词使用态度调查研究——以扬州大学在读

学生为例》，《淄博师专学报》2014 年第 4 期。

[428] 夏中华、张磊：《模因论视野下字母词的体现和传播》，《辽宁工业大学学报》（社会科学版）2014 年第 6 期。

[429] 陈庆汉、刘伟：《现代汉语混合型字母词特点研究》，《殷都学刊》2014 年第 4 期。

[430] 刘菊凤：《汉语中字母词使用现状考察——以〈参考消息〉与〈环球时报〉中的字母词为例》，《长春教育学院学报》2014 年第 21 期。

[431] 阮晓玲：《媒体应带头告别"字母词"》，《传媒观察》2014 年第 9 期。

[432] 刘晋：《现代汉语字母词初探》，《青年文学家》2014 年第 23 期。

[433] 柏程伟：《汉语中字母词使用态度调查研究——以扬州大学在读学生为例》，《陕西学前师范学院学报》2014 年第 4 期。

[434] 丁大琴、曹杰旺：《析字母词入"典"争论中的三个关键话题》，《出版科学》2014 年第 4 期。

[435] 范瑞睿：《浅议字母词的分类》，《锡林郭勒职业学院学报》2015 年第 1 期。

[436] 李婷：《关于对规范体育新闻中字母词的态度的调查》，《中小企业管理与科技》（下旬刊）2015 年第 2 期。

[437] 曹大建：《字母词与现代汉语的关系》，《中外企业家》2015 年第 3 期。

[438] 任惠俐：《试析现代汉语中的规范性混合型字母词》，《时代教育》2015 年第 10 期。

[439] 陈璐璐：《汉语新闻报刊中的"零翻译"外语字母词使用状况研究》，硕士学位论文，陕西师范大学，2015 年。

[440] 杨希：《〈现代汉语词典〉第六版字母词研究》，硕士学位论文，西北大学，2015 年。

[441] 刘松：《现代汉语中字母词的活用现象》，《现代语文》（语言研究版）2015 年第 3 期。

［442］梁潭：《字母词词义研究》，《鸭绿江》（下半月版）2015年第 3 期。

［443］周彦每：《字母词语义兼容研究：论域、困境与价值》，《湖北函授大学学报》2015 年第 4 期。

［444］祁世明：《网络化背景下汉语字母词探析》，《滁州学院学报》2015 年第 6 期。

［445］周彦每：《基于意向性认知的字母词研究：理论视界与生成架构》，《重庆第二师范学院学报》2015 年第 6 期。

［446］曾洁：《从"阿 Q"浅析现代汉语字母词的规范问题》，《赤峰学院学报》（哲学社会科学版）2015 年第 9 期。

［447］梁潭：《汉语字母词的形式种类》，《青年文学家》2015年第 9 期。

［448］张芷瑜：《主流媒体中字母词产生原因和语用效果》，《佳木斯职业学院学报》2015 年第 10 期。

［449］王秋萍：《字母词使用和词形整理中的一词多形问题》，《渤海大学学报》（哲学社会科学版）2015 年第 6 期。

［450］袁伟：《中国澳门特区中文平面媒体中字母词的规范研究》，《语言文字应用》2015 年第 3 期。

［451］陈婧虹：《汉语新词语中字母词的特点考察——以 2006—2013〈汉语新词语〉中的字母词为例》，《铜陵学院学报》2015 年第 4 期。

［452］黄海英：《〈现代汉语词典〉第 6 版字母词释义问题》，《辞书研究》2015 年第 4 期。

［453］李甜、侯敏：《字母词形式特征分析》，《唐山师范学院学报》2015 年第 4 期。

［454］黄学玲：《谈口语体中字母词的构成与使用优势》，《英语教师》2015 年第 13 期。

［455］苏经纬：《汉语字母词的使用与入典问题讨论研究》，《现代交际》2015 年第 11 期。

［456］李甜：《有声媒体语言中字母词的使用情况调查报告——

〈新闻联播〉与地方电视台新闻节目字母词使用对比分析》，《考试周刊》2015 年第 20 期。

[457] 胡帆：《内向型汉英词典收录字母词的类型问题》，《海外英语》2015 年第 23 期。

[458] 朱俊玄：《字母词词典收条探析》，《中国出版》2015 年第 23 期。

字母词语/西文字母开头的词语研究文献
（按照发表时间排序）

[1] 谢朝春：《西文字母开头的词语小辑》，《语文知识》1999 年第 4 期。

[2] 王吉辉：《字母词语的外来词语性质分析》，《汉语学习》1999 年第 5 期。

[3] 曹学林：《字母词语也是汉语词语》，《语文建设》2000 年第 7 期。

[4] 张德鑫：《字母词语是汉语词汇吗?》，《天津外国语学院学报》2001 年第 1 期。

[5] 周健：《当前使用字母词语的几个问题》，《语文建设》2001 年第 2 期。

[6] 周健、张述娟、刘丽宁：《略论字母词语的归属与规范》，《语言文字应用》2001 年第 3 期。

[7] 何宛屏：《含有西文字母的词语在词典中的位置》，《语言文字应用》2001 年第 3 期。

[8] 刁晏斌：《一部独特的词语工具书——评〈字母词词典〉》，《中国图书评论》2002 年第 4 期。

[9] 李明：《也谈字母词语问题》，《语言文字应用》2002 年第 4 期。

[10] 原新梅：《字母词语的表达功效》，《修辞学习》2002 年第

6 期。

[11] 原新梅:《字母词语与对外汉语教学》,《河南师范大学学报》(哲学社会科学版) 2002 年第 6 期。

[12] 周其焕:《略论字母词语的使用现状和正确对待》,《中国民航学院学报》2002 年第 S1 期。

[13] 周其焕:《科技术语怎样面对字母词语》,《科技术语研究》2004 年第 2 期。

[14] 郑泽之、张普、杨建国:《基于语料库的字母词语自动提取研究》,《NCIRCS2004 第一届全国信息检索与内容安全学术会议论文集》,复旦大学计算机科学与工程系、上海市智能信息处理重点实验室, 2004 年。

[15] 原新梅:《字母词语在不同语体中的运用》,《第三届全国语言文字应用学术研讨会论文集》,教育部语言文字应用研究所, 2004 年。

[16] 张普:《字母词语的考察与研究问题》,《语言文字应用》2005 年第 1 期。

[17] 郑泽之、张普:《字母词语自动提取的几点分析》,《语言文字应用》2005 年第 1 期。

[18] 关润芝、杨建国:《字母词语块中"标点"的使用状况考察》,《语言文字应用》2005 年第 1 期。

[19] 杨建国、郑泽之:《汉语文本中字母词语的使用与规范探讨》,《语言文字应用》2005 年第 1 期。

[20] 原新梅:《字母词语在不同语体中的分布》,《河南社会科学》2005 年第 1 期。

[21] 原新梅:《文学语体中的单字母词语》,《安阳师范学院学报》2005 年第 1 期。

[22] 郑泽之、张普、杨建国:《基于语料库的字母词语自动提取研究》,《中文信息学报》2005 年第 2 期。

[23] 郑泽之、张普:《关于字母词语的几点思考》,《第六届汉语词汇语义学研讨会论文集》,厦门大学, 2005 年。

［24］郑泽芝：《基于动态流通语料库（DCC）的汉语字母词语识别及考察研究》，博士学位论文，北京语言大学，2005 年。

［25］任泽湘：《从民族文化心理角度谈字母词语的规范使用》，《郧阳师范高等专科学校学报》2005 年第 4 期。

［26］原新梅：《台湾的字母词语及其与大陆的差异》，《河南大学学报》（社会科学版）2005 年第 6 期。

［27］郑泽之、张普：《汉语真实文本字母词语考察》，《语言科学》2005 年第 6 期。

［28］钟志平：《关于来自汉语词语的字母词的规范问题》，《修辞学习》2006 年第 1 期。

［29］杨红亮：《走进"网络词语"（一）字母的魅力》，《新语文学习》，《小学中高年级》2006 年第 Z1 期。

［30］闫谷一：《楼盘广告中字母词语的语义及语用特征》，《安阳师范学院学报》2006 年第 3 期。

［31］宋静静：《汉语字母词语研究述评》，《宁波大学学报》（人文科学版）2006 年第 4 期。

［32］陈德三：《字母词语的范围及其规范使用》，《厦门理工学院学报》2006 年第 4 期。

［33］董恩家：《关于部分字母词语的读音问题》，《湖北广播电视大学学报》2006 年第 4 期。

［34］张铁文：《〈现汉〉"西文字母开头的词语"部分的修订》，《语言文字应用》2006 年第 4 期。

［35］张金圈：《汉语文本中字母词语归属问题浅析》，《现代语文》2006 年第 11 期。

［36］原新梅、梁盟：《留学生字母词语的知晓度》，《语言文字应用》2007 年第 1 期。

［37］姜韶华、党延忠：《自动提取含字母词语的领域新术语的研究》，《计算机工程》2007 年第 2 期。

［38］纪飞：《汉语字母词语规范问题研究》，博士学位论文，沈阳师范大学，2007 年。

［39］孔霞：《信息科技文献中的英文字母词语研究》，博士学位论文，山东大学，2007 年。

［40］苏珊娜：《基于三个平面的网络字母词语研究》，博士学位论文，辽宁师范大学，2007 年。

［41］祁韵：《西文字母开头的词语》，《中学生数理化（七年级数学）》（人教版）2007 年第 Z1 期。

［42］王晓玲：《现代汉语字母词语研究》，博士学位论文，河北大学，2007 年。

［43］郑献芹：《广告中字母词语的使用特征》，《中州学刊》2007 年第 5 期。

［44］郑泽芝：《一种字母词语自动标注算法》，《厦门大学学报》（自然科学版）2007 年第 5 期。

［45］原新梅：《〈现代汉语词典〉3—5 版对字母词语的语义类别和释义变化》，《第五届全国语言文字应用学术研讨会论文集》，中国应用语言学会、教育部语言文字应用研究所，2007 年。

［46］李亚纬、邓春琴：《从词语理据看字母词语的归属》，《现代语文》（语言研究版）2008 年第 1 期。

［47］贾刚如：《现代汉语中字母词语的产生及规范使用》，《安阳师范学院学报》2008 年第 4 期。

［48］裴昕月：《广告标题中的字母词语研究》，博士学位论文，辽宁师范大学，2008 年。

［49］《D 以 D 字母开头的几个词语》，《小学阅读指南》（3—6 年级）2008 年第 5 期。

［50］王燕：《试论对外汉语教学中的字母词语教学》，《科教文汇》（上旬刊）2008 年第 10 期。

［51］郑泽芝：《汉语文字系统异化现象初探——从字母词语谈起》，《"汉语与汉字关系"国际学术研讨会论文提要》，北京师范大学民俗典籍文字研究中心、香港中文大学吴多泰中国语文研究中心、厦门大学汉语语言学研究中心，2008 年。

［52］宋丽娟：《信息技术领域字母词语提取研究》，河北大学，

2008 年。

[53] 裕芳:《与英语字母相关的一些词语》,《今日中学生》2008 年第 34 期。

[54] 李万杰:《试论"字母词语"研究所存在的思维问题》,《楚雄师范学院学报》2009 年第 1 期。

[55] 郑泽芝:《字母词语跟踪研究》,《语言文字应用》2009 年第 1 期。

[56] 宿捷:《加强对外汉语教学中字母词语教学探究》,《辽宁师专学报》(社会科学版) 2009 年第 2 期。

[57] 齐飞:《〈第一财经日报〉中的英文字母词语研究》,博士学位论文,山东大学,2009 年。

[58] 原新梅:《字母词语的来源与标注问题》,《渤海大学学报》(哲学社会科学版) 2010 年第 2 期。

[59] 原新梅:《外向型字母词语学习词典的编纂》,《辽宁师范大学学报》(社会科学版) 2010 年第 3 期。

[60] 徐征:《从语言学角度探析单字母词语的特点》,《现代语文》(语言研究版) 2010 年第 3 期。

[61] 杨森:《军事文献中复杂字母词语的形式分析》,《社科纵横》(新理论版) 2010 年第 3 期。

[62] 赵瑾:《字母词语的语用功能探析》,《语文学刊》2010 年第 7 期。

[63] 任小芳:《关于社会生活中字母词语读音的问题》,《广东教育学院学报》2010 年第 4 期。

[64] 郑泽芝:《字母词语与汉语文字系统》,《厦门大学学报》(哲学社会科学版) 2010 年第 6 期。

[65] 朱磊、徐国珍:《论字母词语应用的"四化"策略》,《毕节学院学报》2010 年第 10 期。

[66] 原新梅、杨媛媛:《近 30 年对外汉语教材中的字母词语》,《广西社会科学》2011 年第 2 期。

[67] 李贺:《服饰期刊中的字母词语研究》,博士学位论文,辽

宁师范大学，2011 年。

　　[68] 邓世平：《现代汉语字母词语的多角度研究》，博士学位论文，南京林业大学，2011 年。

　　[69] 全国斌：《媒体语言中字母词语的语用效果》，《新闻爱好者》2011 年第 21 期。

　　[70] 杨媛媛：《近三十年对外汉语教材中的字母词语研究》，博士学位论文，辽宁师范大学，2012 年。

　　[71] 孙鹏英：《现代汉语中的异形字母词语研究》，博士学位论文，辽宁师范大学，2012 年。

　　[72] 江蓝生：《汉语词语书写形式的革新——谈谈字母词的身份与规范》，《中国社会语言学》2012 年第 2 期。

　　[73] 刘大为：《字母词：语码转换与外来词的角色冲突》，《当代修辞学》2012 年第 5 期。

　　[74] 王如辰：《字母词语利弊观》，《白城师范学院学报》2012 年第 6 期。

　　[75] 王坤宁：《字母词不能禁用也不能滥用》，《中国新闻出版报》2012 年 8 月 31 日。

　　[76] 孙鹏英：《异形字母词语的成因》，《语文学刊》2012 年第 9 期。

　　[77] 朱力：《谈〈现代汉语词典〉"西文字母开头的词语"部分的修订》，《语文学刊》2012 年第 23 期。

　　[78] 张怡春：《〈现汉〉（第 6 版）"西文字母开头的词语"修订情况分析》，《北华大学学报》（社会科学版）2013 年第 2 期。

　　[79] 邹玉华：《〈现代汉语词典〉收录"西文字母开头的词语"之违法与否的法律分析》，《语言教学与研究》2014 年第 4 期。

　　[80] 陈婧虹：《汉语新词语中字母词的特点考察——以 2006—2013 年〈汉语新词语〉中的字母词为例》，《铜陵学院学报》2015 年第 4 期。

　　[81] 张芷瑜：《主流报纸中字母词语语用效果探析——以〈光明日报〉为例》，《佳木斯职业学院学报》2015 年第 11 期。

附录二

《现代汉语词典》（第3—6版）对字母词语的收录

西文字母开头的词语①

《现代汉语词典》第3版

【α粒子】【α射线】

【β粒子】【β射线】

【γ射线】

【AA制】【AB角】【ABC】【AB制】【ASCII】

【B超】【BP机】

【CAD】【CD】【CPU】【CT】

【DNA】【DOS】【DVD】

【FAX】

【Internet】【ISO】

【KTV】

【LD】

【MTV】

【N型半导体】

【OA】

【P型半导体】【pH值】【P−N结】

【ROM】

---

① 正文零星收录的以汉字开头的字母词语未列。

【SOS】【SOS 儿童村】

【T 恤衫】【TV】

【UFO】

【VCD】

【X 光】【X 射线】

《现代汉语词典》第 4 版

【α 粒子】【α 射线】

【β 粒子】【β 射线】

【γ 刀】【γ 射线】

【A 股】【AA 制】【AB 角】【AB 制】【ABC】【ABS】【ADSL】
【AIDS】【AM】【APC】【APEC】【API】

【ATM 机】

【B 超】【B 股】【B 淋巴细胞】【B 细胞】【BBS】【BP 机】

【CAD】【CBD】【CD】【CDMA】【CD－R】【CD－ROM】【CD－
RW】【CEO】【CFO】【CGO】【CI】【C³I 系统】【CIMS】【CIO】
【CIP】【C⁴ISR】【COO】【CPA】【CPU】【CT】【CTO】

【DIY】【DNA】【DNA 芯片】【DOS】【DSL】【DVD】

【e 化】【ED】【EDI】【E－mail】【EMS】【EQ】

【FA】【FAX】【FM】

【GDP】【GIS】【GMDSS】【GNP】

【GPS】【GRE】【GSM】【H 股】【HA】【HDTV】【hi－fi】
【HIV】【HSK】【IC 卡】【ICP】【ICQ】【ICU】【IDC】【internet】
【Internet】【IOC】【IP 地址】【IP 电话】【IP 卡】【IQ】【ISDN】
【ISO】【ISP】【IT】【ITS】

【KTV】

【LD】

【MBA】【MD】【MP3】【MPA】【MTV】

【NC】【NMD】

【OA】【OCR】【OEM】【OPEC】

【PC】【PC 机】【PDA】【pH 值】【POS 机】【PPA】【PT】

【QC】

【RAM】【RMB】【ROM】

【SBS】【SCI】【SIM 卡】【SOHO】【SOS】【SOS 儿童村】【ST】
【STD】

【T 淋巴细胞】【T 细胞】【T 型台】【T 恤衫】【Tel】【TMD】
【TV】

【UFO】

【VCD】【VDR】【VIP】【VOD】

【WAP】【WC】【WTO】【WWW】

【X 刀】【X 光】【X 射线】

《现代汉语词典》第 5 版

【α 粒子】【α 射线】

【β 粒子】【β 射线】

【γ 刀】【γ 射线】

【A 股】【AA 制】【AB 角】【AB 制】【ABC】【ABS】【ADSL】
【AI】【AIDS】【AM】【APC】【APEC】【API】

【ATM 机】【AV】

【B 超】【B 股】【B 淋巴细胞】【B 细胞】【BBS】【BP 机】

【CAD】【CAI】【CATV】【CBA】【CBD】【CCC】【CCD】【CD】
【CDMA】【CD‑R】【CD‑ROM】【CD‑RW】【CEO】【CEPA】
【CFO】【CI】【C^{3}I 系统】【CIMS】【CIP】【C^{4}ISR】【CPA】【CPU】
【CRT】【CT】

【DC】【DIY】【DNA】【DNA 芯片】【DOS】【DSL】【DV】
【DVD】

【e 化】【EBD】【ED】【EDI】【e‑mail】【EMBA】【EMS】
【EPT】【EQ】

【FAX】【FLASH】【FM】

【GB】【GDP】【GIS】【GMAT】【GMDSS】【GMP】【GNP】

【GPS】【GRE】【GSM】

【H 股】【HDTV】【hi‑fi】【HIV】【HSK】

【IC 卡】【ICP】【ICQ】【ICU】【IDC】【IDD】【IMF】【internet】
【Internet】【IOC】【IP 地址】【IP 电话】【IP 卡】【IQ】【ISBN】【IS‑
DN】【ISO】【ISP】【ISRC】【ISSN】【IT】【ITS】

【K 线】【KTV】

【LCD】【LD】【LED】【LPG】

【MBA】【MD】【MMS】【MP3】【MPA】【MPEG】【MRI】
【MTV】【MV】

【NBA】【NMD】

【OA】

【OCR】【OEM】【OPEC】【OTC】

【PC】【PC 机】【PDA】【PDP】【pH 值】【POS 机】【PPA】
【PSC】【PT】

【QC】【QFII】【QQ】

【RAM】【RMB】【RNA】【ROM】【RS】

【SARS】【SCI】【SIM 卡】【SMS】【SOHO】【SOS】【SOS 儿童
村】【ST】【STD】【SUV】

【T 淋巴细胞】【T 细胞】【T 型台】【T 恤衫】【Tel】【TMD】
【TV】

【U 盘】【UFO】【USB】

【VCD】【VIP】【VOD】【vs】

【WAP】【WC】【WHO】【WTO】【WWW】

【X 刀】【X 光】【X 染色体】【X 射线】【X 线】

【Y 染色体】

《现代汉语词典》 第 6 版

【α 粒子】【α 射线】

【β 粒子】【β 射线】

【γ 刀】【γ 射线】

【A 股】【AA 制】【AB 角】【AB 制】【ABC】【ABS】【ADSL】【AI】【AIDS】【AM】【APC】【APEC】【API】【AQ】【ATM 机】【AV】

【B2B】【B2C】【B 超】【B 股】【B 淋巴细胞】【B 细胞】【BBC】【BBS】【BD】【BEC】【BP 机】【C2C】【C³I 系统】【C⁴ISR】【CAD】【CAI】【CATV】【CBA】【CBD】【CCC】【CCD】【CCTV】【CD】【CDC】【CDMA】【CD－R】【CD－ROM】【CD－RW】【CEO】【CE-PA】【CET】【CFO】【CI】【CIA】【CIMS】【CIP】【CMMB】【CMOS】【CNN】【CPA】【CPI】【CPU】【CRT】【CT】

【DC】【DIY】【DJ】【DNA】【DNA 芯片】【DOS】【DSL】【DV】【DCD】

【e 化】【EBD】【ECFA】【ED】【EDI】【e－mail】【EMBA】【EMS】【EQ】【ETC】

【F1】【FAX】【FBI】【FLASH】【FM】【FTA】

【GB】【GDP】【GIS】【GMAT】【GMDSS】【GMP】【GNP】【GPS】【GRE】【GSM】【H 股】【HDMI】【HDTV】【hi－fi】【HIV】【HSK】

【IC 卡】【ICP】【ICQ】【ICU】【IDC】【IDD】【IMAX】【IMF】【IOC】【IP 地址】【IP 电话】【IP 卡】【IPO】【IPTV】【IQ】【ISBN】【ISDN】【ISO】【ISP】【ISRC】【ISSN】【IT】【ITS】

【K 粉】【K 歌】【K 金】【K 线】【KTV】

【LCD】【LD】【LED】【LPG】

【M0】【M1】【M2】【MBA】【MD】【MMS】【MP3】【MP4】【MPA】【MPEG】【MRI】【MTV】【MV】

【NBA】【NCAP】【NG】【NGO】【NHK】【NMD】

【OA】【OCR】【OEM】【OL】【OLED】【OPEC】【OTC】

【PC】【PC 机】【PDA】【PDP】【PE】【PET】【PETS】【pH 值】【PK】【PM2.5】【PMI】【POS】【PPA】【PPI】【PS】【PSC】【PT】【PVC】

【Q 版】【QC】【QDII】【QFII】【QQ】【QS】

【RAM】【RMB】【RNA】【ROM】【RS】

【SARS】【SCI】【SDR】【SIM 卡】【SMS】【SNG】【SNS】【SO-HO】【SOS】【SOS 儿童村】【SPA】【SSD】【ST】【STD】【SUV】

【T 淋巴细胞】【T 细胞】【T 型台】【T 恤衫】【Tel】【TMD】【TNT】【TV】

【U 盘】【UFO】【USB】【UV】

【VCD】【VIP】【VOD】【vs】

【WAP】【WC】【WHO】【Wi‒Fi】【WSK】【WTO】【WWW】

【X 刀】【X 光】【X 染色体】【X 射线】【X 线】

【Y 染色体】

附录三

进入年度流行词语的字母词语①

2006 年度热词中的字母词语

VS、NBA、GDP、AC、IT、MP3、QQ、AMD、DVD、CEO 等进入前 5000 高频词语。

EMBA、M 型社会收入 2006 年汉语新词语选目。

2007 年度中国媒体十大流行语中的字母词语

CPI（居民消费价格指数）上涨、Vista、QDII 基金

2010 年度热词中的字母词语（中国语言文字网）

【3D 报纸】	指利用 3D 技术制作的报纸。报纸的图片和广告通过 3D 眼镜观看呈立体效果［3D，英 3 Dimensions（三维）的缩写］	与看 3D 电影一样，3D 报纸的阅读同样也要特制眼镜（2010 年 7 月 15 日《人民日报》）
【3Q 大战】	指腾讯公司与北京奇虎科技及相关公司为维护各自商业利益而引发的争端。双方均通过技术手段制约对方软件的正常使用，并发布声明控诉对方，波及数亿网民，引发了极大的社会反响。争端最终在政府干预下得以平息，两家软件恢复兼容。"3""Q"分别指代北京奇虎的 360 安全卫士软件和腾讯的 QQ 即时聊天软件。也称"3Q 战争""3Q 之争""3Q 之战"	让腾讯始料不及的是，3Q 大战带来的负面影响，不仅让其市值蒸发，而且还有可能面临垄断的指控（2010 年 11 月 9 日新疆电视台《新疆新闻联播》）

---

① 选自中国语言文字网公布的年度热词、流行语。

续表

【DNA 喷雾】	一种含有特殊人造 DNA 的喷雾。歹徒被喷射到之后，配套的感应器能够识别并发出警报提示。多安装在银行等场所	那些幻想实施银行抢劫的人现在想作案可谓难上加难了，因为安装在银行等盗贼经常光顾场所的装置能够喷射出一种特殊 DNA 喷雾，并与配套的感应器进行比对、发出预警提示，从而有效防止此类案件的发生（2010 年 10 月 25 日《钱江晚报》）
【IN 词】	指最时尚、最流行的词语。"In"是"In fashion"的简称，与 out 相对。也写作"in 词"	手机报也与互动百科合作开辟了专门的"IN 词"板块，媒体的词报道趋势日趋明显，互动百科也由此成了各大媒体免费的词语输出平台（2010 年 5 月 5 日《北京青年报》）
【i 理财】	指招商银行于 2010 年 4 月推出的网络互动银行，是一个大众网络理财平台。"i"的寓意是"自我（I）的、互联网（Internet）的、互动（Interaction）的"	"i 理财"旗下包括两个核心项目"i 理财社区"和"i 理财账户"（2010 年 4 月 7 日《北京青年报》）
【N 连跳】	指富士康公司 2010 年一年内发生 14 起员工跳楼事件。也称"连跳门""跳楼门"	在富士康 N 连跳的年轻人中，也许会有不少人会像这位幸运者一样，在飞身扑出时产生了强烈的想跳回去的悔意。只可惜，在他们彷徨的时候，没有人能提醒一句："年轻人，你要走的是一条不归路!"（2010 年 6 月 7 日《人民日报》）
【PE 腐败】	指私募股权投资中出现的腐败现象。通常有突击入股、突击转让股权和代人持股等表现形式［PE，私募股权投资。英 Private Equity 的缩写］	开板不足 10 个月的创业板，不仅成为打造牛股的温床，同时使得本土 PE 迅速升温，而"PE 腐败"，似乎也一并成为这个市场的衍生品（2010 年 7 月 27 日《北京青年报》）
【Phone 时代】	指以互联网终端为卖点、以"Phone"命名的手机产品层出不穷的时代	"Phone"时代已经来临 三大运营商开始火并（2010 年 3 月 22 日，网易网，http: //news. 163. com/10/0322/11/62CK0PKH000146BD. html）
【TA 时代】	指男女特征越来越模糊的时代。TA 是"他"和"她"的汉语拼音，抹去了汉字表现的性别特征	与此同时，"TA"（"他"和"她"的汉语拼音）这一写法在媒体上开始成为"他"和"她"的泛化表达。这些现象是否表明，我们正慢慢步入一个性别概念亟待破旧立新的"TA 时代?"（2010 年 5 月 25 日《中国青年报》）
【U 盘采购门】	指 2010 年年底辽宁省抚顺市财政局办公室把苹果公司的新产品 iPod touch 4 当 U 盘采购的事件	如果业务不精就是"U 盘采购门"事件的总结词，那么，这样的总结，不仅缺乏必要的反思，更像是一种习惯性的推卸责任（2010 年 12 月 26 日，新浪网，http: //tech. sina. com. cn/it/2010－12－26/12065028138. shtml）

2011 年度热词中的字母词语（中国语言文字网）

【3D 空调】	指"低碳、低能耗、低价格"的空调。D，为三个"低"字的拼音首字母	目前 1P 和 1.5P 节能空调，市场均价分别是 2500 元以及 3000 元左右，而国美推出的 3D 空调均价分别是 2100 元和 2500 元，比同规格的其他型号便宜 200 元至 400 元（2011 年 5 月 20 日《华西都市报》）
【4D 报纸】	在三维立体空间的基础上能带给读者动感、嗅觉、听觉等人体感受的报纸［D，英文 dimension 的首字母］	2011 年洛阳牡丹节期间，洛阳特别推出的国内首份 4D 报纸特刊，让人们在读报的时候"活"色"生"香赏牡丹（2011 年 5 月 9 日《新京报》）
【BMW 族】	借助公交车、地铁、步行上下班的人。"BMW"为 bus（公交车）、metro（地铁）、walk（步行）的首字母缩写	如果你在上下班的时候组合了公共汽车（Bus）、地铁（Metro）等交通工具，外加上徒步（Walk），那么恭喜你，你已经成为平凡的"BMW"一族了（2011 年 3 月 12 日《新京报》）
【CDI】	综合发展指数。从经济发展、民生改善、社会发展、生态建设和科技创新五个维度测量一个地区发展水平的综合性指数［英文 comprehensive development index 的缩写］	中国统计学会最新发布的《综合发展指数（CDI）研究》报告，首次对国内 31 省（区、市）综合发展指数的评价结果进行披露（2011 年 8 月 8 日《北京青年报》）
【FB 币】	由社交网络服务网站 Facebook 发行的可在 Facebook 中用于在线支付的虚拟货币	今年 7 月 1 日，社交平台鼻祖 Facebook 也开始全面统一使用"FB 币"，即所有 Facebook 的第三方游戏由官方先收费，再向开发商分成（2011 年 7 月 20 日凤凰网 http: //finance. ifeng. com/news/tech/20110720/4289251. shtml）
【hold 住】	控制住；把握住；从容应对（困境）。英文单词"hold"表示保持、控制。也写作"Hold 住""HOLD 住""薅住"	用现在时髦的话说，希望 hold 住你的大学时光，在大学四年的岁月里获得身体精神、道德学问的全面发展（2011 年 9 月 14 日《中国青年报》）
【hold 住体】	在句中巧妙运用流行语"hold 住"而形成的一种语言表达	这边"蓝精灵"还未退烧，源自台湾娱乐节目演员台词的"hold 住体"和从香港 TVB 电视剧中经典台词生发而出的"TVB 体"又粉墨登场（2011 年 11 月 17 日《人民日报》）
【iPad 手】	因长时间使用 iPad 导致的手指或手臂不适的症状	抬起手指，左一扫右一划，就可以用 iPad 上网、玩游戏。但"苹果粉"得当心了。最近，已经有手臂不适的患者到医院求医。有人把这种新都市病命名为"iPad 手"（2011 年 5 月 14 日《潇湘晨报》）

续表

【N婚】	指在离婚率飙升的时代，多次结婚的现象。"N"表示约数	专家指出，"N婚"家庭主要面临三大问题：一、双方孩子；二、前婚姻关系；三、财产分配（2011年6月7日《羊城晚报》）
【QQ法庭】	利用网络聊天工具QQ开展在线立案、开庭、调解等业务的法庭	QQ法庭现有在职法官2名、书记员2名，QQ每天12小时在线运行，由专门工作人员负责QQ在线立案、咨询、诉前调解等工作（2011年5月7日《法制日报》）
【QQ奶奶】	称郑州市紫荆山路社区76岁的退休教师张秀丽。她退休后用QQ在网上为青少年排忧解难，被网友亲切称为"QQ奶奶"	来自江苏南通的网友辉辉，在父母的陪同下去到河南郑州，见到了这位曾与她无数次聊天的QQ奶奶（2011年8月18日天津人民广播电台《打开晚报》）
【TVB体】	一种在网络上流行的语言表达，因模仿香港电视广播有限公司（TVB）电视剧中平实但具有抚慰作用的台词	经典的TVB剧台词火速引爆了网友的创作热情，大量套用港剧台词的"TVB体"应运而生（2011年9月2日《北京青年报》）
【UV行动】	2011年以文明行车为目的的深圳大学生运动会志愿宣传活动。UV有两层含义：一是U代表大运会（Universiade），V代表志愿者（Volunteer）；二是U是英文You的谐音，代表你们，V是英文We的谐音，代表我们。UV行动就是平安大运，你们、我们一起来行动	昨日，50名志愿者代表和数百位市民车友在深圳湾体育中心停车场参加南山区"UV行动"——文明行车志愿活动启动仪式（2011年4月15日《深圳特区报》）
【U彩】	2011年深圳大学生运动会志愿者佩戴的标识物。"U"是英文"Universiade（世界大学生运动会）"的缩写，还谐音英文词"You（你）"和"Youth（青年）"，代表青年的激情与梦想；弯弯的形状是志愿者微笑的象征	大运会志愿者指挥部负责人介绍，"U彩"与"U站"的内涵一脉相承，都将成为大运会志愿者重要的文化财富和精神财产（2011年6月21日《深圳特区报》）
【U哥】	称2011年深圳大运会男性志愿者	大运会正如火如荼地进行，而被人们亲切地唤作"小青葱""U哥""U姐"的大运会志愿者更是一道亮丽的风景（2011年8月18日《广州日报》）
【U姐】	称2011年深圳大运会女性志愿者	的灵感来源于大运吉祥物"UU"，且城市志愿者的服务平台和赛会志愿者的"场馆之家"都是"U站"，这个昵称可以集中体现大运"U元素"（2011年8月14日《羊城晚报》）

【U 站】	2011 年 8 月在深圳举办的第 26 届世界大学生运动会的志愿者服务站。"U"是英文"Universiade（世界大学生运动会）"的缩写，还谐音英文词"You（你）"和"Youth（青年）"，代表青年的激情与梦想；其弯弯的形状是志愿者微笑的象征。	大运会开幕时，全市将开放 818 个 U 站，为国内外游客和市民提供信息、应急等多项志愿服务（2011 年 5 月 20 日《中国青年报》）
【V 博】	微博。一般经过实名认证的有一定知名度的名人、企业、机构等，在其微博用户名后会加上字母"V"。也写作"v 博"。	有人说微博实质是"V 博"。大 V 们对规模巨大的粉丝群的辐射力，让这里成为兵家必争的舆论新地（2011 年 1 月 8 日《看天下》）
【车管 QQ】	指网上办理车管业务的 QQ 群，是全国各地开展"网上车管所"业务的渠道之一，此举提高了机动车管理效率，受到人们的广泛关注	为方便对市民答疑解惑，网上车管所新增了"车管 QQ"和短信服务（2011 年 3 月 3 日《广州日报》）
【加 V 毕业生】	南京大学金陵学院新传媒系在微博上公布的优秀毕业生。"加 V"是新浪微博的真实身份认证，学校借鉴这一概念为优秀毕业生进行认证。	在南大金陵学院新传媒系的官方微博上，分别于 3 月 17 日和 3 月 24 日公布了两批"加 V"毕业生，共计 19 人（2011 年 4 月 9 日《新京报》）
【开普勒 - 22b】	美国宇航局利用"开普勒"太空望远镜发现的首颗位于"宜居带"中，并且围绕一颗与太阳非常相似的恒星公转的系外行星	据英国《每日电讯报》12 月 7 日报道，美国宇航局开普勒太空望远镜发现的太阳系外宜居行星开普勒 - 22b，被称为"新地球"，为人类建立外星家园带来了希望（2011 年 12 月 8 日《深圳特区报》）
【职场 V 生素】	指能够调整职场工作压力、获得活力和快乐的方式、手段或者具体物品	联想扬天专门推出了以"职场 V 生素活力加速度"为主题的笔记本促销活动，为职场白领更新自己的办公设备提供了一个难得的机会（2011 年 7 月 20 日，腾讯网，http：//digi. tech. qq. com/a/20110720/001272. htm）

参考文献

（依作者姓氏音序排列）

长召其、张志毅：《异形词是词位的无值变体》，《语言文字应用》2003 年第 3 期。

陈保亚：《语言接触与语言联盟》，语文出版社 2005 年版。

陈光磊：《字母词的修辞观》，《当代修辞学》2012 年第 5 期。

陈佳璇、胡范铸：《我国大众传媒中的字母词使用状况的调查与分析》，《修辞学习》2003 年第 4 期。

陈章太：《社会语言生活与字母词》，《中国社会语言学》2012 年第 2 期。

刁晏斌：《台湾语言的特点及其与内地的差异》，《中国语文》1998 年第 5 期。

刁晏斌：《差异与融合：海峡两岸语言应用对比》，江西教育出版社 2000 年版。

刁晏斌：《现代汉语史》，福建人民出版社 2006 年版。

董琨等：《汉语文章要不要夹用英文》，《光明日报》2004 年 7 月 27 日。

董琨：《"同经异译"与佛经语言特点管窥》，《中国语文》2002 年第 6 期。

段业辉、刘树晟：《权威媒体字母词使用状况的调查与分析》，《语言文字应用》2014 年第 1 期。

樊友新：《历时视野里的字母词及其研究新视角》，硕士学位论文，华东师范大学，2007 年。

冯海霞、张志毅：《〈现代汉语词典〉释义体系的创建与完善——

读〈现代汉语词典〉第 5 版》，《中国语文》2006 年第 5 期。

符准青：《词义的分析和描写》，语文出版社 1996 年版。

关润芝、杨建国：《字母词语块中"标点"的使用状况考察》，《语言文字应用》2005 年第 1 期。

郭熙：《中国社会语言学》，南京大学出版社 1999 年版。

郭熙：《字母词规范设想》，《辞书研究》2005 年第 4 期。

郭伏良：《字母词与词典二题》，《河北大学学报》1997 年第 2 期。

郭伏良：《新中国成立以来汉语词汇发展变化研究》，河北大学出版社 2001 年版。

国家语言资源监测与研究中心：《中国语言生活绿皮书·中国语言生活状况报告（2006）》，商务印书馆 2007 年版。

葛本仪：《汉语词汇研究》，外语教学与研究出版社 2006 年版。

韩敬体：《增新删旧，调整平衡——谈〈现代汉语词典〉第 5 版的收词》，《中国语文》2006 年第 2 期。

胡明扬：《关于外文字母词和原装外文缩略语问题》，《语言文字应用》2002 年第 5 期。

胡明扬等：《科技术语字母词汉化之路》，《光明日报》2010 年 7 月 6 日第 12 版。

侯敏：《实用字母词词典》，商务印书馆 2014 年版。

侯敏、邹煜：《2014 汉语新词语》，商务印书馆 2015 年版。

皇甫素飞：《从〈文汇报〉看字母词语的历史演变》，《修辞学习》2004 年第 5 期。

黄行：《语言接触与语言区域性特征》，《民族语文》2005 年第 3 期。

黄海英：《〈现代汉语词典〉第 6 版字母词释义问题》，《辞书研究》2015 年第 4 期。

黄琼英：《基于语料库的鲁迅作品字母词的历时调查与分析》，《曲靖师范学院学报》2007 年第 4 期。

何宛屏：《含有西文字母的词语在词典中的位置》，《语言文字应用》2001 年第 3 期。

贾宝书：《关于给字母词注音的一点思考与尝试》，《语言文字应用》2000 年第 3 期。

江蓝生：《汉语词语书写形式的革新——谈谈字母词的身份与规范》，《中国社会语言学》2012 年第 2 期。

教育部：《国家语委要求加强对字母词使用的管理》，《教育部简报》2010 年第 94 期。

李艳、施春宏：《外来词语义的汉语化机制及深度汉语化问题》，《汉语学习》2010 年第 6 期。

李行健、余志鸿：《现代汉语异形词研究》，上海辞书出版社 2005 年版。

李小华：《论大众媒介中字母词的分级界定与使用》，《语言文字应用》2014 年第 1 期。

李彦洁：《现代汉语外来词发展研究》，博士学位论文，山东大学，2006 年。

李宇明：《字母词与国家的改革开放》，《中国社会语言学》2012 年第 2 期。

李宇明：《形译与字母词》，《中国语文》2013 年第 1 期。

厉兵、周洪波：《记录字母词是词典自身功能的要求》，《中国社会语言学》2012 年第 2 期。

连晓霞：《字母词的收录与规范——以〈现代汉语词典〉和〈辞海〉为例》，《语言教学与研究》2012 年第 2 期。

刘青：《关于科技名词中字母词问题的探讨》，《中国科技术语》2014 年第 2 期。

刘丹青：《描写 记录 规范——谈〈现汉〉收字母词》，《中国社会语言学》2012 年第 2 期。

刘晓梅：《当代汉语新词语造词法的考察》，《暨南大学华文学院学报》2003 年第 4 期。

刘涌泉：《谈谈字母词》，《语文建设》1994 年第 10 期。

刘涌泉：《字母词词典》，上海辞书出版社 2001 年版。

刘涌泉：《关于汉语字母词的问题》，《语言文字应用》2002 年第 1 期。

刘涌泉：《汉语字母词词典》，外语教学与研究出版社 2009 年版。

刘涌泉：《汉语拼音字母词全球化》，《中国语文》2013 年第 1 期。

刘正埮、高名凯、麦永乾、史有为编：《汉语外来词词典》，上海辞书出版社 1984 年版。

陆俭明：《字母词的使用不会引发汉语危机》，《中国社会科学报》2013 年 7 月 17 日。

马庆株：《〈汉语拼音方案〉的来源和进一步完善》，《语言文字应用》2008 年第 3 期。

马祖毅：《中国翻译简史》，中国对外翻译出版公司 1998 年版。

潘文国、叶步青、韩洋：《汉语的构词法研究》，华东师范大学出版社 2004 年版。

商务印书馆辞书研究中心：《新华新词语词典》，商务印书馆 2003 年版。

沈孟璎：《浅议字母词入典问题》，《辞书研究》2001 年第 1 期。

沈孟璎：《实用字母词词典》，汉语大词典出版社 2002 年版。

沈孟璎：《解读字母词的表达功用》，《平顶山师专学报》2002 年第 6 期。

史有为：《外来词——异文化的使者》，上海辞书出版社 2004 年版。

苏宝荣：《字母词的"风波"与汉语的规范化》，《北华大学学报》2013 年第 2 期。

苏金智：《台港和大陆词语差异的原因、模式及其对策》，《语言文字应用》1994 年第 4 期。

苏金智：《海峡两岸同形异义词研究》，《中国语文》1995 年第 2 期。

苏培成：《在争论中前行的字母词》，《科技术语研究》2006 年第 2 期。

苏培成：《谈汉语文里字母词的使用和规范》，《中国语文》2012年第6期。

苏新春：《台湾新词语及其研究特点》，《厦门大学学报》2003年第2期。

苏新春、吴晓芳：《字母词的生命力与局限性——兼论〈现代汉语词典〉处理字母词的慎重做法》，《北华大学学报》2013年第2期。

孙茂松：《对字母词问题的几点认识》，《中国社会语言学》2012年第2期。

汤志祥：《当代汉语词语的共时状况及其嬗变——90年代中国大陆、香港、台湾汉语词语现状研究》，复旦大学出版社2001年版。

汪惠迪：《新加坡华语字母词语用简论》，《联合早报》2000年8月6日、13日。

汪惠迪：《字母词是汉语词汇的一部分》，《中国社会语言学》2012年第2期。

汪惠迪：《欢迎字母词时代的来临》，《中国语文》2013年第1期。

王珏：《汉语对外来词的词义驯化》，《解放军外国语学院学报》1993年第2期。

王宁：《选择一部分字母词进词典是合理的》，《中国社会语言学》2012年第2期。

王吉辉：《非汉字词语研究》，《南京师范大学学报》（社会科学版）1996年第2期。

王吉辉：《字母词语的外来词语性质分析》，《汉语学习》1999年第5期。

王理嘉：《汉语拼音运动的回顾兼及通用拼音问题》，《中国语文》2002年第2期。

王敏东：《台湾地区华语中所使用之英文字》，《语文建设通讯》2001年总第67期

王敏东：《字母词在台湾》，《语文建设通讯》2002年总69期。

王秋萍：《字母词使用和词形整理中的一词多形问题》，《渤海大学学报》2015 年第 6 期。

魏晖：《从字母词使用视角再议汉语的规范》，《第八届全国语言文字应用学术研讨会论文集》，2013 年。

文美振：《略谈韩语中的字母词》，《术语标准化与信息技术》2003 年第 2 期。

文秋芳等：《应用语言学研究方法与论文写作》，外语教学与研究出版社 2004 年版。

吴汉江：《汉语拼音缩写与对外汉语教学及辞书编纂》，《语言教学与研究》2010 年第 4 期。

谢俊英：《新词语与时尚词语知晓度调查与分析》，《语言文字应用》2004 年第 1 期。

邢福义：《辞达而已矣——论汉语汉字与英文字母词》，《光明日报》2013 年 4 月 22 日。

杨建国、郑泽之：《汉语文本中字母词语的使用与规范探讨》，《语言文字应用》2005 年第 1 期。

杨锡彭：《汉语外来词研究》，上海人民出版社 2007 年版。

杨振兰：《现代汉语词彩学》，山东大学出版社 1997 年版。

于虹：《关注字母词在中文中的渗透》，《中国教育报》2008 年 4 月 11 日。

于辉：《汉语借词音系学——以英源借词的语音和音系分析为例》，博士学位论文，南开大学，2010 年。

余桂林：《关于字母词的几个问题——兼评两本字母词词典》，《辞书研究》2006 年第 3 期。

袁伟：《中国澳门特区中文平面媒体中字母词的规范研究》，《语言文字应用》2015 年第 3 期。

张博：《〈现汉〉（第 5 版）条目分合的改进及其对汉语词项规范的意义》，《语言文字应用》2006 年第 4 期。

张普：《字母词语的考察与研究问题》，《语言文字应用》2005 年第 1 期。

张德鑫：《字母词语是汉语词汇吗?》，《天津外国语学院学报》2001 年第 1 期。

张铁文：《ISO 名称的由来》，《语文建设》2002 年第 7 期。

张铁文：《词源研究与术语规范——X 射线词族的词源研究》，《术语标准化与信息技术》2005 年第 1 期。

张铁文：《〈现汉〉"西文字母开头的词语"部分的修订》，《语言文字应用》2006 年第 4 期。

张铁文：《字母词探源》，《语文建设通讯》2007 年总 88 期。

张怡春：《〈现汉〉（第 6 版）"西文字母开头的词语"修订情况分析》，《北华大学学报》2013 年第 2 期。

郑定欧：《对外汉语学习词典学国际研讨会论文集》，香港城市大学出版社 2005 年版。

郑泽芝：《字母词语跟踪研究》，《语言文字应用》2009 年第 1 期。

郑泽芝：《大规模真实文本汉语字母词语考察研究》，厦门大学出版社 2010 年版。

中国社会科学院语言研究所词典编辑室编：《现代汉语词典》，商务印书馆 1978 年版。

中国社会科学院语言研究所词典编辑室编：《现代汉语词典》，商务印书馆 1983 年版。

中国社会科学院语言研究所词典编辑室编：《现代汉语词典》，商务印书馆 1996 年版。

中国社会科学院语言研究所词典编辑室编：《现代汉语词典》，商务印书馆 2002 年版。

中国社会科学院语言研究所词典编辑室编：《现代汉语词典》，商务印书馆 2005 年版。

中国社会科学院语言研究所词典编辑室编：《现代汉语词典》，商务印书馆 2012 年版。

周荐：《汉语词汇结构论》，上海辞书出版社 2004 年版。

周荐：《汉语词汇研究百年史》，外语教学与研究出版社 2006 年版。

周荐：《20 世纪中国词汇学》，中国人民大学出版社 2008 年版。

周健：《当前使用字母词语的几个问题》，《语文建设》2001 年第 2 期。

周健、张述娟、刘丽宁：《略论字母词语的归属与规范》，《语言文字应用》2001 年第 3 期。

周洪波：《字母词的使用要区别对待，"疏"而不"堵"》，《科技术语研究》2004 年第 3 期。

周其焕：《两本字母词词典的简析》，《辞书研究》2004 年第 1 期。

周其焕：《字母词在科技术语中的借用及其有关问题》，《术语标准化与信息技术》2004 年第 4 期。

周有光：《世界文字发展简史》，上海教育出版社 2003 年版。

祝吉芳：《字母词的汉语化问题》，《中国科技术语》2011 年第 2 期。

祝畹瑾：《社会语言学概论》，湖南教育出版社 1992 年版。

邹玉华等：《关于汉语中使用字母词的语言态度的调查》，《语言教学与研究》2005 年第 4 期。

邹玉华等：《字母词知晓度的调查报告》，《语言文字应用》2006 年第 2 期。

邹玉华：《外文原词能否成为汉语借形词——兼谈原词性质的字母词》，《术语标准化与信息技术》2009 年第 4 期。

邹玉华：《现代汉语字母词研究》，语文出版社 2012 年版。

Appel, R. and P. Muysken, *Language Contact and Bilingualism*, London: Edward Arnold, 1987.

Greenberg J. H., *Language Universals*, *With Special Reference to Feature Hierarchies*, The Hague and Paris: Mouton, 1966.

Haugen, E., "The Analysis of Linguistic Borrowing", *Language* 26, 1950, pp. 210 – 232.

Jesperson, Otto, *Language: Its Nature, Development and Origin*, London: Jeorgn illen and Unwin, 1922.

后　记

汉语中的字母词语至少有百余年的历史，经历了萌芽、发展、停滞、激增等几个阶段。伴随着改革开放尤其是新世纪以来字母词语使用的增多，研究和讨论持续升温。十多年来，我有幸参与其中。

我对字母词语的关注始于 2001 年，当时在河南师范大学一边给中国学生讲授语言学概论，一边给外国学生讲授基础汉语，在对内和对外的教学中都发现了字母词语问题。同年获批的河南省省级骨干教师资助项目，是关于汉语词汇规范的，字母词语作为一个特殊的类，被纳入了研究范畴。随后，字母词语就像一个抽不尽的线团，越抽头绪越多，当初就想完成两篇论文，但没想到一直持续做了十几年，而且还有不少问题值得持续探讨。

2003 年初来到辽宁师范大学，同年主持获批了辽宁省社会科学基金重点项目"网络多语言文字时代的字母词语研究"。2004 年获得"辽宁省第三批百千万人才工程千人层次"资助，并带着课题到中国社会科学院语言研究所高访，在研究所副所长、博士生导师董琨先生的指导下进行专题研究。此后的十余年间，陆续主持完成了"全球拉丁化浪潮对汉语的影响：现代汉语字母词语研究""19 世纪以来汉语中的字母词语之历时演变""基于真实文本的字母词语研究和工具书编纂""基于真实文本的字母词语规范研究"等教育部及省级课题，主持完成了国家社科基金项目"汉语外来词的历时发展演变研究"。结合课题研究，一步步向纵深挖掘，向横向拓展，形成了系列成果。

有关成果曾多次在国际或全国学术研讨会上大会主旨报告或专题讨论交流。如：词汇学国际学术会议暨第十、十一届全国汉语词汇学学术研讨会，全国第六届社会语言学讨论会，第三和第五届全国语言文字应用学术研讨会，第七、八、九、十届国际汉语教学研讨会，首届和第四届两岸四地现代汉语对比研究学术研讨会，汉语国际教育与语义功能语法学术研讨会，第一届外语中文译写规范学术研讨会等。吸收专家学者意见后的研究成果在《语言文字应用》《辞书研究》《修辞学习》《河南社会科学》《河南大学学报》《语文建设通讯》《广西社会科学》等十余种学术期刊发表，被收入赵金铭主编的商务印书馆对外汉语教学研究书系之《对外汉语词汇及词汇教学研究》和多种会议论文集。

　　十多年来，在字母词语研究领域能有所收获，首先受益于对内和对外的语言教学，本书中的不少问题都源自围绕教学内容展开的讨论和思考；同时受益于研究课题连续不断的推进，前一个课题研究往往是下一个课题的基础，绵延相续，不断拓展深入；此外，还受益于各种学习和研讨平台提供的交流机会，各类学术会议的主办和承办单位提供的学术交流平台、与会专家学者在报告交流中的关注、提出的意见和建议都使我受益匪浅。

　　也正是在持续不断的探索中，逐步对字母词语的性质、内涵、范围、结构、来源、不同语体、不同区域的使用、汉化与规范等有了逐步深入的认识。在研究过程中，经历了对字母词语界定和提取的困惑，经历了从手抄复印到语料库等现代化方法应用的变迁，经历了查检资料、计量统计分析的繁琐，经历了从共时描写到历时演变的分析和理论思考。

　　在字母词语研究和本书的撰写中，得到来自多方面的指导和帮助：

　　首先感谢董琨先生的悉心指导。在中国社会科学院语言研究所高访期间，董琨先生从研究理论高度的提升到学术视野的拓宽及研究方法的更新，都给了我诸多指导和启迪，字母词语研究的起步和拓展离不开董先生的指导和鞭策。学习期间，适逢《现代汉语词典》第5版的修订，董先生担任第5版哲学社会科学条目审定负责人，董先生的身体力行、耳提面命、悉心指导，让我对《现汉》有了不同以往的全新认识，开始关注字母词语和工具书编纂问题。

　　诚挚感谢著名语言学家、中央民族大学戴庆厦先生和夫人徐悉艰先生多年来的指导和关怀。从学科专业建设到学术问题请教，无论巨细，戴先生和徐先生总是热诚相待、鼎力相助，二位先生的谦逊博学、孜孜不倦的探索精神、跨语言的学术视野，每每让我感悟良多，传递给我学术动力。本书出版，戴先生又在百忙中欣然赐序，是对我的再次鼓励。

　　感谢诸多专家和师友的指导与帮助，感谢提供的学习交流机会，感谢提出的宝贵意见和诸多启发！感谢学院领导的大力支持和帮助；感谢语言学学科同仁在研究过程中给予的建议和帮助；感谢我的多位研究生，在文献检索、问卷调查、计量统计等方面的协助。

　　近几年是我颇为忙碌的时期，诸事缠身，字母词语研究的书稿一再被搁置，临近年终岁尾，才终于有时间开始整理完善。特别感谢中国社会科学出版社任明主任为本书的顺利出版给予的大力支持和指导帮助。

　　"千里之远，不足以举其大；千仞之高，不足以极其深。"字母词语还有许多问题值得继续深入探讨，恳请海内外专家学者批评指教。

原新梅

2017 年春于大连西山湖畔